1,000,00 ͻooks

are available to read at

---◆---

www.ForgottenBooks.com

---◆---

Read online
Download PDF
Purchase in print

ISBN 978-0-282-89128-2
PIBN 10390711

This book is a reproduction of an important historical work. Forgotten Books uses
state-of-the-art technology to digitally reconstruct the work, preserving the original format
whilst repairing imperfections present in the aged copy. In rare cases, an imperfection in
the original, such as a blemish or missing page, may be replicated in our edition. We do,
however, repair the vast majority of imperfections successfully; any imperfections that
remain are intentionally left to preserve the state of such historical works.

Forgotten Books is a registered trademark of FB &c Ltd.
Copyright © 2018 FB &c Ltd.
FB &c Ltd, Dalton House, 60 Windsor Avenue, London, SW19 2RR.
Company number 08720141. Registered in England and Wales.

For support please visit www.forgottenbooks.com

1 MONTH OF FREE READING

at

www.ForgottenBooks.com

By purchasing this book you are eligible for one month membership to ForgottenBooks.com, giving you unlimited access to our entire collection of over 1,000,000 titles via our web site and mobile apps.

To claim your free month visit:
www.forgottenbooks.com/free390711

* Offer is valid for 45 days from date of purchase. Terms and conditions apply.

English
Français
Deutsche
Italiano
Español
Português

www.forgottenbooks.com

Mythology Photography **Fiction**
Fishing Christianity **Art** Cooking
Essays Buddhism Freemasonry
Medicine **Biology** Music **Ancient**
Egypt Evolution Carpentry Physics
Dance Geology **Mathematics** Fitness
Shakespeare **Folklore** Yoga Marketing
Confidence Immortality Biographies
Poetry **Psychology** Witchcraft
Electronics Chemistry History **Law**
Accounting **Philosophy** Anthropology
Alchemy Drama Quantum Mechanics
Atheism Sexual Health **Ancient History**
Entrepreneurship Languages Sport
Paleontology Needlework Islam
Metaphysics Investment Archaeology
Parenting Statistics Criminology
Motivational

7358

IMPRESSIONS DE THEATRE

QUATRIÈME SÉRIE

DU MÊME AUTEUR

EN VENTE

Les Médaillons, poésies, 1 vol. in-12 br. (Lemerre). . . **3** »

Petites Orientales, poésies, 1 vol. in-12 br. (Lemerre). **3** »

La Comédie après Molière et le Théâtre de Dancourt,
1 vol. in-12 br. (Hachette et C"). **3 50**

Les Contemporains : *Etudes et portraits littéraires.*
PREMIÈRE SÉRIE : Un vol. in-18 Jésus, 15° édition, br. **3 fr. 50**
DEUXIÈME SÉRIE : Un vol. in-18 Jésus, 11° édition, br. **3 fr. 50**
TROISIÈME SÉRIE : Un vol. in-18 Jésus, 10° édition, br. **3 fr. 50**
QUATRIÈME SÉRIE: Un vol. in-18 jésus, 8° édition, br. **3 fr. 50**
CINQUIÈME SÉRIE : (Sous presse).
Ouvrage couronné par l'Académie Française
Chaque volume se vend séparément.

Impressions de théâtre.
PREMIÈRE SÉRIE : Un vol in-18 jésus, 7° édition, broché. **3 fr. 50**
DEUXIÈME SÉRIE : Un vol. in-18 jésus, 5° édition, broché. **3 fr. 50**
TROISIÈME SÉRIE : Un vol. in-18 jésus, 5° édition, broché. **3 fr. 50**
CINQUIÈME SÉRIE : Un vol. in-18 jésus, 4° édition, broché. **3 fr. 50**
Chaque volume se vend séparément.

Corneille et la Poétique d'Aristote, par LE MÊME.
Une brochure in-18 Jésus. . . . . **1 fr. 50**

Sérénus, *Histoire d'un martyr,* 1 vol. in-12 br. (Lemerre) **3 fr. 50**

Dix Contes, 1 superbe volume grand in-8° Jésus, illustré par Luc-
Olivier Merson, Georges Clairin, Lucas, Cornillier, Loévy, cou-
verture artistique dessinée par Grasset, édition de grand luxe
sur vélin, broché. . . . . **20** »
Reliure percaline, plaque spéciale, tranches dorées. . . **25** »
Belle reliure demi-chagrin, plats toile, plaque spéciale, tranches
dorées. . . . . **30** »
25 exemplaires numérotés, sur papier Japon, l'exemplaire
broché.. . . . . **50** »

NOUVELLE BIBLIOTHÈQUE LITTÉRAIRE

JULES LEMAITRE

IMPRESSIONS
DE THÉATRE

QUATRIÈME SÉRIE

Eschyle — Molière — Racine — Marivaux
Théâtre libre ancien
Alexandre Dumas — George Sand
Théodore Barrière — Emile Augier
Alexandre Dumas fils — Auguste Vacquerie
Edmond et Jules de Goncourt — Dostoïewsky
Ostrowsky—Meilhac et Halévy—Meilhac et Ganderax
Théâtre libre — Théâtre des marionnettes

Cinquième Édition

PARIS

LECÈNE, OUDIN ET Cie, ÉDITEURS

17, RUE BONAPARTE, 17

PQ
505
L4
Ser 4.

IMPRESSIONS
DE THÉATRE

ESCHYLE

Matinées classiques de l'Odéon : L'*Orestie* d'*Eschyle*, conférence à propos des *Erynnies*.

23 mars 1889.

L'*Orestie* est plus vénérable encore qu'*OEdipe-Roi*, *Macbeth* ou *Athalie*. C'est un des plus anciens chefs-d'œuvre littéraires de la civilisation à laquelle nous appartenons. Il faut donc l'écouter pieusement. Il faut assister à cette représentation comme à la grand'-messe dramatique des races gréco-latines, et même indo-éuropéennes.

L'auteur de l'*Orestie*, le poète Eschyle, a été lui-même, à ce qu'il semble, un des plus beaux exemplaires de l'humanité antique. Athénien pur, eumolpide, né à Eleusis, la ville des Mystères, il avait pour frères cet Amynias, qui coula le premier vaisseau

des Perses, et ce Cynégire, qui, ses deux mains cou
pées, s'accrochait par les dents à la nef ennemie
Lui-même se battit à Marathon, à Salamine et à Pla·
tée. Il mourut en Sicile, exilé (on ne sait pourquoi).
Il s'était composé cette épitaphe :

« Ce monument couvre Eschyle, fils d'Euphorion.
Né Athénien, il mourut dans les plaines fécondes de
Géla. Le bois tant renommé de Marathon et le Mède
aux longs cheveux diront s'il fut brave : ils l'ont
bien vu. »

Il oublie de nous apprendre qu'il avait écrit quatre-
vingt-dix tragédies et qu'il avait été couronné
cinquante-deux fois. Vous voyez qu'il n'est nullement « homme de lettres. » C'est qu'il est né à une
époque de vie complète, de développement intégral
et harmonieux de l'être humain. Il ne fut point con-
finé dans une tâche ; il n'eut rien du mandarin cloî-
tré dans son cabinet. Il n'écrivait point par métier,
mais pour soulager son cœur. On pouvait, dans ce
temps-là, avoir du génie, d'abord parce que la production avait quelque chose d'involontaire et d'inspiré ; puis parce que les idées et les sentiments
n'étaient point ressassés, étaient presque vierges
encore.

Eschyle fut initié aux mystères d'Eleusis. Ces mystères recouvraient la philosophie la plus pure. Dans
la religion chrétienne, le simple d'esprit et l'homme
intelligent, quand ils croient, ne croient pas sans
doute tout à fait de la même manière, mais enfin ils

croient l'un et l'autre à des dogmes qui excluent
toute interprétation individuelle. Les religions anti-
ques, qui n'avaient point de *credo*, se prêtaient avec
une bienfaisante souplesse aux exigences des esprits
les plus divers. Il y avait plus d'une façon de concevoir et d'adorer Zeus, Athéné, Iacchos et Persé-
phoné. Les mystères d'Eleusis étaient la religion des
âmes tendres et des intelligences épurées. Leurs
rites étaient des symboles d'expiation, de purifica-
tion progressive par l'épreuve et la douleur, de
renaissance et d'immortalité. C'est la morale des
mystères que les trois tragiques grecs ont mise dans
leur théâtre. Et vraiment nous n'avons pas trouvé
grand'chose de mieux.

*
* *

Le grand poète Eschyle fut donc, par surcroît, un
sage éminent. L'*Orestie* est un plus riche trésor que
le fameux « trésor des Atrides. » Il n'est besoin d'aucune complaisance pour y découvrir tout ce qu'on
veut. Qu'y chercherons-nous aujourd'hui ? Si vous
le voulez bien, nous démêlerons, dans les trois parties dont l'*Orestie* se compose, les types des principales espèces de drame qui se sont ensuite développées au cours des âges : drame de passion, ou de
fatalité intérieure ; drame d'aventures, ou de fatalité extérieure ; enfin, drame philosophique et religieux.

Tout cela s'y trouve, mais n'éclate peut-être pas toujours au premier regard. Le drame s'y débat sous une enveloppe encore à moitié lyrique et épique.

C'est que nous sommes, ici, tout près des origines de la tragédie. Vous n'ignorez pas que le théâtre est le dernier en date des genres littéraires. Les hommes ont commencé par les chants et par le récit. Ce n'est que sur le tard qu'ils ont songé à représenter directement la vie humaine par l'action et par le dialogue.

Mais cette representation est, nécessairement, très conventionnelle. Les anciens Grecs prirent leur parti de ces conventions et les firent très larges. Sans doute, ils savaient bien que, dans la vie réelle, on ne chante pas en parlant, qu'on ne parle pas en vers, etc... Mais ils savaient aussi que, le théâtre ne pouvant jamais donner l'illusion complète de la réalité, il est puéril de trop rechercher cette illusion. La vérité du fond, la vérité des caractères et des sentiments leur paraissait seule belle et seule intéressante. Ils n'auraient pas compris du tout nos soucis de réalisme. Et, en effet, c'est nous qui sommes des enfants et des barbares, de tant tenir à une imitation matérielle, — qui d'abord est impossible et qui, si elle était possible, serait assez peu intéressante.

Ce n'est qu'avec la comédie de Ménandre que le théâtre grec deviendra une peinture un peu plus approchée de l'extérieur de la vie. Quant à la tragédie grecque, c'est quelque chose d'intermédiaire entre ce que sera la tragédie française et ce que sera le grand opéra. L'*Orestie* n'est pas encore entièrement dégagée du « dithyrambe » originel. Les chants lyriques et les monologues narratifs en ocenpent la plus grande part. Mais pourtant, comme j'ai dit, tout le théâtre futur s'y agite, déjà reconnaissable.

* *
*

Et, d'abord, l'*Agamemnon* (où nous voyons le roi des rois, à son retour dans Argos, assassiné par sa femme) est le prototype du drame passionnel.

Car notez que c'est bien parce qu'elle aime Égisthe que Clytemnestre tue son mari. Elle dit qu'elle venge la mort de sa fille Iphigénie. Mais ce n'est qu'un prétexte. Si elle était une bonne mère, elle ne maltraiterait point Électre, son autre fille, et elle ne se serait pas débarrassée de son fils Oreste. Son vrai mobile, c'est sa passion adultère. Le chœur nous le dit. Et quand elle triomphe sur le cadavre d'Agamemnon, on sent bien que ce n'est pas le cri d'une mère vengée, mais l'explosion de haine d'une femme qui aime un autre homme :

... Enfin, j'ai réussi ! Je suis debout, il est à terre, c'est chose faite... Il râle, le sang sort en sifflant de sa blessure, le flot noir rejaillit sur moi, véritable rosée du meurtre, plus douce pour moi que la pluie de Zeus au calice des plantes en travail. Voici ce qu'il en est, vieillards d'Argos. Que la chose vous plaise ou non, moi je m'en fais gloire...

Et plus loin :

... Écoute ce serment solennel. Par la vengeance de ma fille, par Até, par Erinnys, à qui j'ai sacrifié cet homme, non, je l'espère, jamais on ne me verra mettre les pieds dans le temple de la Crainte, tant que sur mon autel domestique le feu brûlera entretenu par Égisthe, *toujours, comme par le passé, plein d'amour pour moi. C'est là le solide bouclier où s'appuie mon audace.*

C'est donc bien l'histoire d'une femme qui tue son mari pour garder son amant. Le trio étant donné (une femme entre deux hommes ou un homme entre deux femmes), les combinaisons sont infinies (chacun pouvant tuer les deux autres, ou un des deux autres, ou se tuer soi-même). Mais Eschyle nous présente du premier coup une des plus farouches. Et ainsi l'on peut dire, en un sens, que tout le théâtre de Racine, la moitié de celui de Shakspeare et une partie de celui de Dumas fils sont déjà dans l'*Agamemnon*.

Seulement, n'y cherchez point de subtiles analyses, à la façon des modernes. L'amour dont il s'agit ici, c'est l'amour brutal et fatal, sans nuances de sentiments ; c'est l'amour physique dans toute sa fureur — tel que le définit le chœur des Choéphores : « ... Qui dira les passions éperdues de la femme, les amours que rien n'arrête, source de tant de douleurs ici-bas ? Quand il tient une femelle, cet amour qui n'est plus l'amour, il brise, il dévore tout, parmi les bêtes comme parmi les hommes. »

A cause de cela, on nous le montre surtout dans ses conséquences. Pris en lui-même, il est d'une étrange simplicité. Ne nous étonnons donc point que, dans cette sanglante tragédie d'amour, l'amour soit à peine nommé trois ou quatre fois. A l'époque d'Eschyle, et surtout à l'époque à laquelle remontent les légendes développées par les tragiques grecs, l'amour tient peut-être autant de place qu'aujourd'hui dans les événements humains, — mais beaucoup moins dans les discours...

Il reste vrai qu'il, est dans *Agamemnon* le grand moteur, tout comme dans B*ajazet* ou dans *Othello*.

★
★ ★

Le sujet des *Choéphores*, c'est Oreste se faisant reconnaître de sa sœur Électre et, pour venger son père, tuant sa mère et Égisthe.

Si donc nous voulons oublier un instant le caractère particulier du premier de ces meurtres, nous avons ceci : un homme que l'on croyait mort reparaît, et il reparaît en justicier et en vengeur. Or c'est là précisément la donnée essentielle de la plupart des mélodrames, et c'est pourquoi j'ai pu dire que les *Choéphores* étaient le type le plus ancien des pièces fondées sur quelque combinaison extraordinaire d'événements.

Oh ! cette partie « mélodramatique » est bien peu de chose encore dans la tragédie d'Eschyle. La

reconnaissance du frère et de la sœur se fait très
brièvement et très naïvement. Électre reconnaît
Oreste à la trace de ses pas et à la mèche de cheveux qu'il a déposée sur le tombeau d'Agamemnon ;
et, comme les pieds d'Oreste ont dû grandir et ses
cheveux changer de couleur depuis vingt ans
qu'elle ne l'a vu, on comprend que de tels indices
aient paru insuffisants, même aux anciens, et qu'Euripide s'en soit moqué dans son *Électre* à lui.
Depuis on a inventé la « croix de ma mère. » Il faut
aussi remarquer (ceci tout à l'avantage du vieux
poète) que la « reconnaissance » n'est point, dans
les *Choéphores*, ce qu'elle est devenue de nos jours :
un moyen romanesque, presque toujours invrai-
semblable. Les longues séparations et, par suite,
les retours imprévus, n'étaient point rares en ces
temps lointains, dans un pays où les communi-
cations étaient difficiles, chez un petit peuple aven-
tureux, un peuple de navigateurs...

Quoi qu'il en soit, les « reconnaissances, » c'est la
moitié du théâtre de Voltaire. Il y en a dans *Mérope,*
dans *Zaïre,* dans *Alzire,* dans *Sémiramis...* Les
reconnaissances suivies de la punition des méchants
par un vengeur subitement revenu, c'est tout le
théâtre de M. d'Ennery.

Au fait, vous savez que le mélodrame moderne,
— non dans sa forme, hélas ! mais dans son fond,
— est ce qui se rapproche le plus de la tragédie
grecque ; et que plus d'une fois, dans sa *Poétique,*

Aristote semble donner les règles mêmes du mélodrame.

Comment cela ? C'est que la tragédie antique a
pour matière, en effet, les jeux étranges et cruels
du hasard tout autant que les passions humaines.
Et cela devait être, dans une civilisation rudimentaire, dans une société imparfaitement assise, où
la guerre était encore l'état naturel et où, d'autre
part, les sciences physiques étant peu avancées,
l'homme se sentait plus entouré de mystère, comme
menacé par des forces inconnues... La vie de ces
gens-là offrait aux aventures une bien autre prise
que notre vie à nous, peuple de bourgeois et
d'employés que nous sommes !... On a donc eu
raison de dire que le destin était le principal personnage du théâtre grec. Seulement les surprises
et les singularités de la destinée y sont conçues,
non comme des divertissements et des amusettes,
mais comme des enseignements et des leçons ; et il
y règne un sentiment de terreur religieuse qu'on
ne retrouve guère, il faut l'avouer, dans le répertoire de l'Ambigu ou de la Porte-Saint-Martin.

Il n'en est pas moins certain qu'il y a dans les
Choéphores un commencement de complication dramatique (la ruse d'Oreste, quand il se présente à
Clytemnestre, le guet-apens tendu à Égisthe). Cela
est très simple et déjà très puissant. D'ailleurs,
quand les personnages vivent, quand nous les
connaissons bien et que nous sommes vraiment

entrés dans leur âme, leurs plus simples démarches et presque leurs moindres gestes deviennent souverainement expressifs. Lorsque Clytemnestre, dans *Agamemnon*, surgit, après le meurtre, au haut des marches de sa maison et y reste un moment immobile, cela n'est rien : mais, comme nous savons *ce qu'elle est*, ce qu'elle vient de faire et pourquoi elle l'a fait, cette rentrée et cette attitude nous paraissent plus tragiques que les rencontres subtilement préparées et combinées où tel de nos grands ouvriers de théâtre fait se heurter des fantoches...

*
* *

Enfin l'*Orestie* dans son ensemble et en particulier les *Euménides* sont le premier type, et le plus parfait, du drame philosophique et religieux. Je ne pense pas qu'il y ait énormément plus de philosophie dans le *Faust* lui-même.

Les Euménides (qui figurent le remords et le châtiment) poursuivent Oreste. Protégé par Apollon, il en appelle à Athéné. Celle-ci le fait juger par l'Aréopage et, les voix s'étant partagées, prononce l'absolution.

Il y a donc, dans l'*Orestie*, un conflit de devoirs. Un « cas de conscience » y est débattu — comme dans la plupart des tragédies de Corneille.

Il y a aussi une thèse morale (comme dans les

drames de Dumas fils, si vous voulez). Aux circonstances atténuantes qui plaident pour Oreste (il n'a
fait qu'obéir à l'ombre de son père et à l'oracle de
Delphes, et il y a été encouragé par l'opinion publique, que représente le chœur des *Choéphores*),
Apollon ajoute un argument original :

« Voici ma réponse, regarde si c'est bien raisonner.
Vous êtes mère ; mais votre enfant, comme l'on dit, ce
n'est pas vous qui lui avez donné véritablement la vie. Vous
n'êtes que la nourrice du nouveau-né. Le vrai générateur,
c'est celui qui donne l'assaut. La mère, étrangère à l'hôte
qu'elle a reçu, abrite l'enfant jusqu'au bout, si le ciel ne
vient à la traverse. Voilà mon opinion, et je la prouve.
Pour être père, en effet, on peut se passer de la femme.
Voyez plutôt devant nous cette fille de l'Olympien Zeus.
Elle n'a jamais vécu aux ténèbres de la matrice, et
pourtant quelle déesse eût pu mettre au monde un pareil
enfant ?... »

Et Athéné est de cet avis :

« Je donnerai ma voix à Oreste, car moi, pour me
mettre au jour, je n'ai pas eu de mère. Aussi, au mariage
près, les mâles ont-ils toute ma sympathie. »

On sent dans toute cette scène un mépris non
dissimulé de la femme, mépris que beaucoup de
grands hommes ont éprouvé. Eschyle, comme on
sait, fut un franc misogyne. Mais ce qu'il exprime
là, ce n'est qu'une opinion personnelle, fort sujette

à discussion. Voici qui est moins contestable et qui implique une conception des choses éminemment spiritualiste. Oreste dit aux Furies : « Vous me poursuivez : pourquoi n'avez-vous pas poursuivi ma mère ? » Elles répondent (et par deux fois) : « C'est que celui qu'elle a tué n'était pas de son sang. » Écoutez la réponse d'Apollon :

Oui, ce n'est rien à vos yeux, c'est chose vile que la promesse garantie par la déesse des noces, par Héra et par Zeus avec elle. De Cypris aussi vos prétentions font bon marché, Cypris, d'où vient aux mortels tout le charme de la vie. Pourtant ce lit commun à l'homme et à la femme est sacré, et le serment veille autour. Que des époux s'égorgent entre eux, vous vous tenez tranquilles. Il n'y a pas là de quoi éveiller vos colères. Mais alors, je vous le dis, vous avez tort de poursuivre Oreste...

En d'autres termes, le lien du sang n'est rien par lui-même ; le fils n'est plus obligé envers une mère dénaturée. Le lien volontaire du mariage, désiré ou accepté, nous tient beaucoup plus étroitement. Clytemnestre a été plus coupable en tuant son mari qu'Oreste en tuant sa mère.

Cela est assez audacieux. Vous voyez que si, par certains côtés, l'*Orestie* est proche de nos mélodrames, elle s'en éloigne passablement par l'esprit, et que la « voix du sang » n'est pas tout à fait pour Eschyle ce qu'elle est pour M. d'Ennery... Je n'ai pas le temps de vous montrer combien Shakspeare est plus timide dans *Hamlet* (sans doute à cause du christianisme et de toute l'eau qui a passé sous les ponts). Pour Hamlet, il ne s'agit pas un instant de tuer sa mère : il n'ose même pas tuer son oncle!

Mais surtout nous assistons, dans l'*Orestie*, à l'avènement d'une morale nouvelle, déjà presque évangélique. Le dénouement du drame, c'est la substitution d'une loi clairvoyante et miséricordieuse à la loi aveugle et impitoyable du talion.

Car la morale ne s'est pas faite en un jour. Elle a été fort grossière à l'origine. Par exemple, les anciens hommes plaçaient la faute dans l'acte, dans le fait matériel. Sophocle a écrit deux tragédies (*OEdipe-Roi* et *OEdipe à Colone*) pour montrer que la faute est dans la volonté, dans l'intention.

L'*Orestie* renferme un enseignement du même genre. Nous sommes dans une petite société très intelligente, mais très brutale encore, où sévit la *vendetta*. Il y a, dans certaines familles, des séries de représailles et de meurtres, et ces meurtres, le crime initial étant donné, paraissent légitimes. Car sans doute celui qui venge la première victime semble dans son droit ; mais par la nature même des choses et en vertu de la complexité des relations humaines, la seconde victime, justement odieuse à celui qui l'immole, est chère à quelque parent : elle lui laissera donc le devoir de la venger, et ainsi de suite. Oreste avait peut-être ou se croyait le droit de tuer sa mère et Égisthe. Mais sup-

posez qu'Égisthe ait un fils : ce fils n'aura-t-il pas
le droit et même le devoir de venger son père ?
Et alors où s'arrêter ?

Pour les anciens dieux, représentants de l'ancienne morale, il n'y a pas de raison pour que cela
finisse. Le meurtre engendre nécessairement le
meurtre ; cela est dit vingt fois. « Qui tue doit périr,
et le sang expie le sang. C'est la loi éternelle, éternelle comme Zeus, que ce fatal talion qui poursuit
le coupable. » — Pour les nouveaux dieux, *il faut*
que cela ait un terme. Cela aurait même dû s'arrêter avant Oreste. Notez que l'Aréopage ne déclare
pas Oreste innocent. Il lui fait grâce, ce qui est très
différent, et il ne lui fait grâce que parce qu'il
s'est purifié par des rites qui sont des signes de
repentir.

« Inextricable difficulté ! Comment en sortir ? »
dit le chœur des vieillards dans l'*Agamemnon*.

Comment ? Par un coup d'État de la raison sur un
instinct longtemps irrésistible, et de la charité (qui
est la justice supérieure, la justice envers toute
l'humanité) sur l'aveugle besoin d'une étroite et
fausse justice individuelle. Oui, de quelque façon
qu'on s'y prenne, il n'y a de terme à la violence
que le pardon. Il faut que l'homme lésé consente à
ne pas rendre le mal pour le mal : car, en usant de
ce qu'il croit être son droit, toujours il le dépassera.
Toujours, en rendant le mal à quelqu'un qui lui a
fait du mal, il en fera par surcroît et sans le vouloir

à quelqu'un qui ne lui en avait point fait. Bref, la justice ne peut être exercée par les individus en leur nom propre, sous peine d'être injuste par quelque point.

Cela est très fortement senti et marqué par Eschyle. Et comme une pareille réforme du droit humain ne pouvait alors s'accomplir que par une révolution religieuse, il suppose que les dieux se sont moralisés en même temps que les hommes. L'ancienne loi est personnifiée par les Erinnyes, et la nouvelle par Apollon et Athéné. Entendez le poète parler aux « anciens dieux » (c'est lui qui les appelle ainsi) :

Dehors, je le veux !... Débarrassez le sanctuaire, ou gare au serpent d'argent, au trait ailé de mon arc d'or!... Ce ne sont point là les demeures qu'il vous faut. Allez dans d'autres pays, là où les têtes tombent, où la justice crève les yeux, où le fer tarit dans sa source le germe des générations, où tout est jonché de supplices et de membres pantelants. Les cris aigus des lapidés, les lamentations sans fin des malheureux cloués au pal, voilà vos orgies, vos airs de fêtes, vos voluptés à vous, misérables rebuts des immortels...

Il y a donc, dans l'*Orestie*, autre chose que l'absolution d'Oreste : la révélation d'une loi de douceur. Une profonde humanité y respire — avec la grâce du génie athénien.

⁎

Et il y a bien autre chose encore dans l'*Orestie* :

Le fantastique le plus naturel, si je puis parler ainsi, et le plus terrible (assurément les Euménides valent les sorcieres de Macbeth).

Le réalisme même, comme nous l'entendons aujourd'hui : « Ah! dit la vieille nourrice Gilissa, mon Oreste, ma seule pensée, Oreste, que j'ai nourri; que j'ai reçu au sortir du sein de sa mère! La nuit, à ses moindres cris, j'étais debout... C'est que, tant que ça n'a pas plus de raison qu'une bête, il faut bien songer à ses besoins... Ça ne sait rien dire, un enfant au berceau. Ça a faim, ça a soif, ça pisse tout seul, car à cet âge le ventre n'attend pas chez les enfants : il fallait tout deviner. Souvent je m'y laissais prendre. Alors c'était des langes à laver, car blanchisseuse et nourrice, c'est tout un... » (Or, ce comique familier venant après le tragique, et l'absence des unités de temps et de lieu, n'est-ce pas tout justement ce qu'on a appelé le drame romantique?)

Une conception du monde, si grandiose et si triste, que nous n'y avons guère ajouté. En somme, le pessimisme avec le besoin et le goût de l'action. Des lamentations comme celle-ci : « Le bonheur, une ombre suffit à le détruire; le malheur, un coup d'éponge humide, comme d'un trait, en efface le souvenir : amer oubli, plus amer que le malheur même; » et des chants d'espérance et de joie comme ceux qui terminent les *Euménides*.

La plus forte poésie, la plus inspirée, la plus

hardie, la plus abondante en images : romantique déjà si vous voulez, et shakspearienne, et baudelairienne même, si cela vous fait plaisir. Eschyle parle de l'amour comme fera Schopenhauer, et d'Hélène comme pourrait faire Dante Rossetti : « Ainsi, elle est entrée dans les murs d'Ilion, cette Hélène, calme sourire des mers quand le vent est tombé, beauté à faire pâlir les joyaux, regard armé de langueur, fleur d'amour à vous prendre au cœur... »

Nous n'avons rien inventé, rien — pas même la charité (vous l'avez vu ; et n'objectez pas l'esclavage ; les esclaves sont plus heureux dans les *Choéphores* que nos prolétaires) — pas même la chasteté (Cassandre est vierge ; c'est pour n'avoir pas voulu se livrer à Apollon qu'elle est vouée au malheur ; Cassandre était, à Athènes, la patronne des filles qui ne voulaient pas se marier, et elle était honorée, selon certains rites, par ces nonnes païennes).

Non, rien depuis deux mille quatre cents ans qui ne soit déjà dans l'*Orestie.* Les formes seules des sentiments humains ont changé. Nous sentons encore notre âme en communication avec celle du vieux poète grec. Et cela est fort heureux. Par cette intelligence des œuvres du passé, par cette sympathie qui franchit les siècles, nous élargissons le point que nous occupons dans le temps, de même que nous agrandissons, par la charité et l'amour des hommes, le point que nous occupons dans l'espace. Et c'est ce qui fait la vie digne d'être vécue.

Peut-être ne retrouverez-vous point tout cela au complet dans le drame qu'on va jouer devant vous. Mais vous y retrouverez (avec des vers si beaux qu'il n'y en a guère de supérieurs dans notre littérature) l'implacable génie de M. Leconte de Lisle, beaucoup plus inhumain qu'Eschyle. Heureusement M. Massenet y mêlera sa musique, qui n'est que grâce, douceur et volupté. Et ainsi vous ne perdrez rien.

MOLIÈRE

MATINÉES CLASSIQUES DE L'ODÉON : Conférence de M. Ferdinand Brunetière sur *l'Ecole des Femmes* et *le Malade imaginaire*. — Mort de Gondinet.

26 novembre 1888.

Je vous ai déjà dit que M. Ferdinand Brunetière était un orateur. Un orateur énergique et impérieux, qui frappe et qui convainc plus qu'il ne persuade et qu'il n'enlace. La voix est étoffée et grave ; la prononciation insiste sur les mots et les rend tous considérables, cependant que son index levé menace des plus effroyables supplices ceux qui ne le croiraient pas sur parole. On n'a pas un moment l'idée que des mots prononcés ainsi, et appuyés de ce geste, puissent être sans importance. M. Brunetière improvise ; et, ce qui est merveilleux, sa phrase parlée a l'ampleur, les vastes proportions et tout le poids de sa phrase écrite. Il n'inspire pas seulement la confiance : il l'impose. Quelquefois sa parole s'émeut et s'échauffe, mais c'est encore, si je puis dire, d'une chaleur tout intellectuelle. Ce qui com-

munique alors à son discours une vibration particulière, c'est le plaisir que donne à l'orateur quelque vérité fortement saisie et démontrée qu'il se
sait gré d'avoir découverte et de nous rendre subitement évidente. C'est comme l'allégresse conta-
gieuse de la certitude acquise. La raison a aussi ses
émotions, et c'est par frissons que se propage la
lumière...

M. Brunetière a eu, l'autre jour, plusieurs de ces
moments-là. Je n'en retiendrai qu'un ; et encore je
suis incapable de vous rapporter avec quelque
exactitude les paroles dont il s'est servi. La phrase
de M. Brunetière est, je ne sais pourquoi, beaucoup
plus difficile à reproduire ou à imiter que celle de
M. Francisque Sarcey.

L'orateur venait de nous expliquer quelle a été la
pensée de Molière dans *l'Ecole des Femmes*. Elle est
bien simple, cette pensée : c'est qu'il faut des époux
assortis. Mais elle va pourtant assez loin, par ce seul
fait que, de toutes les disconvenances qu'il peut y
avoir entre Arnolphe et Agnès, Molière n'en considère
et n'en développe qu'une seule : la disconvenance
des âges. Agnès a seize ans, Arnolphe en avoue
quarante-deux. Rien de plus. Cela suffit pour qu'Arnolphe, qui est sans doute un homme à systèmes,
mais qui n'est point un sot et qui aime profondément.
soit ridicule et même odieux, d'un bout à l'autre :
et pour qu'Agnès, avec son petit cœur de pierre, son
égoïsme aussi parfait que celui de son tuteur, et

la naïve cruauté de ses répliques, traîne cependant toutes les sympathies après soi. Ce n'est point qu'Horace ait rien d'extraordinaire : il est sémillant, il est gentil, — fort insignifiant, en somme ; mais il a vingt ans. C'est sa jeunesse toute seule qui triomphe. Et nous applaudissons parce que nous sentons là une loi naturelle et sacrée. Oui, c'est la nature, c'est l'instinct qui agit chez Agnès et Horace, et à cause de cela nous sommes avec eux.

(On pourrait ici examiner si la Nature agit exactement de la même façon chez les Agnès de tous les temps, et si, au jugement même de l'Instinct qui les guide, l'âge de la jeunesse chez l'homme ne s'est pas un peu déplacé depuis Molière. Et, par exemple, ne peut-on pas dire que c'est encore la Nature et l'Instinct qui, dans *la Souris*, poussent l'innocente Marthe dans les bras de Max de Simiers, lequel a tout justement l'âge d'Arnophe ? Oui, on peut le dire, à condition d'ajouter que les petites filles d'à présent, tout en suivant la « nature », suivent aussi la « coutume » qui dépend du temps et du milieu, et qui, chez nous, a prolongé pour les hommes l'âge normal de l'amour et du mariage ; mais que, du reste, la coutume devient une autre nature et qu'il se fait continuellement en nous des mélanges secrets de l'une et de l'autre. Et ainsi, pour que la vérité de *l'Ecole des Femmes* garde toute son évidence, il suffit aujourd'hui de vieillir un peu Arnolphe : ce que les comédiens ne manquent jamais de faire, sans qu'on le leur dise et parce qu'ils sentent d'eux-mêmes que cela est indispensable.)

Arrivé à ce point de son discours, M. Ferdinand Brunetière a été superbe. Cet homme sévère, qui passe pour le plus rigoureux des orthodoxes en littérature et qui l'est en effet, mais qui l'est avec des audaces d'hérésiarque et qui ne connaît pas de plus grand plaisir que de bousculer la tradition et de prêter à la raison même le langage insolent du paradoxe, a eu tout à coup un de ces mouvements oratoires auxquels les foules ne résistent pas. Et, ce qui me comble de joie, c'est que c'était bien un mouvement de « réunion publique ; » que beaucoup d'auditeurs, par ignorance ou inattention, ont dû se méprendre sur le fond de la pensée de M. Brunetière, et que, s'il y avait dans la salle quelque antidéiste des Batignolles, il a certainement pris pour un frère, un « vieux frère, » un vrai, un bon, le critique de la *Revue des Deux-Mondes !*

Voici à peu près, et très en abrégé, comment s'est exprimé M. Brunetière :

« Ainsi, ce qu'il y a dans *l'Ecole des Femmes*, il ne faut pas s'y tromper, c'est bien un amoureux et complet acquiescement à la nature, à la bonne loi naturelle. Molière nous dit, par la bouche de son ingénue, qu'il ne saurait y avoir de péché dans ce qui fait plaisir. Et vous vous rendrez plus clairement compte de sa pensée, si vous songez que, à l'époque où il écrivait ses comédies, de grands chrétiens

répétaient avec insistance que l'instinct est mauvais,
que la nature est corrompue, qu'il faut la combattre
et l'étouffer en nous, et que l'existence ne nous a
été donnée que pour n'en rien faire. Et c'est pourquoi il s'est érigé contre eux, lui, de disciple de
Lucrèce, en défenseur de la nature. Là est l'unité
de son théâtre. Ce qu'il attaque et ce qu'il raille
presque uniquement, ce sont les vices et les travers
qui déforment la nature ou qui s'écartent du naturel.
Ainsi le pédantisme, le précieux, la plupart des
vanités et des préjugés mondains, ainsi la pruderie
et l'hypocrisie qui font semblant de renier la nature
et qui la suivent secrètement, en rougissant d'elle.
En revanche, il a de larges et chaudes sympathies
pour les bonnes âmes toutes simples et toutes
franches, pour Chrysale, pour Henriette, pour
Mme Jourdain. Oui, il est le poète et le champion de
la nature contre les docteurs de la grâce, contre
Pascal et Bossuet. On a essayé d'expliquer ou plutôt
de dissimuler son attitude : on a dit que ce qu'il
attaquait dans *Don Juan* ou dans *le Tartuffe*, ce
n'étaient pas les dévots, mais les faux dévots, et
que, surtout, ce n'était point la religion chrétienne.
Pourquoi ces faux-fuyants et ces vaines distinctions?
Lui-même les repousserait de toutes ses forces.
C'est lui faire tort que de lui prêter ces haines
obliques ! Oui, c'est bien à la religion qu'il en avait
dans *Tartuffe*. Il tend, par-dessus les âges, une main
à Rabelais et l'autre à Voltaire. Toute son œuvre est

antichrétienne. Il a été l'ennemi résolu du christianisme, il faut en prendre notre parti. Et, quant à
moi, je lui en fais bien mon compliment, puisqu'il
croyait ainsi servir la vérité. »

Mais oui, je vous assure qu'il a dit cela! Il l'a
parfaitement dit l Et cela m'a fait grand plaisir,
parce que je le pensais, — moins nettement, — et
que même il avait pu m'arriver, comme à d'autres,
de le dire, — beaucoup moins bien et avec moins de
force. Les esprits originaux sont nos accoucheurs
(excusez cette métaphore socratique). Ils nous ren-
voient, liés et achevés, nos commencements d'idées.
Et, si nous les aimons, c'est que, en même temps
qu'ils nous donnent des raisons de les admirer, ils
nous en donnent de nous estimer un peu nous-
mêmes. Ainsi, dans le développement de la pensée
humaine, il y a comme une mystérieuse et universelle collaboration à des degrés très divers (car elle
va de ceux qui comprennent à ceux qui trouvent, en
passant par ceux qui pressentent), et, par suite, de
la joie et de l'orgueil pour tout le monde.

Oui, je le répète, il l'a dit. Il a félicité Molière
d'être un si mauvais chretien. Il est vrai qu'il a
ajouté (mais personne n'y a fait attention) : « Elle
est fort séduisante, cette philosophie naturaliste de
Molière ; mais elle est un peu bien dangereuse aussi
et elle ne pare pas à tout. Si j'avais à parler de
Tartuffe, en le considérant, au rebours de ce qu'on
fait d'ordinaire, comme une œuvre dirigée contre

les dévots quels qu'ils soient, et contre la religion
en général, je vous dirais bien des choses dont je
n'ai pas à m'ouvrir aujourd'hui. » Cette conférence
sur *Tartuffe*, nous l'attendons, et je crois que
M. Brunetière a promis de la donner. Ce jour-là, le
vieux frère, dont j'aimais tout à l'heure à me représenter l'allégresse, aura peut-être une surprise.

J'allais oublier l'ingénieuse façon dont M. Brunetière a rattaché *le Malade imaginaire* à l'idée domi-
nante du théâtre de Molière : « Pourquoi, a-t-il dit
en substance, Molière déteste-t-il si fort les médecins ? C'est sans doute, d'abord, parce qu'il était
malade et qu'ils n'ont pas su le guérir. Mais il y a
autre chose. Il déteste les médecins parce que, dans
leur ignorance pédante, ils combattent la toute-
puissance de la nature, son unique divinité, et violent même en quelque façon ses mystères. »
M. Brunetière aurait pu, à ce propos, citer maintes
phrases du rôle de Béralde : « Est-il possible... que
vous vouliez être malade en dépit des gens et de la
nature? »...«... Il ne faut que demeurer en repos.
La *nature*, d'elle-même, quand nous la laissons
faire, se tire doucement du désordre où elle est
tombée. » «... Songez que les principes de votre vie
sont en vous-même...» «...Les ressorts de notre
machine sont des mystères, jusques-ici, où les
hommes ne voient goutte, et la *nature* nous a mis
au-devant des yeux des voiles trop épais pour y
connaître quelque chose. » Et enfin, Argan ayant

1**

objecté qu'on peut « aider » la nature : « Mon Dieu r
mon frère, ce sont pures idées, dont nous aimons
à nous repaître... Lorsqu'un médecin vous parle
d'aider, de secourir, de soulager la nature..., il vous
dit justement le roman de la médecine. » Cela est
assez explicite. En forçant quelque peu les mots, il
ne serait pas malaisé de découvrir un rien de
mysticisme dans cette forme imprévue et extrême
du « respect de la nature ; » et c'est ici que
M. Homais se séparerait décidément de l'auteur de
Tartuffe.

Edmond Gondinet est mort la semaine dernière.
Je l'avais assez connu pour l'aimer. Sa vie et son
caractère pourraient être proposés en exemple aux
gens de lettres, et particulièrement à ceux qui écri-
vent pour le théâtre. Ils y trouveraient des leçons
de patience, de persévérance, de modestie et de
bonté. Gondinet attendit jusqu'à trente-cinq ans
son premier succès. Il eut pour le moins autant de
chutes que de triomphes. Or, sa douceur resta
inaltérable. Il aimait la campagne et y vivait beaucoup. Il cachait sa vie, et il ne lui était point nécessaire, pour être heureux, d'encombrer de son nom
et de ses faits et gestes les *Echos* ni les *Courriers des
théâtres.* Il était très bon, — avec un peu de faiblesse, j'imagine, et une peur excessive de faire de
la peine aux gens. Et c'est ainsi qu'il était devenu,
voilà quelques années, le grand rebouteur de pièces

et le collaborateur général de tous les débutants.
Enfin on nous a révélé que « l'âme de Gondinet, du
premier jusqu'au dernier jour, fut remplie par une
seule amitié, par une seule affection, par un seul
amour. » C'était donc une nature rare et charmante.

Auteur comique, il avait quelque chose de Labiche (voyez *le Homard*) et quelque chose aussi de
Meilhac (voyez *le Club*). Il a parfaitement connu
l'âme du fonctionnaire français et y est entré, ce
me semble, plus avant que Labiche (*le Chef de divi-
sion, le Panache*). L'insuccès de sa dernière comédie
(*Dégommé*) m'avait paru fort immérité. Gondinet y
montrait jusqu'à quels étranges excès peut s'emporter un fonctionnaire qui a perdu sa place. Il y avait
là une scène étonnante de comique féroce, qui
m'avait ravi et que j'ai dû vous conter dans ce
temps-là, et bien de l'esprit dans le reste. Mais, avec
tout cela, la pièce ne réussit point. Il faut dire
qu'elle était médiocrement jouée, et presque à
contre-sens. Je ne demande point qu'on reprenne
Dégommé; car, qu'est-ce que cela fait maintenant à
Gondinet ? Mais j'aime à me rappeler que je n'ai été
pour rien dans la mélancolie de ses dernières
années, et que j'ai été presque seul à rendre justice
à sa dernière œuvre.

ODÉON : Conférence de M. Henri Chantavoine sur *Georges Dandin*. — La boulangerie parisienne à l'Ambigu.

25 février 1839.

Il s'agissait de parler de Georges Dandin, le « mari confondu, » ou, si vous voulez, le mari biscornu et mécontent (encore *bis* est-il trop peu dire), devant des collégiens et des fillettes, toute une délicieuse marmaille que nous avons le devoir de supposer ingénue, et à qui nous n'avons le droit d'ouvrir les idées que nous avons sur la littérature. Cela n'était point commode. (Car, au surplus, la littérature, c'est la vie interprétée, et la vie n'est pas toujours innocente.) M. Henri Chantavoine s'en est tiré à miracle, à la fois en excellent père de famille et en artiste subtil, avec la plus souple prudence et la dextérité la plus hardie. Vous n'imaginez pas la quantité de litotes, de prétéritions et de périphrases par lesquelles il a su exprimer le cas de Georges Dandin, — tranquillement et en douceur, mais avec des sourires plein la moustache.

M. Chantavoine nous a expliqué qu'il y avait dans *Georges Dandin :* 1º une farce qui, par l'intermé-

1***

diaire de *la Jalousie du Barbouillé*, se rattache à la farce du *Cuvier* et au théâtre comique du moyen âge ; 2° une comédie de mœurs ; 3° un fond de sérieux et de philosophie. Je voudrais vous rendre quelque chose, au moins, des développements ingénieux où s'est diverti Chantavoine, et, s'il se pouvait, un peu de la grâce de sa parole. Je vais essayer de le faire pour la troisième partie : mais je sens bien d'avance tout ce que j'en retirerai malgré moi. Je ne vous donnerai qu'un résumé fort sec, où manqueront les « mots » et la façon de les dire.

« .... Dans les pièces de Molière les plus sérieuses par le fond, ses contemporains affectaient de voir surtout des bouffonneries : dans ses pièces les plus bouffonnes, nous affectons de flairer des drames. C'est un autre travers. Pourtant il est certain qu'après avoir fait rire à la manière d'une farce et presque d'une parade, *Georges Dandin* peut donner à penser.

« Le sujet est un de ceux qui ont le plus défrayé le théâtre de notre temps et que nous avons pris le plus au tragique : j'entends la *mésalliance* et ses suites inévitables.

« Je vois trois espèces de mésalliances :

« 1° Celle des âges, quand un jeune homme épouse une vieille femme, ou quand une jeune femme est livrée à un vieux mari.

« 2° La mésalliance des tempéraments... Les inconvénients, je ne sais comment vous les faire pressentir... Je serai très superficiel et me servirai de deux titres de romans... Imaginez que *l'Homme de neige* soit marié à *la Femme de feu*.

« 3° La mésalliance des classes, des conditions ou des éducations. Ce cas, vous le rencontrez dans quelques-uns des premiers romans de George Sand ; vous le retrouvez dans *Madame Bovary*. Emma est de plus fine essence que le pauvre Charles ; elle a été élevée autrement ; elle a des goûts plus « distingués »... De là ce que nous appellerons, si vous le voulez bien, des tiraillements dans le ménage.

« De même Angélique, outre qu'elle appartient à une autre classe sociale, semble pétrie d'une autre pâte que son balourd de mari ; elle est plus intelligente, plus délicate, plus fine d'esprit et de corps..... Oh ! qu'ils auront de peine à s'entendre et quels malheurs je prévois !... Arrive le joli Clitandre. Il est, lui, de même race qu'elle. Le compte de Georges Dandin est sûr. Clitandre, c'est la fatalité qui passe.

« Que va faire ce pauvre Georges ? Ah ! s'il osait la battre ! Son bâton de paysan, ce bâton dont les politiques primitifs ont fait le sceptre, ce serait encore le meilleur remède s'il n'avait épousé qu'une paysanne Car rien n'est meilleur pour assouplir les caractères, sinon pour les adoucir Mais il n'ose pas. Quoi qu'il en ait, Angélique est une demoiselle et lui en impose.

« Pourtant, les coups de bâton sont une solution.
Nous l'avons gardée, en la poussant au noir. Au lieu
de dire : « Tape dessus ! » nous avons dit : « Tue-
la ! » Le couteau de Pierre Clémenceau, le pistolet
du comte de Lys et le fusil de Claude ont remplacé
le jovial bâton de nos pères. Solution médiocre :
elle défait les choses, mais ne les arrange point.

« Il y en a une seconde : c'est le pardon. Celle-là
aussi, elle est de tous les temps. Mais, comme la
première, nous l'avons dramatisée. Aujourd'hui, le
pardon s'appelle réhabilitation et rédemption. Tandis que la femme se traîne à ses genoux, le mari se
recueille, prend un temps, étend les deux mains
comme un évêque, et lentement : « Relève-toi, créature de Dieu... Et de quel droit te jugerais-je ?
etc. » C'est la solution mystique. Elle fait un peu
trop beau jeu à la délicieuse coquinerie de « l'enfant
malade et douze fois impure. »

« Entre ces deux solutions, — celle du revolver
et celle du bénitier, — il y en a une troisième : la
résignation. C'est où s'arrête Georges Dandin. Non
tout de suite, il est vrai. Il songe d'abord à se jeter
à l'eau : il n'en fera rien. Il se résignera en ronchon-
nant, mais il se résignera. Et le ménage ira tant
bien que mal, jusqu'aux premiers cheveux blancs
d'Angélique. « Vous l'avez voulu, Georges Dandin,
« vous l'avez voulu ! » Et, en effet, sa vanité et sa
sottise sont cause de tout. Ceux qui sortent de la
nature sont punis par la nature : telle est, ici comme

ailleurs, la conclusion de Molière. Georges Dandin lui-même le comprend vaguement. Il se soumet à l'inévitable, se réservant seulement le droit d'en grogner à part soi et d'y remédier dans le détail et au jour le jour. On ne supprime pas les suites d'un manquement aux lois de la nature. Ces lois se vengent toutes seules. Tout remède radical est ici pire que le mal lui-même. La meilleure sagesse, quand on a manqué de sagesse et qu'il vous en cuit, c'est la patience... un peu armée. »

Il y a encore une autre solution, celle que Molière nous indique en ces termes dans *Sganarelle* :

> Voir cajoler sa femme et n'en témoigner rien,
> Se pratique aujourd'hui par force gens de bien.

(Cela est traduit de deux vers d'Euripide dans *Hippolyte porte-couronne* (rôle de la nourrice). Je ne suis pas fâché de vous en avertir en passant; car je suis peut-être seul à le savoir.)

Et il y a, enfin, la solution de l'amant de Mᵐᵉ Guichard, de l'homme qui pense que « la femme, c'est de l'argent. » (En anglais : *Titine is money.*)

Mais M. Chantavoine ne pouvait dire ces choses à ces enfants. Par un prodige de son art, il a été à la fois étincelant — et circonspect.

Une lutte tragique s'est livrée l'autre soir, dans l'âme de M. Francisque Sarcey, entre le sentiment

du devoir et les instincts de sociabilité. Cette lutte,
Dieu seul l'a vue, mais je l'ai tout au moins soupçonnée... Voici les faits.

Nous étions à l'Ambigu. L'excellent directeur,
M. Rochard, avait loué toute la salle à la boulangerie parisienne. C'était fort gai. Tous boulangers,
gindres, mitrons, porteurs et porteuses de pain.
Très élégante, d'ailleurs, la « boulange » de Paris.
A l'orchestre et au balcon, beaucoup de plastrons,
plus blancs que farine, et çà et là, de jolies petites
boulangères, blanches comme la mie des petits pains
de gruau, avec des rondeurs de miches et des cheveux dorés comme des brioches. Aux galeries su-
périeures, les ouvriers du pétrin, tous exultants
devant la scène illuminée, comme le boulanger de
la légende chrétienne devant l'ouverture du four
ardent où chantaient les petits martyrs condamnés
aux flammes par le méchant roi païen. Un souffle
chaud, un souffle d'irrésistible sympathie emportait tout l'auditoire ; les comédiens, transfigurés,
jouaient dans une fièvre, ne touchaient plus les
planches ; tous les effets étaient décuplés ; on riait
pour rire ; on était parfaitement heureux...

Pendant un entr'acte, un inconnu (qu'il soit
béni !) me saisit, m'entraîne par des passages mystérieux, et me dépose au foyer des artistes. Ce
foyer, je dois le dire, est sans luxe ; un tuyau de
poêle le traverse et quelques chaises en composent
l'ameublement. Mais l'orgie y flambait. Sur une

table, chargée de verres et de bouteilles de champagne, s'étalait un gâteau-monstre, un gâteau
« maman Lison, » une « création » d'un boulanger
du quartier, l honorable M. Lacome. (Ce gâteau
offre l'aspect d'un pain de ménage ; mais il est fait
d'une pâte délicate et savoureuse, et de larges cou-
lées de très bonne crème se dissimulent dans ses
flancs rugueux.) On mange, on trinque, on se con-
gratule.

Tout à coup quelqu'un me dit : « Allez donc chercher Sarcey ! — Oh ! répondis-je, je connais les
principes du vieux maitre. Soyez sûr qu'il ne vien-
dra pas. Il a, sur ce point, l' « âme atroce » de
Caton. Moi, je bois à l'occasion le champagne des
directeurs. Aussi je n'ai pas d'autorité... Tout ce
qu'on pourrait tenter, ajoutai-je diaboliquement,
ce serait d'offrir à M. Sarcey une tranche de cet
excellent gâteau. » Sur quoi Mme Lerou en coupa
une fort belle part, proportionnée à l'importance
du destinataire. Raoul Toché enveloppa l'objet
dans un morceau de journal ; je le suivis, et
d'un air insinuant, nous l'offrimes à l'éminent critique.

Encore une fois, j'ignore ce qui se passa alors
dans l'âme de M. Sarcey. Sans doute, le critique et
l'homme échangèrent de rapides arguments. Le
critique disait : « Ne va pas démentir en un jour
trente ans d'incorruptibilité. Repousse les présents
d'Artaxercès. — Ils sont modestes, répondait

l'homme. — C'est pour mieux te tenter, reprenait le critique. On commence par accepter un morceau de galette sans y attacher d'importance : on finit par se laisser entretenir. — Mais, songeait l homme (qui est un brave homme), si je refuse cette innocente friandise, je ferai de la peine à de bonnes filles et au plus courtois des directeurs Au reste, j'ai le droit d'ignorer d'où vient ce gâteau. Je ne le reçois pas directement, de la main à la main. Ce détour qu'on emploie pour me l'offrir est un hommage rendu à mon austérité ; il signifie que dans la pensée même des généreux amphitryons je puis accepter leur cadeau sans m'engager en aucune façon. — Sophismes ! restriction mentale ! direction d'intention ! escobarderie ! grondait le critique indigné. — Et l'homme répliquait au critique : « Orgueil ! dureté ! ridicule entêtement ! Eh ! va donc, Robespierre du feuilleton !... »

Tout ce dialogue ne dura qu'une seconde. Telle est, comme vous savez, la rapidité des phénomènes psychologiques. J'observais mon maitre avec angoisse. Il eut un sourire indéfinissable et mit le morceau de galette dans son chapeau. Il était déshonoré ! Et, comme je l'étais aussi, cela me fit plaisir.

20 mai 1889

. . . .

. . . . Enfin M. Coquelin a réalisé un de ses rêves les
plus chers : il nous a joué *Tartuffe* (le troisième acte) ;
ce qu'il n'avait pu faire jusqu'ici que sur des scènes
de province.

Il l'a fort bien joué, cela va sans dire. L'a-t-il
joué comme il faut ? La question est peut-être insolu-
ble. Sauf erreur, il y a dans la comédie de Molière
deux Tartuffes d'aspect notablement différent. Il a
dû dessiner d'abord le premier, en haine des cagots.
Puis les nécessités ou les vraisemblances de sa fable
l'ont sans doute amené insensiblement à concevoir
le second.

Donc, le premier Tartuffe est une espèce de grossier bedeau, de rat d'église, aux façons vulgaires et
basses. Pétant de santé avec cela :

Il a l'oreille rouge et le teint bien fleuri.

C'est un goinfre. Il mange tout seul, à son soup

2

« deux perdrix, avec une moitié de gigot en hachis. »
Il « rote » à table. Il est laid, il est physiquement
ignoble et répugnant. Sans cela on ne comprendrait
pas les propos de Dorine :

Parlons de sa personne....
Ferez-vous possesseur, sans quelque peu d'ennui,
D'une fille comme elle, un homme comme lui ?
Il est bien difficile enfin d'être fidèle
A de certains maris *faits d'un certain modèle.*

Et plus loin :

Oui, c'est un beau museau !

Et encore (ironiquement) :

Il est noble chez lui, *bien fait de sa personne ;*

Et enfin, à Marianne :

Non, il faut qu'une fille obéisse à son père,
Voulût-il lui donner un singe pour époux.

Bref, Tartuffe nous apparaît, surtout dans les deux
premiers actes, comme un truand de sacristie, une
trogne à la Callot, un pourceau béat, qui, au fond, ne
doit pas être bien dangereux, qui ne demande qu'à
manger, boire et dormir son soûl entre ses prières,
et dont le fait est plutôt mômerie machinale et gri-

maces d'habitude qu'hypocrisie profonde et perverse.
Même les traits par lesquels se manifeste sa dévotion, fausse ou vraie (par exemple : « Laurent, serrez
ma haire avec ma discipline »), et la confession qu'il
fait

D'avoir pris une puce en faisant sa prière,
Et de l'avoir tuée avec trop de colère ;

ces traits ont une sorte de naïveté presque imbécile
et ne nous le présentent que comme un grotesque de
la dévotion, immonde à considérer, mais probablement assez inoffensif.

Voilà qui va bien, et le « libertin » Molière a dû
être fort satisfait de cette caricature, très belle et
très haute en couleur, de la canaille dévote. Il y a
évidemment dans ce premier et large crayon un
ressouvenir de la moinaillerie des fabliaux.

Oui, mais un plat sacristain, un cuistre sordide
et sans éducation, n'aurait jamais pu s'introduire,
comme Tartuffe, dans la maison d'Orgon. Ce bourgeois d'esprit simple, mais qui est un homme riche
et même considérable, puisque sa conduite pendant
la Fronde a pu être utile au roi et lui être particulièrement signalée (voir le dernier acte) ; ce bourgeois, qui doit avoir, après tout, les préjugés de sa
classe et de son rang, n'aurait jamais recueilli chez
lui et traité comme un égal un marmiteux de la
cagoterie. Ce marmiteux n'aurait jamais amené Or-

gon à lui offrir la main de sa fille (car ce n'est pas
un effet très ordinaire de la dévotion que de détourner
les bourgeois opulents du souci de marier richement
leurs enfants) ; et jamais il n'aurait exercé sur Orgon
et sur Mme Pernelle une séduction qui implique chez
le séducteur quelque grâce, quelque autorité, une
supériorité intellectuelle.

Et c'est pourquoi Molière a conçu, chemin faisant,
un second Tartuffe, sans trop se soucier de le mettre
d'accord avec le premier. Ce second Tartuffe n'est
plus un bedeau ridicule. Celui qui tout à l'heure
« rotait » devant les gens et qui racontait l'histoire
de ses puces est maintenant un homme fort bien
élevé, — pauvre, mais de bonne tenue, et qui a
conservé un valet. Il peut se dire gentilhomme sans
trop d'invraisemblance. Dorine elle-même, dans le
couplet où elle raille Marianne, admet que Tartuffe
est tout au moins de bonne bourgeoisie et qu'il tien-
drait dans sa province un rang honorable :

Vous irez par le coche en sa petite ville...
D'abord chez le beau monde on vous fera venir ;
Vous irez visiter, pour votre bienvenue,
Madame la baillive et madame l'élue,
Qui d'un siège pliant vous feront honorer.

Ce n'est pas que l'hypocrisie de Tartuffe ne soit
encore grossière et maladroite dans deux ou trois
passages. Et, par exemple, c'est une assez forte
sottise que de dire à Elmire :

Mais enfin je connus, ô beauté tout aimable,
Que cette passion *peut n'être pas coupable,*
Que je puis l'ajuster avecque la pudeur ;

car un hypocrite un peu raffiné n'affiche pas ainsi
son hypocrisie. Il doit savoir, d'ailleurs, qu'Elmire
est très intelligente et fort peu dévote ; que, par
suite, ce n'est pas le « péché » qui l'arrêtera dans
cette affaire, ou que, si elle a peur de la faute, ce n'est
point par de grosses malices de casuiste qu'il
décidera cette femme, saine et éminemment « laïque, »
à passer outre. Mais les arguments et les mouvements qui conviennent ici, il les trouve tout de suite
après. Tout le reste de la scène de la déclaration est
d'une merveilleuse justesse et d'une grande beauté.
Si Tartuffe y abuse un peu (par habitude et pour
soutenir son rôle) du vocabulaire de la dévotion, cela
même peut le servir, et cela est piquant plutôt que
ridicule ; c'est à la fois un peu bizarre et très
éloquent, avec un léger ragoût, un peu inquiétant,
de sacrilège. C'est comme si ces paroles mystiques
des manuels de dévotion restaient chaudes de la
chaleur des lèvres et des cœurs pieux qui les ont
tant de millions de fois prononcées... Et cela se
rapproche déjà, par endroits, de la langue qui devait
se parler cent cinquante ans après Molière dans les
poésies et les romans idéalistes et romanesques :

Il a sur votre face épanché des beautés
Dont les yeux sont surpris et les cœurs transportés

Et je n'ai pu vous voir, parfaite créature,
Sans admirer en vous l'auteur de la nature,
Et d'une ardente amour sentir mon cœur atteint
Au plus beau des portraits où lui-même il s'est peint.

Parole d'honneur, cela sonne presque comme du Lamartine. Que dis-je ? lorsque Tartuffe murmure ces vers :

Que si vous contemplez d'une âme un peu bénigne
Les tribulations de votre esclave indigne,
S'il faut que vos bontés veuillent me consoler
Et jusqu'à mon néant daignent se ravaler,
J'aurai toujours pour vous, ô suave merveille,
Une dévotion à nulle autre pareille ;

Tartuffe, en donnant ainsi une expression religieuse et quasi liturgique à une passion charnelle, ne fait-il pas déjà ce que Baudelaire fera (oh ! dans un autre esprit), en écrivant ses vers *A une Madone*, les célèbres stances latines : *Franciscæ meæ laudes*, ou la *Chanson d'Après-midi* :

Je t'adore, ô ma frivole,
Ma terrible passion !
Avec la dévotion
Du prêtre pour son idole.

Ce rapprochement me suffoque, quoique je l'aie trouvé tout seul. Il se pourrait bien, après cela, que la déclaration de Tartuffe ne fût pas seulement un des plus beaux morceaux de notre théâtre, mais que, prise en elle-même, elle fût une des plus rares et des plus singulières pages de poésie pure, de poésie lyrique, de toute la littérature française. J'ai presque envie de l'affirmer.

Mais d'ailleurs, outre que Tartuffe est ici un étonnant poète baudelairien (ô Molière, vous en doutiez-vous?), il a, par endroits, des finesses, des ironies presque imperceptibles, des airs détachés qui ne sont plus d'un vulgaire sacristain, mais qui sentent leur homme du monde et leur homme d'esprit:

Ah ! pour être dévot, je n'en suis pas moins homme, etc.
. . . .
Mais, Madame, après tout, je ne suis pas un ange ;...
Votre honneur avec moi ne court pas de hasard, etc...

Tout cela est excellent. Ce n'est plus un plat Basile qui parle, mais un homme d'une sensualité ardente et délicate, et d'une très souple intelligence. Ici, en vérité, Tartuffe est dangereux, même pour Elmire, — qui est, vous vous en souvenez, la très jeune femme d'un vieux mari complétement idiot...

Les deux Tartuffes que j'ai cru discerner dans la comédie de Molière sont-ils incompatibles ? Je ne sais. Ce qui est sûr, c'est que jamais aucun acteur n'a réussi à les fondre en un seul personnage. C'est le second Tartuffe, élégant et redoutable, l'aventurier

subtil, le « fourbe *renommé* » que l'on découvre au
cinquième acte, c'est celui-là que M. Frédéric Febvre
avait coutume de jouer : c'est le bedeau grotesque
que nous a montré M. Coquelin.

J'ai peur, à dire vrai, que ce ne soit M. Coquelin
qui traduise le mieux l'intention de Molière, et qui
rende le plus fidèlement l'allure et tout l'extérieur du
personnage, tel que Molière lui-même se le représentait avec une complaisance haineuse. Sans doute,
voulant le montrer profondément méchant et funeste
et faire de lui une puissance, Molière a été obligé de
lui donner de l'intelligence, de la finesse et quelques
manières ; mais ce qu'il a continué, jusqu'au bout, à
avoir devant les yeux, c'est bien le Tartuffe grossier,
le dévot ridicule et de bas étage qui nous est décrit au
premier acte. Là est, non seulement pour les croyants,
mais pour les personnes qui ont l'âme douce et
timide, l'incontestable crime de Molière. **Je m'ex-**
plique.

Si Tartuffe avait de tout point les façons et l'aspect
qui conviennent au rôle qu'il joue dans la pièce, il ne
serait pas « le dévot », il ne serait qu' « un dévot »
ou, mieux, un intrigant d'assez haut vol, qui fait
servir la dévotion à ses desseins. Son hypocrisie lui
serait personnelle, et il n'en pourrait rejaillir aucun
ridicule sur les sentiments et les habitudes dont elle
est la contrefaçon. Au reste, cette hypocrisie s'expri-
merait avec une sorte de discrétion et de distinction,
et non plus par d'épaisses mômeries, d'un caractère

trivial et lourd. Il serait enfin, par bien des points, pareil à cet Onuphre dont **La Bruyère** a tracé un portrait si vrai et si exactement nuancé. (On a dit, je le sais, que La Bruyère écrit en moraliste, et Molière en auteur dramatique ; on a parlé de l' « optique du théâtre », on a affirmé qu'Onuphre ne serait pas possible sur la scène. Je n'en suis nullement convaincu, et l'une de mes raisons, c'est que je ne trouve jamais Tartuffe meilleur que dans les endroits où il se rapproche d'Onuphre.)

Tartuffe, alors, pourrait faire rire des autres, mais non de lui-même. Il y a une chose qui condamne Molière (je continue à parler au nom des âmes pieuses) : c'est que Tartuffe est ridicule. Or qu'est-ce qu'il peut bien y avoir de risible dans Tartuffe, je vous prie ? Ce n'est certes pas son hypocrisie elle-même (elle serait plutôt tragique). Ce n'est pas non plus sa façon d'être hypocrite, lorsque cette façon est bien celle qui convient à sa condition sociale et à son éducation. Non, ce qui est ridicule en lui, c'est ce qui ne lui appartient pas en propre, c'est même ce qu'on n'attendait pas de lui, ce qui lui est postiche, ce que Molière a voulu absolument qu'il eût de commun avec tous les dévots, *vrais ou faux*, d'esprit un peu simple. Certes, on ne rirait pas de Tartuffe, on n'en aurait nulle envie, *si on ne riait que de Tartuffe.*

Oui, ce que Molière hait, ce qu'il livre à nos risées, ce sont certaines formes naïves et exagérées de la

dévotion, — considérées en dehors des âmes qui les
emploient, et toute question de sincérité écartée. Ce
qu'il raille, ce n'est pas seulement l'affreux cagot blotti
dans la dévotion comme dans un fromage: c'est
aussi (qu'il y ait consenti ou non) l'humble créature,
ignorante, têtue et toute pleine d'ineptes préjugés,
mais sincère et de cœur pur, qui a besoin, dans sa
grossièreté ingénue, de formules, de rites, de
« mômeries », et qui, par suite, prie de la même
manière et paraît aussi ridicule que le plus méprisable et le plus faux des rats d'église. Il n'a pas fait
attention que telle pauvre vieille fille, de vie vraiment
sainte et héroïque, a pourtant l'extérieur et le langage d'une bigote et n'en saurait avoir d'autres. Il
n'a pas pris garde que ce qu'il ridiculisait, en somme,
c'était l'appareil même de la piété, et plus particulièrement de la piété populaire et monastique. Et le
peuple, qui ne croit plus, ne s'y est pas trompé;
Tartuffe, pour lui, c'est tout prêtre, tout moine,
tout frère ignorantin qui passe dans la rue... Et
je crains bien maintenant que, pour Molière aussi,
ce ne soit cela, Tartuffe. J'avais tort de dire tout à
l'heure : « Il n'a pas pris garde. » Je suis tout près
de penser qu'il a réellement voulu, en bafouant les
« gestes » de la piété, atteindre la piété même, et,
pour tout dire, la religion. Il était assez peu chrétien,
il avait assez le culte à la fois instinctif et réfléchi de
la « nature » pour aller jusque-là et pour se l'avouer,
du moins dans son for intérieur... J'attends que

M. Ferdinand Brunetière nous le démontre quelque jour, comme il nous a promis naguère à l'Odéon qu'il le ferait.

Mais déjà j'entrevois assez nettement que, dans la conception de son *Tartuffe*, Molière s'est volontairement arrangé de façon que le ridicule ne pût etre limité à une seule catégorie de dévots, et que c'est même à ce dessein qu'il a sacrifié l'unité de son principal personnage. (Remarquez, en passant, que Orgon, qui n'est pas un hypocrite, n'est guère moins odieux e: est beaucoup plus ridicule que Tartuffe ; que Mᵐᵉ Pernelle, qui est une dévote sincère, est la plus acariâtre et la plus grotesque des vieilles femmes, et que, visiblement, Elmire, qui est le personnage sympathique, n'a pas pour un sou de religion.) Et, après l'effort de réflexion que je viens de faire, je crois mieux entendre ce passage de Bourdaloue, auquel j'avais coutume d'opposer jadis les sophismes qu'on m'avait enseignés :

« Comme la vraie et la fausse dévotion ont je ne sais combien d'actions qui leur sont communes, comme les dehors de l'une et de l'autre sont presque tous semblables, il est non seulement aisé, mais d'une suite presque nécessaire, que la même raillerie qui attaque l'une intéresse l'autre, et que les traits dont on peint celle-ci défigurent celle-là ; et voilà ce qui est arrivé lorsque des esprits profanes ont entrepris de censurer l'hypocrisie en faisant concevoir d'injustes soupçons de la vraie piété, par de malignes interprétations de la fausse : voilà ce qu'ils ont prétendu en exposant sur le théâtre, à la risée publique, un hypocrite imaginaire, en tournant en sa personne les choses les plus saintes en ridicule, etc. »

Laissez-moi vous citer encore, à ce propos, un passage de Geoffroy, qui ne me paraît pas non plus dépourvu de sens. Après avoir dit que le *Tartuffe* n'a jamais guéri un seul hypocrite (car « la vieillesse de Louis XIV, la faveur de Mme de Maintenon multiplièrent les faux dévots, en dépit du *Tartuffe* ; et depuis, la jeunesse, l'impiété, les débauches du régent guérirent beaucoup plus d'hypocrites que n'auraient jamais pu faire vingt comédies comme le *Tartuffe* »), Geoffroy ajoute :

« Si le *Tartuffe* n'avait été qu'inutile, on ne pourrait en faire un reproche à Molière ; il lui était impossible d'aller au delà de la nature de son art ; c'est assez qu'il en ait atteint le plus haut degré ; mais il y a une si grande affinité entre la religion et l'abus qu'on en peut faire, que sa pièce a dû réjouir les impies beaucoup plus qu'elle n'affligeait les hypocrites. La honte de l'hypocrisie rejaillit directement sur la religion, et lui est, en quelque sorte, plus personnelle que l'infamie des autres vices... »

Je dois dire en finissant que j'ai entendu rechercher la pensée de Molière, mais non pas la juger. Et si j'ai paru lui faire un procès de tendance, c'est qu'il n'y a plus guère d'amusant, aujourd'hui, dans les classiques, que ce qu'ils n'ont pas dit expressément.

RACINE

MATINÉES CLASSIQUES DE L'ODÉON : Conférence de M. Francisque Sarcey sur *Athalie*.

22 octobre 1888.

Eh bien, oui, je vais encore résumer poúr vous la dernière conférence de M. Francisque Sarcey à l'Odéon. Et, tant que M. Francisque Sareey fera des conférences à l'Odéon, je m'attacherai aux pas de cet homme sagace et jovial, et je recueillerai la manne abondante de sa parole. Parce que, voyez-vous, c'est trop amusant !

«... Mesdames et Messieurs, on a écrit un tas d'excellentes choses sur *Athalie*. Je vous y renvoie. Mais *Athalie* a été composée pour le théâtre, nous sommes au théâtre, je suis un homme de théâtre, je ne vous parlerai donc d'*Athalie* qu'au point de vue du théâtre... Je vous montrerai comme c'est vivant, comme c'est « en scène », et que c'est aussi bien fait que le *Courrier de Lyon* ou *Roger la Honte*... Et c'est peut-être mieux écrit.

« Je ne vous raconterai pas les événements anté-

rieurs à l'action de la pièce. Au temps de Racine,
on savait très bien son histoire sainte ; à présent,
on ne la sait plus ; mais ça n'est pas du tout nécessaire pour comprendre *Athalie*. La pièce elle-même
nous apprend, à mesure, ce que nous avons besoin
de savoir.

« Deux royaumes rivaux : Israël et Juda. La
vieille Athalie, qui est d'Israël, mais qui a épousé un
roi de Juda (mort depuis), a fait massacrer, par
vengeance et par politique, tous les princes ses
petits-fils. Bref, elle a fait son Deux Décembre. Elle
règne sur Jérusalem. Elle a cependant laissé vivre
les prêtres, partisans de Juda, à condition qu'ils
restent dans leur temple.

« Elle ne sait pas qu'un des petits princes a été
sauvé du massacre, et que le grand prêtre Joad
l'élève dans l'ombre du sanctuaire.

« En réalité, ce sanctuaire est un énorme palais
où vivent des régiments de lévites, — et des femmes,
naturellement. Le temple de Jérusalem, c'est comme
qui dirait un Vatican, plus vaste encore, en face
d'un tout petit royaume d'Italie.

« Depuis longtemps, Joad guette le moment favorable. Il a attendu que le petit prince eût fait sa
première communion et qu'il fût capable de monter
à cheval. Car qu'est-ce qu'un prétendant qui ne
monte pas à cheval ?

« Joad a songé à tout. Quand on conspire, il est
important de savoir si on aura l'armée pour soi, si

les soldats sortiront de leurs casernes. Il a donc
con servé des intelligences avec le général Abner,
— lequel en manque totalement, d'intelligence.
Mais c'est ce qu'il faut. Au moment du coup d'Etat,
Abner a laissé faire et a gardé son commandement.

Il n'a pas donné sa démission, car on ne donne sa
démission que pour avoir mieux que ce qu'on a.
Mais le brave homme est un peu clérical. Il garde à
la race de David la fidélité du souvenir. Et de temps
en temps, il vient causer avec le grand prêtre.

« Justement, le voici qui arrive :

— Oui, je viens dans son te.nple adorer l'Eternel, etc...

Car Abner est un soldat qui parle très bien. Pendant toute la pièce, vous l'entendrez faire de grandes
phrases sur des lieux communs. Au fond, voici ce
qu'il y a. En le voyant venir, dès avant l'aurore,
Joad lui dit :

« — Comment! vous ici, général ! A quatre heures
du matin ! Qu'est-ce qui se passe donc ?

« Là-dessus, le brave militaire sort son développement : « Oui je viens dans son temple... » Et
quand il a terminé :

« — Ça va mal, vous savez? Ça va très mal.
Depuis quelque temps, la reine est très montée
contre vous.

« Joad répond par un peu de rhétorique sacer-
dotale:

« — Celui qui met un frein à la fureur des flots, etc.

Puis, il tàte le général. Il lui reproche son oisive vertu ; il lui rappelle que Dieu demande des actes.

« — Vous me la baillez belle ! réplique Abner. Qu'est-ce que vous voulez qu'on fasse ? Ah ! c'est fini, allez ! bien fini ! Dieu même ne veut plus rien faire pour nous.

« Joad riposte par une liste de miracles. Cela ne prend pas.

« — Vous n'avez pas de prétendant, fait remarquer le général. Ah ! si vous aviez un prétendant !...

« — Eh bien ?

« — Ah ! alors !...

« Et, comme il croit que ça ne l'engage à rien, il se répand en protestations d'amour et de dévouement. Joad se garde bien de confier son secret à cet imbécile qui bavarderait et qui ferait tout manquer. Il se contente de lui dire :

« — Général, ces sentimens vous honorent. Revenez me voir tantôt, j'aurai quelque chose à vous dire.

« Et le général sort, sans avoir rien compris.

« Entre alors Josabeth. Josabeth, c'est la grâce, la tendresse, le sourire mouillé de cette sombre et inhumaine tragedie. C'est Mlle Antonia Laurent qui joue Josabeth. Ah ! mes enfants, qu'elle est jolie dans ses voiles blancs et lilas ! Et quels beaux yeux ! Vous verrez ! non, mais vous verrez ! »

(J'ajoute, pour mon compte, que Mlle Antonia Laurent est, en effet, la plus ravissante abbesse de

Jouarre qu'on puisse voir et qu'elle dit ce rôle de la femme du grand prêtre avec beaucoup de charme et de sensibilité.)

« — Le moment est venu, lui dit Joad, il faut parler, il faut agir. — Et, comme Josabeth est le seul personnage de la pièce à qui il dise à peu près sa pensée, il ne lui cache pas que si le coup réussit, il espère bien que le gouvernement de Joas sera le gouvernement des curés :

Il faut que sur le trône un roi soit élevé
Qui se souvienne un jour qu'au rang de ses ancêtres
Dieu l'a fait remonter par les mains de ses prêtres.

« Et en avant les chœurs et la musique ! Ces chœurs d'*Athalie*, on nous disait dans le temps et on vous dit peut-être encore que c'est le chef-d'œuvre de la poésie lyrique. Ça n'est pas vrai ! C'est ce que Racine a jamais écrit de plus faible. Mais la musique ! ah ! la musique ! cette musique de Mendelssohn ! Ce n'est pas qu'elle soit très exactement appropriée à ce terrible drame. Mais elle est charmante en elle-même, elle est printanière, c'est la musique d'un homme bien portant. Et les solistes ! vous les entendrez. Il y en a une, Mⁱˡᵉ Montaland, qui vous a une de ces voix !... Et Lamoureux ! quel chef d'orchestre !

« Cela, c'est l'exposition, très belle, mais un peu en discours. A partir d'ici, tout est « en scène »,

comme disent les hommes dethéâtre. C'est-à-dire
que les caractères et tous les sentiments des personnages se traduisent par des mouvements extérieurs, parlent aux yeux. Ils se font connaître en
agissant.

« Le petit Zacharie arrive, tout éperdu, tout
frémissant d'indignation et de colère, et conte
qu'Athalie elle-même est entrée dans le temple au
beau milieu de la cérémonie. Vous entendrez
Mlle Weber. Elle dit tout ce récit avec une énergie et
une vivacité remarquables. »

(Je m'associe à cet éloge. Avec ses grands yeux
ardents, sa maigreur fine de jeune Arabe, sa mimi-
que rapide et singulièrement expressive, Mlle Weber
a bien l'air d'un petit fanatique de là-bas, d'un joli
Madhi adolescent.)

« Tout à coup, elle paraît, elle, l'ennemie, le
monstre... Cette entrée est une des plus belles
choses qui soient au théâtre. La terrible reine descend les marches, fardée, couverte de bijoux barbares, lourde d'étoffes précieuses, — majestueuse
et sinistre, telle enfin que vous verrez Mlle Tes-
sandier. Seulement, elle n'est pas assez nerveuse,
assez hagarde... Porel devrait lui dire... Rachel
était plus troublée, plus en désordre ; elle laissait
s'échapper de son diadème une grande mèche grise
qui flottait. Elle avait raison.

« Que vient donc faire Athalie?...

« Ah ! quelle admirable figure que celle de cette

vieille reine ! Athalie est une sceptique et une politique. (Ici, je ne me rappelle plus bien les développements.) Mais voilà ! elle est arrivée à la période critique où se perdent presque toujours les auteurs de coups d'Etat. Au début, ça va très bien. Le peuple, à qui l'on a apporté la paix et tous les bienfaits d'un gouvernement fort, est content et ne demande rien avec. Mais peu à peu une nouvelle génération grandit, animée d'un esprit différent. Les biens dont on jouit, on n'en sent plus si bien le prix, et on désire ceux qu'on n'a pas. Une opposition se forme... C'est justement l'heure où les gouvernements qui se sont établis par la violence lâchent un peu les rênes, n'ont plus l'énergie des commencements. Tout à l'heure, Athalie fera dire aux prêtres par Mathan :

Vivez, solennisez vos fêtes sans ombrage.

Bref, c'est le moment où l'empire se fait libéral et accorde la liberté de la presse.

« Pourtant, Athalie a des inquiétudes. Elle est bien à peu près sûre d'avoir supprimé tous les « neveux de David » : mais elle craint un faux Louis XVII.

« Cet état d'esprit, Racine l'a exprimé, selon la poétique du temps, par le Songe d'Athalie.

« Donc, la reine se méfie. Mais elle n'a plus la décision d'autrefois... Ah ! si elle en croyait Mathan !...

« Ce Mathan a été autrefois du parti de Juda. Il y
était le rival de Joad. Joad ayant été nommé grand
prêtre, Mathan a reconnu qu'il n'y avait plus
d'avenir pour lui dans l'opposition et a passé au
gouvernement, armes et bagages. Mais tandis
qu'Athalie et ses complices, un peu vieillis et fati-
gués, hésitent, mollissent, inclinent à des conces-
sions, Mathan, tout chaud de son apostasie, apporte avec lui, dans toute sa pureté, l'ancien esprit
de l'empire autoritaire. Mathan, c'est Clément
Duvernoy. Il est pour les moyens prompts et
radicaux. Il propose de supprimer l'enfant suspect.

« Sur quoi Abner fait des phrases selon sa coutume. Il parle d'humanité. Il s'étonne naïvement
qu'un prêtre, un ministre de paix n'ait pas horreur
du sang et que ce soit lui, un vieux soldat nourri
dans les carnages, qui prête sa voix aux malheureux... Athalie envoie cet imbécile chercher l'enfant. Puis elle charge Mathan du soin de faire con-
signer les régiments dans leurs casernes.

« Josabeth, toute tremblante, amène Eliacin et
Zacharie; Abner ne manque pas cette occasion de
placer encore une sottise :

Princesse, assurez-vous, je les prends sous ma garde,

dit-il à Josabeth avec un geste avantageux. « Sous
ma garde ? » Et si Athalie lui donnait l'ordre d'arrêter Joas et Joad et toute la prêtraille, que ferait-il ?

Il les arrêterait parfaitement bien, soyez-en sûrs, — avec quelques belles phrases sur les devoirs du soldat. Ça rappelle tout à fait Changarnier qui, le matin, disait avec noblesse : « Représentants, délibérez en paix, » et qui, le soir, couchait à Mazas.

« Interrogatoire d'Eliacin. Joad écoute, caché derrière un rideau. Au fond, il est assez tranquille, car le petit prince ignore sa naissance, et on ne lui a appris que des phrases de catéchisme et quelques pieux axiomes, de ces choses vagues qu'il devra débiter plus tard, quand il jouera son rôle de roi très chrétien.

« Mais l'enfant est gentil. La vieille reine est touchée de sa grâce. Une idée lui vient ; elle n'a pas d'héritier : si elle prenait ce petit chez elle ? Ce serait une solution...

« Voltaire ne comprend pas que Joad ne saisisse pas au bond la proposition d'Athalie. Car que veut Joad ? Que Joas règne. Eh bien, il régnerait après sa grand'mère : cela arrangerait tout. — Mais la vérité, c'est que Joad ne tient pas précisément à ce que Joas règne : il tient à régner lui-même comme premier ministre du petit roi, ce qui est un peu différent.

« Le petit fanatique repousse avec horreur les offres de l'ennemie. Il a des réponses de catéchisme qui se trouvent être des affronts sanglants à la vieille reine... Elle s'en va furieuse, en criant :

« — Vous aurez bientôt de mes nouvelles.

« Et Abner, — qui d'ailleurs n'a pas eu à bouger
ni à dire un mot, et à qui personne n'a fait attention,
— Abner, très digne et se rengorgeant comme s'il
avait sauvé le Capitole, dit à Josabeth :

> Je vous l'avais promis ;
> Je vous rends le dépôt que vous m'aviez commis.

Cela est impayable. »

Je passe (car la place me manquerait) le commentaire très gai et très fin de M. Sarcey sur la série de
scènes où Mathan, envoyé par Athalie, essaye de
faire parler la candide et sincère Josabeth et où
Joad, survenant fort à propos, le met à la porte avec
d'abominables imprécations.

« Dès lors, continue M. Sarcey, il n'y a plus à
reculer, Joad a distribué des armes à ses bataillons
de lévites ; il a fait fermer les portes du temple
(souvenez-vous que le temple est une espèce de for-
teresse). Il demande à l'un de ses lieutenants ce que
fait le peuple pendant ce temps-là.

« — Disparu, le peuple ! répond Azarias. Il a
peur, il se cache dans ses maisons.

« Mais Joad sait bien, en grand politique qu'il est,
que la foule sera pour le plus fort :

> Peuple lâche, en effet, et né pour l'esclavage,
> Hardi contre Dieu seul ! Poursuivons notre ouvrage.

« Est-ce beau, ce *Poursuivons notre ouvrage !*

« Donc les lévites sont là, tout prêts. Ils savent très bien qu'ils peuvent tous y laisser leur peau. Il s'agit, pour les faire marcher jusqu'au bout, de leur frapper l'imagination. Et c'est pourquoi Joad se met à prophétiser.

« Mon Dieu ! je ne dis pas que Joad soit de mauvaise foi ni qu'il joue la comédie. Sait-on d'ailleurs, chez ces grands politiques, où finit la sincérité et où commence l'artifice ? S'il vaticine, c'est qu'à ce moment solennel il se sent réellement inspiré de Dieu. Seulement, soyez sûrs que, s'il ne l'était pas, il vaticinerait tout de même. Ce qu'il dit dans son délire, ce sont des choses vagues et sonores, par exemple :

> Cieux ! répandez votre rosée
> Et que la terre enfante son Sauveur !

Ça ne veut rien dire....

(Ici, j'éprouve le besoin de vous rappeler que je rapporte fidèlement les propos audacieux de M. Sarcey.)

« Ça ne veut rien dire, ça n'a pas plus de sens que le mot fameux : « Du haut de ces Pyramides, quarante siècles vous contemplent ! » Mais c'est avec ces grands mots qui ne signifient rien qu'on a toujours conduit les hommes.

« Et il faut aussi frapper leurs yeux... Il faut cou-

ronuer Joas. Pour graver profondément ces choses
dans l'esprit du petit prince, Joad, très solennel,
s'assure une dernière fois de ses bons sentiments :
« — Quels sont les devoirs d'un roi? — Joas récite
sa petite leçon. — Très bien, mon enfant. — A quel
roi voudriez-vous ressembler? — A David. — Très
bien, mon enfant. — Ainsi vous n'imiteriez pas
Joram ni l'impie Ochosias? (notez qu'Ochosias est le
propre père du petit). — Oh! — Très bien, mon
enfant. » Et il le couronne, et il appelle les lévites.
Coup de théâtre. Discours du trône. Harangue aux
lévites. C'est superbe!

« Et le petit roi, très bien dressé, dit des choses
gracieuses à tout le monde et distribue des poignées
de main...

« Tout à coup arrive Abner. La vieille Athalie (elle
baisse décidément !), après avoir fait mettre à Mazas
l'eloquent général, s'est ravisée. Elle l'envoie porter
ses dernière propositions. Qu'on lui livre Eliacin et
les trésors qu'elle croit amassés dans le temple, et
elle laissera les prêtres tranquilles.

« Alors le grand prêtre a une idée, une idée d'une
canaillerie magnifique. (Je vous rappelle de nouveau
que ce n'est pas moi qui parle.)

«... Il dit à Abner, avec bonhomie:

« — Voyons! qu'est-ce que vous me conseillez,
vous?

« — Dame! il n'y a pas à hésiter. Si vous refusez,
elle met tout à feu et à sang... Au reste, qui

sait?... ça sera peut-être le bonheur de cet enfant.

« — C'est votre avis ? Eh bien, je le suivrai. Que la reine vienne ici, et on lui montrera ce fameux trésor de Notre-Dame... Qu'elle vienne... avec une petite escorte... Ce n'est pas la peine, n'est-ce pas ? d'amener ici un régiment et d'effrayer ces jeunes filles et ces sacristains inoffensifs ? Enfin, arrangez ça. J'ai confiance en vous... Et quant à l'enfant... vous me direz vous-même s'il faut le lui livrer.

« — A pas peur ! répond le général qui éprouve continuellement le besoin de rassurer les gens. Il s'en va, très content de lui. Nous devinons ce qu'il va dire à Athalie : « C'est arrangé. Ça a marché tout seul. Quand je vous le disais ! Ils vous attendent, ils vous livreront tout ce que vous voudrez... Prenez une petite escorte... pour la forme, car ils ne sont pas dangereux, les pauvres gens... », bref, ce qu'il disait à Josabeth :

Princesse, assurez-vous, je vous prends sous ma garde !

« Ce pendant que Joad pousse ce cri superbe et terrible :

Grand Dieu, voici ton heure, on t'amène ta proie !

Athalie vient, en effet, la menace à la bouche. On tire le rideau. Suprême coup de théâtre. Le roi Joas

apparaît sur son trône. « — Lâche ! tu m'as trahi ! »
dit Athalie à Abner. Le pauvre homme bafouille.
« — Alors, si tu ne m'as pas trahi, venge-moi ! —
Sur qui ? Sur Joas ! Sur mon maître ! » L'armée a
levé la crosse, la révolution est faite.

Ce que je ne puis rendre, c'est l'accent, le ton, le
geste. Qui n'a pas entendu M. Francisque Sarcey,
ne le connaît pas. Il déborde d'allégresse et de force.
Cet homme d'un si rare bon sens est aussi un
homme d'imagination hardie et d'inépuisable humour. Tous ces personnages lointains du théâtre
classique, il les repétrit de ses gros doigts, il les
déforme peut-être : mais comme il les fait vivre !

Seulement... ô Racine, âme pieuse et si profondément chrétienne, doux janséniste, toi qui traduisis
les hymnes du bréviaire romain et qui écrivis l'histoire de Port-Royal, toi qui assistais tous les jours à
la sainte messe, toi qui pleurais de joie aux vêtures
de tes filles et qui adoras ton roi jusqu'à en mourir...
qu'as-tu pensé, là-haut, de ce commentaire d'*Athalie* ?
Que de choses ce vieux voltairien t'a fait dire, auxquelles tu n'avais jamais songé !...

Cela, M. Sarcey le sait mieux que personne. Il
répondrait, j'imagine, que ces choses auxquelles
Racine n'a peut-être pas pensé sont pourtant bien
dans sa tragédie ; et qu'il les y a mises — avec plus
ou moins de préméditation — tout simplement
parce qu'il est un des poètes qui ont le mieux
connu les hommes.

Oui, *Athalie* est la plus profonde des tragédies politiques. Mais M. Sarcey ne nous a pas dit, et n'a pas voulu nous dire, que c'est aussi la plus belle des tragédies chrétiennes. Il resterait donc à la reprendre dans un esprit de foi ou tout au moins de religieuse sympathie. Et je crois bien que, considérée ainsi, elle grandirait encore ; car ce qui s'agite dans ce drame, ce sont les destinées mêmes d'une des principales religions de l'humanité et de celle où, après tout, nous avons été encore nourris. Songez un peu qu'Eliacin est l'aïeul du Christ... Si nous n'étions venus « trop tard dans un monde trop vieux », *Athalie* serait vraiment pour nous ce que fut pour les Athéniens l'*Orestie* ou *Œdipe à Colone:* le drame national et religieux par excellence. Je ne puis développer aujourd'hui ces indicafions, qui au surplus ne sont pas neuves ; mais je profite de l'occasion pour vous signaler l'excellente édition d'*Athalie* qu'un de nos universitaires les plus vénérés, M. Jacquinet, vient de faire paraître à la librairie Belin. Les commentaires y sont des plus intéressants, quoique respectueux.

MARIVAUX

MATINÉES CLASSIQUES DE L'ODÉON : *l'Epreuve*, comédie en un acte, de Marivaux

19 novembre 1888.

J'ai fait jeudi dernier, à l'Odéon, une découverte : celle de la cruauté de Marivaux. Je ne raille point. *L'Epreuve* est une fantaisie charmante et légère ; les personnages, qui sont *vrais*, ne sont cependant pas trop *réels*, et l'action ne se passe pas très loin du pays bleu. Eh bien, il y a dans *l'Epreuve*, — à condition de se laisser prendre aux choses, d'y aider même un peu et de s'être dit d'avance : « Je veux des impressions, et j'en aurai ! » — il y a dans *l'Epreuve* un moment, un bon moment où le cœur se serre, oui, en vérité, se serre comme si c'était une tragédie, et où l'on éprouve un chagrin ! et où l'on est dans une colère !... Ah ! pauvre petite Angélique ! Ah ! méchant, orgueilleux, féroce Lucidor ! Et l'on sent combien est juste ce que d'habiles gens ont dit maintes fois : à savoir qu'à certaines minutes, Racine et Marivaux, c'est presque la même chose.

2***

Vous vous rappelez le sujet ? Lucidor, qui est gentilhomme, aime Angélique, une petite bourgeoise. Il sent bien qu'elle l'aime aussi ; mais, avant de lui demander sa main, il veut s'assurer que ce n'est pas surtout pour sa noblesse et pour sa fortune qu'elle l'aime. Dans ce dessein, il lui propose pour mari un sien ami, également riche et de bonne maison. C'est son valet Frontin qu'il a déguisé en gentilhomme pour la circonstance. Si Angélique l'accepte, c'est donc qu'elle n'aimait pas sincèrement Lucidor.

Dès les premiers mots, Angélique croit que Lucidor s'offre lui-même sous une forme détournée : « Quel homme est-ce ? » demande-t-elle.

LUCIDOR : Il est de mon âge et de ma taille.

ANGÉLIQUE : Bon ! c'est ce que je voulais savoir.

LUCIDOR : Nos caractères se ressemblent ; il pense comme moi.

ANGÉLIQUE : Toujours de mieux en mieux. Que je l'aimerai !

LUCIDOR : C'est un homme qui n'a ni ambition ni gloire, et qui n'exigera de celle qu'il épousera que son cœur.

ANGÉLIQUE (riant) : Il l'aura, Monsieur Lucidor ; il l'aura, il l'a déjà ; je l'aime autant que vous, ni plus ni moins. »

Et le misérable, qui ne peut pas ne pas s'apercevoir de la méprise de cette innocente, s'applique à la prolonger : « Vous aurez aussi son cœur, Angélique, je vous assure ; je le connais ; c'est tout comme s'il

vous le disait lui-même. » Là-dessus il lui présente
Frontin : « C'est lui, c'est ce mari pour qui vous
êtes si favorablement prévenue. » Et le bourreau
a le courage d'ajouter cette cruauté inutile : « Mon
ami m'a apporté aussi le portrait d'une jeune et
jolie personne qu'on veut me faire épouser à Paris. »
Et il lui montre ce portrait : « Jetez les yeux dessus : comment le trouvez-vous ? »

— « Je ne m'y connais pas », dit Angélique d'une
voix mourante. L'atroce Lucidor insiste : « Etes-vous
contente ? » Et alors la pauvre chère petite, sans
répondre, tire la boîte de bijoux qu'il lui a donnée
un instant auparavant, et la lui rend sans le regarder.

L'épreuve n'est-elle pas faite ? Et n'est-elle pas
décisive ? Ne sait-il pas maintenant tout ce qu'il
voulait savoir ? Qu'attend-il encore, ce faiseur d'expériences ?

Lucidor est un curieux, et la curiosité est impitoyable. Il ne lui suffit pas de se savoir aimé. Il
faut qu'Angélique souffre et pleure à cause de lui,
parce que c'est une chose adorable que la douleur
d'amour chez une jeune fille, et qui se traduit par
des mouvements et des mots si spontanés, si gentiment inconscients et déraisonnables, — et aussi
par des airs de visage, des attitudes, des troubles
extérieurs si délicieux à observer ! Il faut donc
qu'Angélique repousse Frontin avec colère ; il faut
qu'elle soit abîmée de confusion, que tout son

sang vierge empourpre son joli visage à la pensée
qu'elle a pu paraître aimer un homme qui ne l'aimait pas ; il faut qu'elle ait envie de battre Lisette,
parce que Lisette a lu dans son cœur ; il faut qu'elle
malmène maître Blaise ; puis, qu'elle lui offre sa
main rageusement ; puis, qu'elle l'envoie promener de nouveau... Et, pendant ce temps-là, Lucidor
fait celui qui n'y comprend rien. Il prolonge et
renouvelle quatre ou cinq fois l'épreuve, pour le
plaisir. C'est un spectacle qu'il se donne. Et il croit
aimer ! Comme si cet égoïste divertissement de
psychologue et de dilettante, comme si ce « dédoublement » affreusement littéraire n'était pas ce
qu'il y a de plus propre à tuer l'amour chez ceux
qui s'y exercent, — et souvent aussi chez ceux aux
dépens de qui se pratique cet exercice impie !

Oui, lorsque Lucidor, jugeant qu'il s'est assez
diverti, se jette enfin aux pieds d'Angélique
en lui disant : « Quand vous auriez pensé que je
vous aimais, quand vous m'auriez cru pénétré de
l'amour le plus tendre, vous ne vous seriez pas trompée », un mouvement assez naturel, ce serait
qu'Angélique lui répondît : « Eh bien donc, c'est
moi qui ne vous aime plus à cette heure. Vous
m'avez trop fait souffrir, et cela volontairement, et
sans nécessité. Et surtout vous m'avez prise pour
votre jouet. Vous m'avez, en somme, traitée de haut,
comme une petite créature qui vous serait fort in-
férieure. Or, si j'étais savante, je vous rappellerais

que ce qu'on a dit de l'amitié : *Aut invenit pares, aut facit*, on le pourrait dire aussi du véritable amour : il crée l'égalité entre ceux qui aiment. Je ne suis qu'une humble petite fille ; mais si vous m'aimiez bien, jamais vous ne m'auriez traitée ainsi. Votre curiosité hautaine m'a plus gravement offensée que ne l'eût fait votre jalousie, ou votre inconstance, ou même votre trahison... Adieu, Monsieur Lucidor. Si par hasard vous m'aimez un peu malgré tout, vous vous consolerez aisément. Vous n'aurez qu'à écrire sur votre aventure un roman analytique, à la Bourget. » Ainsi pourrait parler Angélique, et je goûterais assez ce dénouement... Au fait, celui de Marivaux ne me déplaît pas non plus, du moins par la suite que j'y entrevois. Qu'ils s'épousent donc ! Angélique se souviendra, et, dans un an ou deux, vous verrez que ce sera elle qui fera des expériences !

Je veux bien vous avouer maintenant que j'ai exagéré quelque peu la férocité de ce joli « Saxe » qui a nom Lucidor et les griefs de cet exquis biscuit de Sèvres qui s'appelle Angélique. Il reste ceci, que cette petite comédie d'amour est douloureuse, vraiment douloureuse, pendant cinq minutes ; et c'est bien pour les raisons que j'ai dites, encore que je les aie grossies par amusement. Si innocent que soit l'artifice de Lucidor, si peu qu'il dure et si délicatement qu'il soit mené, on y peut assurément surprendre comme le premier germe des curiosités

et, finalement, des cruautés amoureuses du dix-
huitième siècle, quelque chose de ce qui fera le
dangereux intérêt des romans de Crébillon fils
et du livre de Laclos. *L'Epreuve* est bien de ce
siècle où l'amour a été le plus tendre et le plus
passionné, mais aussi le plus impitoyablement curieux. Il y a déjà un tout petit Valmont dans
Lucidor.

THÉATRE LIBRE ANCIEN

THÉATRE-LIBRE ANCIEN : *Isabelle grosse par vertu*, farce en un ----, attribuée à Fagan. — *Le Divorce*, farce en trois actes, de Renard. — *Arlequin poli par l'amour*, feerie en un acte, de Marivaux. — *Le Marchand de m....* farce en un acte, de Thomas Gueullette.

1er avril 1889.

Au moins je vais toucher une étrange matière...

et j'hésite au moment d'entretenir d'honnêtes gens de telles incongruités. Mais, je n'ai pas le choix ; la soirée du Théâtre-Libre a été la seule nouveauté de la semaine. Le devoir commande : je m'exécute en gémissant.

Vous savez que le commandant Vallée et M. Guillaume Livet se sont donné la tâche d'exhumer pour nous, tous les mois, quelques-unes des « curiosités » dramatiques des deux derniers siècles, petites comédies, farces et parades. Or, autant nos pères avaient le goût sévère et même étroit quand il s'agissait de haute littérature et de « genres » officiels et classés, autant, lorsqu'ils ne cherchaient qu'à se divertir après boire, ils avaient l'estomac robuste et faisaient peu les renchéris. MM. Livet et Vallée devaient donc rencontrer, dans leurs fouilles à travers l'ancien répertoire carnavalesque et forain, des monuments d'une épouvantable gaieté, d'une gaieté épaisse comme une soupe d'Auvergnat. C'est une de ces larges bouffonneries littéraires qu'ils ont, cette fois, pieusement ramenée au jour. Il faut avouer qu'ils ne nous avaient point pris en traîtres. Je trouve sur le programme ce loyal avertissement :

« La pièce, *le Marchand de m...* répond absolument à son titre. Nous l'avons mise à la fin de notre représentation pour que les personnes qui se devraient choquer des mots grossiers puissent se retirer auparavant, après avoir assisté à la plus grande partie du spectacle. »

Il est vrai que MM. Livet et Vallée ajoutent insidieusement :

« Nous ferons remarquer, toutefois, que *le Marchand de m...*, recueilli des parades de foire par Thomas-Simon Gueullette, a d'abord été joué sur son théâtre par l'auteur, puis à la cour de France, chez le roi de Pologne, chez Monsieur. »

Sur quoi nous nous sommes dit : « Ne soyons pas plus dégoûtés que le roi de Pologne et le roi de France, qui étaient d'aussi bons gentilshommes que nous », et nous sommes restés, bravement. Il y en a même qui ne sont venus que pour la fin du spectacle, attirés par l'odeur. Et nous avons ouï tout du long

les facéties stercoraires de l'excellent magistrat
Gueullette, — et, bien qu'elles fussent à la fois
d'une simplicité enfantine et du fumet le moins
ragoûtant, nous avons ri tout de même, et cela est
un grand mystère.

Rire fort innocent, en tout cas, et, pour ainsi dire,
antérieur à la pensée, à l'art et à la littérature.
Vous avez pu remarquer que les plaisanteries
dont il s'agit ici sont les premières que comprennent et apprécient les tout petits enfants, et qu elles
mettent presque toujours en joie les jeunes filles
vraiment ingénues. D'où vient cette puissance hila-
rante des évocations scatologiques ? C'est peut-être,
d'abord, que tout ce qui rabat nos prétentions de
« faire l'ange » est forcément comique en soi. C'est
donc une idée plaisante, dans son ironie rudimentaire
et accessible à tous les esprits, que l'idée de cette éternelle égalité chimique où viennent se confondre —
par en bas — Alexandre et le dernier des portefaix,
Cléopâtre et la plus laide des gotons, et tous les
animaux de la création, depuis les hommes de génie
jusqu'aux mollusques. D'autre part, l'image des basses fonctions corporelles s'associe d'elle-même à
celle d'une vie animale aisée, copieuse, épanouie.
L'épopée de Rabelais, pleine de mangeailles et de
buveries, est pleine aussi de ce qui suit les buveries
et les mangeailles ; et, si, dans un chapitre célèbre,
Pantagruel traite si joyeusement des différentes
façons de s'essuyer... les mains, c'est qu'ils se sou-

vient du plaisir qu'il a eu à les promener dans les
plats.

Et c'est pourquoi nous avons accueilli avec une
bruyante indulgence la farce de cet écrivain familier, au nom et au prénom également fatidiques, et
qui paraissent liés l'un à l'autre comme l'effet à la
cause : Thomas Gueullette. Le titre de son œuvre
ne nous avait point trompés, et le vocable qui donne
à ce titre tant de saveur abonde, au cours d'un
dialogue sans façon, sur les lèvres de ses personnages. Il paraît cependant que M. Guillaume Livet
en avait ôté ; mais il en restait assez pour satisfaire
les plus exigeants. Voici l'intrigue en deux mots :

Gilles aime Catin ; mais Catin ne veut point de lui
parce qu'il n'a pas le sou. Alors Gilles cherche un
métier qui l'enrichisse, mais il n'en voit aucun qui lui
plaise, car dans tous il faut se donner de la peine.

Arrive Arlequin, roulant une barrique et portant
un pot ; dans le pot, il y a du miel ; dans la barrique, je ne puis vous dire ce qu'il y a.

— Hé ! dit Arlequin à Gilles, prends mon métier !
Fais-toi marchand de...

— Cela se vend donc ?

— Très cher ! Tu vas voir.

Arlequin sonne à la porte de l'apothicaire, et lui
fait goûter du miel qui est contenu dans le pot.
L'apothicaire le trouve excellent, veut acheter le
pot et la barrique, en offre cinq écus. Arlequin en
demande sept et finit par toper à six.

— Ah! songe le doux Gilles, quel joli métier, facile et lucratif ! » Et bientôt nous le voyons reparaitre, roulant, lui aussi, une barrique pleine. Mais, dans l'intervalle, l'apothicaire a découvert la fourberie d'Arlequin ; et, lorsque Gilles lui propose sa marchandise, il l'accable d'injures et le roue de coups de bâton.

Puis, Catin survient, déclare à Gilles qu'il est par trop benêt, et tombe dans les bras de Léandre.

Moralité : C'est tout de même fâcheux d'être bête. Si Gilles était un peu roué, avec le métier qu'Arlequin lui a mis dans la main, il serait peut-être ministre à l'heure qu'il est.

J'ai tort, je le sens bien, de tant insister sur ces gentillesses (encore qu'elles aient, chez nous, un caractère éminemment national). Car si, comme le veut la croyance populaire, cela porte bonheur de s'être trouvé en contact avec la barrique de Gilles, il est dangereux de s'en vanter, ainsi que nous l'apprend une fable inédite, et qui n'est point du chevalier de Florian. Nous intitulerons cette fable, si vous le voulez bien, *le Moineau, l'Ours et le Chasseur*, et je m'en vais vous la résumer très brièvement.

Aux environs du pôle Nord. De vastes champs de neige. Un pauvre petit oiseau, mourant de faim, volète deci delà, cherchant en vain sa pâture. Un ours énorme vient à passer par là. Et je ne sais ce que cet ours laisse derrière lui, mais le petit oiseau se précipite sur ce festin inattendu, et s'en donne !

Après quoi, il s'envole en chantant à tue-tête... Joie imprudente ! Attiré par ce tapage, un méchant chasseur aperçoit l'oiseau, et l'abat d'un coup de fusil.

Moralité : Quand vous en aurez mangé, n'allez pas le crier sur les toits.

Si vous voulez mettre cette fable en vers, je vous la donne pour rien, comme on me l'a donnée. Ce serait un excellent sujet pour un vieux monsieur, membre de l'Académie d'Etampes. Cela pourrait commencer ainsi :

C'était aux bords glacés où règnent les frimas.
  La neige au loin couvrait la terre.
Un tout petit oiseau, pèlerin solitaire,
Voletait au hasard, triste et ne trouvant pas
    Le moindre grain pour son repas.
Dans un repli du blanc linceul, hélas !
    Il s'abattit, faible et malade.
    Vint à passer un plantigrade,
    Hôte velu de ces climats...

Vous pouvez continuer, si le cœur vous en dit.

Admirable variété des génies et des races ! Nous avons vu, l'an dernier, un confrère de Gilles. Vous vous rappelez que le vieil Akim, dans *la Puissance des ténèbres*, faisait exactement le même métier que le héros de Gueullette. Mais avec quelle pieuse gravité il le faisait ! Il en tirait des réflexions évangéliques. Il s'indignait de la propreté des gens de la ville... L' « âme russe » est bien étonnante. Elle fourre du mysticisme partout !...

Des roses ! Oh ! rendez-nous le parfum des roses !...
Heureusement, voici venir Marivaux, « marchand de
fleurs. » Le contraste est radical entre la farce de
Gueullette et cette délicieuse féerie d'*Arlequin poli
par l'amour*. C'est, je crois, après sa tragédie d'*An-
nibal*, la première œuvre de Marivaux. Et c'est peut-
être la plus purement poétique, malgré l'excès d'esprit, et celle où le caprice est le plus libre ; il y a
trois changements de lieu, des lutins, un anneau
qui rend invisible. (On a un peu trop simplifié tout
cela, l'autre soir, au théâtre ancien.) Une fée a
emmené dans son royaume Arlequin dont elle est
éprise. Elle a beau lui faire mille agaceries : il ne
comprend point ce que la fée veut de lui, car il est
stupide, et il la rebute, car il est fort mal élevé. Mais
Arlequin rencontre la bergère Silvia, et peu à peu
il se déniaise, et les idées lui viennent avec l'amour.
Il y a là des détails d'une ingénuité un peu mignarde,
mais si gracieuse ! Arlequin trouve Silvia jolie ; il
la caresse, il veut l'embrasser. La bergerette se
dérobe doucement. « Voyez-vous, mon petit amant,
lui explique-t-elle, les baisers sont bien meilleurs
quand ils n'ont pas été accordés tout de suite.
Écoutez-moi. Vous allez me demander un baiser.
Moi, je vous dirai que je ne veux pas, et pourtant je
voudrai bien. Ou encore vous me demanderez si je
vous aime ; et moi je répondrai que je ne vous aime
pas, mais ce ne sera pas vrai... Essayons ! » Et
alors Arlequin dit : « M'aimez-vous ? » Et Silvia,

tout en lui coulant en dessous le regard le plus tendre, répond : « Hélas ! non ! » Mais, bien qu'il soit convenu que cela n'est qu'une feinte, le bon Arlequin est pris de peur, et le gentil niquedouille à losanges se met à pleurer...

Tout de même, il commence à se faire à ce jeu, quand la fée surprend nos deux amoureux. Elle est furieuse. Quoi donc ? Arlequin s'est-il moqué d'elle ? ou bien n'est-ce qu'avec elle que ce joli garçon manque d'esprit ? Elle prend Silvia à part et lui commande de repousser Arlequin : « Sinon, ajoute-t-elle, je le ferai mourir. » D'un autre côté, elle apprend à Arlequin que Silvia le trompe et qu'elle aime un berger. Puis, elle laisse ces deux pauvres enfants en présence... (Tout à fait la machination de Néron au troisième acte de *Britannicus !*)

Mais le rusé Trivelin, valet de Merlin l'enchanteur qui était naguère amant de la fée, voulant venger son maître de l'infidélité de cette capricieuse personne, prend le parti d'Arlequin et de Silvia, et vient à leur secours. Stylés par lui, Arlequin et Silvia jouent la comédie de la rupture ; puis Arlequin fait semblant d'aimer la fée ; et, comme elle est alors sans défiance, il lui prend sa baguette, ce qui la met en son pouvoir.

Cela est exquis d'ingénuité artificielle, si j'ose dire, et de simplicité tarabiscotée. Si les bergers et les bergères des trumeaux d'antan savaient parler, nous entendrions les dialogues d'Arlequin et de

Silvia. On songe à chaque instant : « Mon Dieu !
comme il faut avoir de l'esprit pour trouver de ces
naïvetés-là ! »

Arlequin poli par l'amour me rappelle une autre
précieuse bagatelle de Marivaux, *la Dispute*. Un jour,
à la cour d'un prince du pays des rêves, on agite
cette question : « Lequel, de l'homme ou de la
femme, est le plus naturellement infidèle en amour ? »
Il faudrait, pour savoir cela, observer des âmes
toutes neuves, non encore altérées par la civilisation. Justement le feu roi a eu l'idée de prendre
deux couples, composés chacun d'un garçon et
d'une fille, et dé faire élever chaque couple à part,
dans la plus entière solitude. Il n'y a donc qu'à laisser les deux couples se voir et le naturel agir.

D'abord les deux filles se rencontrent, et elles se
détestent immédiatement. Puis les deux garçons
font connaissance, et ils deviennent aussitôt amis.
Chaque fille, alors, rencontre le compagnon de
l'autre... et tout finit par une quadruple inconstance, où les filles mettent du temps et de l'hypocrisie et les garçons un agréable sans-gêne. En sorte
que la question n'est point tranchée.

C'est égal, l'homme à l'état de nature, suivant
Marivaux, est un animal singulièrement spirituel et
d'une innocence bien compliquée... Je ne sais comment vous rendre mon impression. Imaginez quelque chose d'absurde et charmant, un paradis ter-
restre comme on en peint sur les éventails, et où

gazouillent des Èves-marquises courtisées par des
Adams jolis comme des porcelaines de Sèvres ;
Daphnis et Chloé se disant : « Surtout, soyons naïfs :
on nous regarde ! et nous représentons l'homme
avant la civilisation ! »

Je ne serais pas étonné après tout (et c'est pourquoi je me suis arrêté à ces deux bluettes) que Marivaux eût cru peindre réellement des êtres primitifs. Ce sera la mode, un peu après lui, de célébrer
l'homme des bois, le sauvage candide, dont on oppo-
sera la simplicité et le droit sens aux hypocrisies et
aux corruptions des sociétés policées : caprice d'un
monde blasé qui éprouve le besoin de boire du lait.
Déjà, vous vous le rappelez peut-être, dans *la Double
Inconstance*, Arlequin a des étonnements philoso-
phiques sur les mensonges de la politesse, sur les
usages des cours, et même sur les inégalités sociales.
Sous son maillot de losanges multicolores, pointe le
futur sauvage de Rousseau. Cette fiction de l'homme
primitif et tout proche de la nature, offert comme
précepteur et comme modèle aux civilisés, l'auteur
de l'*Emile* l'embrassera avec prédilection ; et c'est
peut-être en la prenant très au sérieux qu'il jettera
dans notre littérature trois ou quatre sentiments
nouveaux... Et voilà Marivaux, en quelque façon,
précurseur de Jean-Jacques.

Revenons aux grivoiseries, gaillardises, paillar-
dises et autres gauloiseries. *Isabelle grosse par vertu*,
c'est la simple histoire d'une jeune personne qui

feint d'être grosse pour repousser un prétendant
qu'elle déteste et pour garder sa foi à son amant.
Et par quel moyen simule-t-elle cet état ? Tout bonnement en fourrant un poêlon sous son tablier. Le
dialogue est presque effrayant de candeur. Cela est
gros, gras, cru, et savoureux sans doute ; mais il
est heureux que cela ne dure que dix minutes. Voici
la meilleure plaisanterie de cette violente parade :
« Mais comment, dit Isabelle, pourrais-je paraître
grosse, puisque je ne le suis point ? — Hé ! lui
répond son confident, vous l'étiez l'an dernier et
vous avez fait semblant de ne pas l'être. Ce que
je vous propose aujourd'hui n'est pas plus difficile. » Voilà le ton.

ALEXANDRE DUMAS

COMÉDIE-FRANÇAISE : *Henri III et sa Cour*, drame en cinq actes en prose, d'Alexandre Dumas.

7 janvier 1889.

Mais enfin pourquoi cette reprise de *Henri III?* Oui, pourquoi?

Cherchez : vous trouverez des raisons, vous en trouverez même trop : seulement, vous n'en trouverez pas une bonne... Mais je n'ai pas la souple agilité des chats qui savent circuler, sans les briser, au milieu des choses fragiles. Je ne veux rien casser; je me couperais les pattes aux morceaux. Je n'ai donc garde de développer mon point d'interrogation, je le retire, je le rentre, je n'ai rien dit.

Passons maintenant à la pièce.

Je dois vous confesser d'abord que je ne l'avais jamais ni lue ni vu jouer. Je ne me vante pas de cette ignorance: je n'en rougis pas non plus. Cela est ainsi, voilà tout.

N'allez pas me dire là-dessus : « Qu'est-ce que cela me fait? Ce sont vos affaires. »

Je suis ici pour vous dire mon sentiment et non celui de mon voisin, et, comme l'ignorance où j'étais du premier drame de Dumas a certainement influé sur l'impression que j'en ai reçue, je vous devais cet aveu. Je vous le fais par honnêteté, non par indiscrétion ou vaniteux bavardage. Vous le reconnaîtrez, j'espère, tout à l'heure.

Quelques-uns me reprochent, avec une certaine véracité, d'avoir le'« moi » un peu facile. Ce qu'ils appellent la « critique personnelle » leur semble extrêmement stérile, et déplaisant par surcroît. Je pourrais répondre que cette critique, telle qu'elle est, est tolérée par d'honnêtes gens ; que d'ailleurs des impressions tout individuelles, capricieuses et éphémères sont tout à fait à leur place dans un feuilleton où sont jugées, la plupart du temps, des œuvres également éphémères et superflues ; qu'enfin je ne m'en fais pas trop accroire et que je serais probablement incapable d'une autre sorte de critique... Est-ce que vous croyez que, si j'avais assez de force d'esprit pour édifier de hautes et vastes théories, soit d'esthétique, soit d'histoire littéraire, je m'en abstiendrais par modestie et que je me résignerais de gaieté de cœur à écrire tant de riens sur si peu de chose?...

Mais j'ai une meilleure réponse. Laissez-moi vous l'indiquer une fois pour toutes.

« Le moi est haïssable », c'est entendu. Mais quel moi ? Le « moi » privé, celui dont les confi-

douces impliquent qu'il se croit intéressant par lui-
même, ce qui est d'une souveraine impertinence.
C'est ce qu'avait oublié un de mes prédécesseurs
les plus considérables, le bon Jules Janin, le jour
où il conta à ses lecteurs son propre mariage et
leur fit part de ses sentiments, de ses fiertés et de
ses espérances de fiancé et d'époux. Encore ne
parvient-il pas à être « haïssable », tant on sentit
de bonhomie sous ces indiscrètes effusions. Mais il
y a un « moi » public qui peut se confesser, sans
manquer à la pudeur ni à aucune espèce de conve-
nance. Un critique a le droit de parler de lui-même
en tant que critique, et dans ses rapports avec les
choses qu'on lui demande de juger. Il en a même le
devoir, toutes les fois qu'il sent un peu vivement ce
qu'il y a de relatif et de caduc dans les jugements
qu'il formule ; toutes les fois que ses confidences
peuvent aider les lecteurs à compléter ou à rectifier
ses jugements ; bref, toutes les fois qu'il n'est pas
très sûr de lui-même et qu'il se sent particulièrement faillible. Que dis-je ? Il fait ainsi preuve de
modestie et non point d'assurance ou de présomption. Il y a beaucoup plus d'orgueil dans la critique
impersonnelle, car celle-là n'avoue point sa fragi-
lité. Un critique n'est qu'un homme, je vous assure.
Quoi qu'il fasse, il est brun, blond, roux ou châ-
tain, il est né dans tel milieu, il a été élevé de telle
façon, il a abordé l'étude des littératures dans telles
dispositions, sous telles influences, à telles époques

de sa vie et dans tel ou tel ordre. Son premier contact avec les livres s'est opéré dans de certaines conditions, qui, si elles sont très particulières, peuvent
en expliquer l'effet, et que, par suite, il peut être
intéressant de connaître. Si j'avais lu Musset plus
tôt, ou plus tard, ou autrement ; si je ne l'avais pas
lu à quinze ans, si je n'avais été innocent quand je
l'ai lu, si j'avais été incroyant, si je ne m'étais pas
caché pour le lire, si je n'avais pas cru commettre
un péché en le lisant..., me remuerait-il si profondément aujourd'hui encore ? Le verrais-je du même
œil que je le vois ? Si, au contraire, j'avais dévoré
les romans de Dumas à quatorze ans, ou même à
dix-huit, si je n'avais pas attendu vingt-huit ans
pour en lire quelques-uns, si je n'avais été obligé
de faire un très grand effort, du moins au commencement, pour parcourir *les Mousquetaires* et *Monte-
Cristo*, ne mettrais-je pas plus de chaleur à reconnaître aujourd'hui la surprenante fertilité d'invention et la belle imagination enfantine de ce grand
amuseur ? Aurais-je besoin de tout un raisonnement
pour l'admirer ? Ne le relirais-je pas quand je suis
malade, comme font, paraît-il, nombre de gens de
bien ? Et si, l'autre soir, *Henri III* ne m'avait pas été
absolument nouveau ; si je l'avais lu ou vu, à l'âge
« où la prunelle innocente est en fleur », m'aurait-il
laissé aussi parfaitement froid ? N'y aurais-je point
retrouvé la jeunesse et la puissance des impressions
premières ? Ne me serais-je pas figuré qu'il marquait

une date glorieuse dans l'histoire de notre théâtre ?
Ne l'auraisje pas égalé, ou peu s'en faut, à *Hernani?*
Et n'aurais-je pas fait remarquer, avec insistance et
dans l'intention d'être désagréable aux mânes de
Victor Hugo, que *Hernani* est de 1830 et *Henri III* de
1829 ?

Au lieu de cela, rien, **rien**... Non, en vérité, je
n'ai rien senti.

Il me fallait, ou vous mentir, ou me confesser un
peu pour vous expliquer ma froideur. J'ai pris le
dernier parti, par respect même pour la mémoire du
bon géant et par scrupule de conscience.

Voici donc ce qu'il m'a paru.

Henri III contient un tableau historique et un
drame de passion.

Le tableau d'histoire **a** soixante pages, le drame
de passion en a quinze. J'ai compté.

Les deux sont parfaitement indépendants l'un de
l'autre.

Le drame. Il est tout entier dans trois scènes.

1° La duchesse de Guise et le comte de Saint-
Mégrin, qui s'aiment sans se l'être dit, se rencontrent dans des conditions telles que la duchesse
laisse échapper, sans le vouloir, l'aveu de son amour
(Acte I**er**, scène 5 ; deux pages.)

2° Le duc de Guise, averti de la rencontre par un
mouchoir que la duchesse a oublié, contraint sa
femme à écrire à Saint-Mégrin un billet qui l'attire
dans un guet-apens. (Acte III, scène 5 ; cinq pages.)

Je vous donne le passage capital de cette scène ;
la « trouvaille », comme on dit ; ce pour quoi tout
le drame a été fait :

LE DUC : ... Malédiction ! malédiction sur vous et
sur lui!...sur lui surtout qui est tant aimé ! Ecrivez.

LA DUCHESSE : Malheur ! malheur à moi !

LE DUC : Oui, malheur ! car il est plus facile à une
femme d'expirer que de souffrir. (*Lui saisissant le bras
avec son gant de fer*) : Ecrivez.

LA DUCHESSE : Oh ! laissez-moi.

LE DUC : Ecrivez.

LA DUCHESSE, *essayant de dégager son bras* : Vous me
faites mal, Henri.

LE DUC : Ecrivez, vous dis-je !

LA DUCHESSE : Vous me faites bien mal, Henri ; vous
me faites horriblement mal... Grâce ! grâce ! ah !

LE DUC : Ecrivez donc.

LA DUCHESSE : Le puis-je ? Ma vue se trouble... Une
sueur froide... O mon Dieu ! mon Dieu ! je te remercie, je vais mourir.(*Elle s'évanouit.*)

LE DUC : Eh ! non, Madame.

LA DUCHESSE : Qu'exigez-vous de moi?

LE DUC : Que vous m'obéissiez.

LA DUCHESSE : Oui ! oui ! j'obéis. Mon Dieu ! tu le
sais, j'ai bravé la mort. (C'est vrai, elle a voulu
boire du poison, un peu auparavant.)... La douleur
seule m'a vaincue... elle a été au delà de mes forces.
Tu l'as permis, ô mon Dieu ! Le reste est entre tes
mains.

LE DUC, *dictant* : « L'appartement de Mme la duchesse de Guise est au deuxième étage et cette clef
en ouvre la porte. » L'adresse maintenant. (*Pendant qu'il plie sa lettre, Mme de Guise relève sa manche
et l'on voit sur son bras des traces bleuâtres.*)

3° — Saint-Mégrin vient au rendez-vous. La
duchesse lui dit : « Fuyez! c'est un guet-apens! » Il
répond : « Eh bien, puisque je vais mourir, dites-
moi que vous m'aimez! » Elle le lui dit. Alors il
saute par une fenêtre. Mais des hommes postés l'attendent au bas du mur. A ce moment, le duc entre
chez la duchesse et voici la dernière page du drame.

LE DUC : Ah ! c'est vous, Madame. Eh bien ! je vous
ai ménagé un tête-à-tête.

LA DUCHESSE : Monsieur le duc, vous l'avez fait
assassiner !

LE DUC : Laissez-moi, Madame ; laissez-moi.

LA DUCHESSE, *à genoux, le prenant à bras-le-corps* :
Non, je m'attache à vous.

LE DUC : Laissez-moi, vous dis-je!... ou bien, oui,
oui. Venez ! à la lueur des torches, vous pourrez le
revoir encore une fois. (*Il la traîne jusqu'à la fenêtre.*)
Eh bien ! Saint-Paul?... Mort?

SAINT-PAUL, *dans la rue* : Non, couvert de blessures,
mais respirant encore.

LA DUCHESSE : Il respire. On peut le sauver. Monsieur le duc, au nom du ciel...

SAINT PAUL : Il faut qu'il ait quelque talisman contre le fer et contre le feu...

LE DUC, *jetant par la fenétre le mouchoir de la duchesse de Guise* : Eh bien ! serre-lui la gorge avec ce mouchoir ; la mort lui sera plus douce ; il est aux armes de la duchesse de Guise.

LA DUCHESSE : Ah ! (*Elle tombe*)

Cette dernière scène a sept pages. Avec celles que j'ai résumées tout à l'heure, cela fait douze ou quinze. C'est tout le drame. Il est violent et rapide. Il n'émeut pas ; seulement, si on a des nerfs et si l'on s'y prête un peu, il les secoue assez fort. Certains détails matériels sont d'une invention simple et heureuse. Ce gantelet du mari meurtrissant le poignet de sa femme ; le mouchoir de l'amoureuse servant à étrangler l'amant... cela accroche énergiquement les regards et l'imagination, et, après tout, il y fallait songer. Même, j'approuve beaucoup dans ce drame le rôle de la douleur physique. L'auteur, un grand bonhomme demi-nègre, tout près de la nature et qui, à cause de cela même, n'est pas naturaliste et pense que les contes les moins vrais sont les plus amusants, est pourtant d'avis que les chairs qu'on broie font grand mal ; et ce sentiment ingénu lui suggère une invention d'une vérité hardie. La duchesse de Guise, héroïque sur tout le reste et qui ne craint point la mort, a cependant peur de la souffrance ; pour que le gantelet de fer lâche son bras, elle trahit son amoureux ; elle le trahit en l'adorant et en sachant qu'elle est infâme. Et c'est par cette faiblesse et cette làcheté même qu'elle est vivante pendant une minute et qu'elle se distingue du troupeau des amantes de théâtre... Cette toute-puissance de la douleur de la chair, subitement affirmée dans un drame romanesque, c'est-à-dire dans un genre où la convention est de ne tenir aucun compte de ce genre de douleur... cela devient admirable à force d'être simple et inattendu. Un de mes amis a coutume de prier ainsi : « Mon Dieu, épargnez-moi la douleur physique. Quant à la douleur morale, j'en fais mon affaire. » Ne vous scandalisez pas et ne le méprisez point. Cela ne signifie en aucune façon qu'il ait le cœur bas. Que dis-je ? Un excellent moyen de résister au mal physique est de sentir violemment à quel point il est inexplicable et absurde. On est alors courageux à force d'indignation. Le silence même devient une des formes de la révolte... La pauvre duchesse de Guise n'en cherche pas si long. Cette exquise héroïne de roman commet une abominable trahison parce qu'elle a la peau tendre. J'aime assez ce rappel brutal, en plein mensonge, de la condition humaine.

Mais, d'ailleurs, dans ce drame en trois scènes, rien qui ressemble à un caractère, et pas la moindre trace d'observation morale : Guise est un ogre sans nuances ; Saint-Mégrin ressemble à tous les amants héroïques et romanesques ; et la duchesse, à part cette minute de lâcheté qui ne s'accorde peut-être pas parfaitement avec l'énergie superbe qu'elle

montre partout ailleurs, ressemble à toutes les
femmes amoureuses, vertueuses et persécutées.
Chacun d'eux se confond avec tous les individus de
sa catégorie littéraire. Le drame n'est, au fond,
qu'une pantomime véhémente entre l'Amoureuse,
l'Amoureux et le Jaloux.

Reste le « tableau d'histoire ». (Il tient, je vous
le rappelle, soixante pages sur quatre-vingts, et il
remplit notamment tout le quatrième acte, ce quatrième acte où, d'après Sarcey, doit être le point
culminant de l'action dans les pièces qui en ont
cinq. *Henri III* serait-il une pièce mal faite ? Je fré-
mis en y pensant.) Je ne sais ce qu'était, il y a
soixante ans, ce tableau historique ; mais aujour-
d'hui, il est d'un « toc » ébouriffant. Nous y voyons
Saint-Mégrin provoquer en duel le duc de Guise
pour faire plaisir au roi, le Balafré demander à
Henri III de désigner le chef de la Ligue et Henri III
se désigner lui-même... (J'oublie un tas de details
où je n'ai absolument rien compris.) Voilà pour
'action. Ne cherchez pas quel lien elle peut avoir
avec l'aventure de la duchesse et de Saint-Mégrin.
Quant aux caractères..... Oh ! ils sont conformes
aux indications des manuels d'histoire : Henri III
est faible et superstitieux ; Catherine de Médicis,
superstitieuse et perfide ; les mignons, frivoles et
braves, etc... Mais la « couleur locale » ? Ah ! la
couleur locale, comme elle triomphe ! comme elle
s'étale ! comme elle s'insinue dans les moindres

coins ! Comme tout le dialogue en est ruisselant ! De couleur plus « locale » que celle-là, n'essayez pas d'en imaginer une ! Oh ! le premier entretien de Catherine et de Ruggieri, le miroir magique, l'alcôve secrète qui s'ouvre au moyen d'un ressort ! Savourez, je vous prie, ce bout de conversation :

CATHERINE : Quelle heure comptez-vous ?

RUGGIERI : Je ne puis vous le dire.... La présence de Votre Majesté m'a fait oublier de retourner ce sablier, et il faudrait appeler quelqu'un.

CATHERINE : C'est inutile..... Seulement, mon père, je ferai venir d'Italie une horloge... Je la ferai venir pour vous... Ou plutôt écrivez vous-même à Florence et demandez-la, quelque prix qu'elle coûte.

RUGGIERI : Votre Majesté comble tous mes désirs... Depuis longtemps j'en eusse acheté une, si le prix exorbitant qu'il faut y mettre...

Et au second acte... c'est prodigieux, et Dezobry est enfoncé. Les mignons jouent aux échecs et au bilboquet, naturellement ; et nous apprenons en moins d'une page, tant ce dialogue est instructif, que les bilboquets se portaient dans des escarcelles; que les Gelosi, des comédiens italiens, ont obtenu la permission de représenter des Mystères à l'hôtel de Bourbon, et que cela coûte quatre sous par personne ; que l'on vient de poser la première pierre d'un pont « qu'on appellera le Pont-Neuf », et que le roi a abandonné les fraises goudronnées pour prendre les collets renversés à l'italienne... Et les

« Vive Dieu! » les « Tête-Dieu ! » les « Par la mort
Dieu ! » c'est comme s'il en pleuvait. Voici, du reste,
une cuillerée de cet extrait Liebig de couleur locale
à l'usage des bourgeois :

D'EPERNON (*il fouille dans une escarcelle*) : Eh bien !
des *dragées à sarbacane*, voilà tout... Je ne pensais
plus que j'avais perdu à la *prime* jusqu'à mon
dernier *philippus*..... Je ne sais ce que devient ce
maudit argent ; il faut qu'il soit trépassé... *Vive
Dieu!* Saint-Mégrin, toi qui es ami de *Ronsard*, tu
devrais bien le charger de faire son épitaphe.
(Ronsard est-il amené assez délicatement ?)

SAINT-MÉGRIN : Il est enterré dans les poches de
ces coquins de ligueurs... Je crois qu'il n'y a plus
guère que là qu'on puisse trouver les *écus à la rose*
et les *doublons d'Espagne* ; etc...

Je vous réponds que ces choses-là font rudement
aimer la couleur locale de *Britannicus* ou de *Bajazet*.

Si encore ces choses eussent été nouvelles en
1829 ! *Henri III* pourrait garder du moins l'intérêt
d'un document littéraire. Mais Dumas, lui-même,
nous fait cet aveu, et on peut l'en croire : « Je ne
me déclarerai pas fondateur d'un genre, parce que,
effectivement, je n'ai rien fondé : MM. Victor Hugo,
Mérimée, Vitet, Lœve-Veimars, Cavé et Dittmer ont
fondé avant moi et mieux que moi ; je les en
remercie ; ils m'ont fait ce que je suis. »

Alors, je reviens à ma question : « Seigneur, pourquoi cette reprise? »

8 avril 1889.

Je vous assure que je n'avais pas l'intention de vous reparler de *Henri III et sa Cour*, et que ce n'est point pour mon plaisir que je le fais. Mais on m'y force, et dans des conditions bien fâcheuses pour moi. Car pourquoi, en somme, feindrais-je d'ignorer que l'indulgent Odéon veut bien donner, demain mardi, une comédie que j'ai écrite de mon mieux ? Au moment donc où je vais, à mes risques et périls, tenter une expérience qui, parait-il, fait frémir d'épouvante mes meilleurs amis (au moins si je cours à ma perte, ce ne sera pas faute d'avoir été averti), mon cher maître, M. Francisque Sarcey, a trouvé opportun de me démontrer, en trois points et en douze colonnes, que je n'ai rien compris à *Henri III*, il y a six semaines ; ce qui, à coup sûr, suggérera aux méchants cette idée que je n'entends peut-être pas grand'chose au théâtre en général. Et cela est certes un méchant tour. Car, si je ne réponds pas, on ne manquera pas de dire : « Il est collé ! » et vous sentez bien qu'une âme un peu

noble ne saurait soutenir cette pensée. Et alors me
voilà obligé de recommencer publiquement la critique du drame de Dumas, juste la veille du jour où
je livre moi-même au public un ouvrage qui, selon
toute probabilité, ne vaudra pas la moindre des
amusettes du grand dramaturge. Je conçois très
vivement, croyez-le bien, ce qu'il y a de ridicule
dans une pareille posture ; je conçois qu'il est très
spirituel de m'y avoir réduit, qu'il était impossible
de me démontrer plus ingénieusement la profonde
incompatibilité qu'il y a, dit-on, entre le métier de
critique et celui d'auteur dramatique ou de romancier, et que l'embarras où je dois me trouver est
déjà ma condamnation...

Mais pourtant, si je n'en éprouve point, d'embarras ! Une position cesse d'être fausse, qui est accep-
tée franchement et tout entière. Si ma pièce est
mauvaise, on me le dira ; et si tout le monde me le
dit, je le croirai. Mais les pièces des autres n'en
vaudront pas mieux pour cela, et en quoi, je vous
prie, aurai-je perdu le droit de le dire ? Ceux qui me
refuseront ce droit se font donc une singulière idée
de la critique ? Se figure-t-on que les critiques sont
des gendarmes, et les autres écrivains des malfai-
teurs, en sorte qu'il faut absolument opter, et pour
toujours, entre ces deux ordres de fonctions ? Et
s'imagine-t-on, lorsque je trouve des fautes chez
autrui, que je les signale dans un esprit d'orgueil,
d'hostilité et de rivalité, comme quelqu'un qui s'es-

time incapable d'y jamais tomber ? Ai-je besoin de vous assurer que j'ai toujours été fort éloigné de ces sentiments? Parmi mes plus grosses malices ou mes plus naïves sévérités, j'ai toujours eu soin de faire, sans le dire, un retour sur moi, et de me souvenir que nous sommes infirmes et mortels ; qu'au surplus, d'écrire des chefs-d'œuvre ou des niaiseries, cela ne dépend jamais entièrement de nous, et qu'enfin la littérature n'est qu'une vanité un peu plus noble et plus divertissante que les autres. Même, il n'y a personne, je crois, à qui je sois plus prêt à tendre la main que quelques-uns de ceux dont j'ai dit le plus de mal.

— Mais, direz-vous, celui qui juge par profession ne doit pas, dans l'intérêt de son crédit, se mettre dans le cas d'être jugé; et quand on tient les verges, il est absurde de les passer aux autres en les invitant à s'en servir contre vous. — Ce n'est donc plus qu'un conseil de prudence que l'on me donne. Et, puisque je n'écoute point ce conseil, les personnes bienveil- lautes pourraient alléguer en ma faveur qu'il y a peut-être quelque loyauté et quelque bonne foi à s'abandonner volontairement aux appréciations des autres, quand on a fait longtemps métier de les juger. Mais non : ce n'est point un certificat de bra- voure que je réclame. Nous faisons tous de notre mieux. J'ai dit mon impression sur beaucoup de mes compagnons de travail, et souvent sur de plus forts que moi. On me le rendra ; on l'a déjà fait en

3**

plus d'une occasion. Il est naturel que nous soyons
tous, à la fois ou tour à tour, critiquants et criti-
qués... Et enfin, si je ne vous convaincs pas et si
vous persistez à verser sur moi des larmes de croco-
dile, laissez-moi revendiquer le droit le plus précieux d'un homme libre : celui de faire une sottise.

... C'est donc d'une âme sereine que je me défen-
drai contre les attaques horriblement astucieuses
d'un maître d'ailleurs vénéré.

En deux mots, j'avais dit que *Henri III et sa Cour*
ne m'avait pas fait tout le plaisir que je m'en étais
promis ; que la pièce se compose d'un tableau historique et d'un drame de passion ; que le tableau
d'histoire (qui remplit notamment tout le second et
tout le quatrième acte) a soixante pages et que le
drame en a quinze (j'avais pris soin de compter) ;
que les deux sont parfaitement indépendants l'un de
l'autre et qu'il se pourrait donc que *Henri III* ne
fût pas une pièce très bien faite. Je n'osais point
l'affirmer, mais j'avais des inquiétudes. Faguet les
avait aussi, et pourtant nous ne nous étions point
entendus.

M. Sarcey nous rassure. Il nous rassure énergiquement et, si je puis dire, à tour de bras Je résume
sa démonstration.

Le sujet de *Henri III* étant donné, il y avait,
d'après M. Sarcey, deux choses très dures à faire
avaler au public.

D'abord il faut que le public accepte la scène où

le duc de Guise contraint la duchesse, **par** des violences **matérielles, à** écrire à son amant **la** lettre
qui l'attirera dans le guet-apens où il doit trouver
la mort.

Or, c'est à préparer et justifier cette scène que
sert tout le second acte (où d'ailleurs il n'est nullement question de la duchesse ni de ses amours avec
Saint-Mégrin).

Et M. Sarcey le démontre **copieusement.**

Puis, il faut que le public admette dans la dernière scène que Saint-Mégrin, surpris avec la
duchesse par **son** mari, s'échappe par la fenêtre,
au lieu de rester à la défendre.

Or, c'est à justifier cette fuite que sert le quatrième acte, où Saint-Mégrin provoque le duc de
Guise. Saint-Mégrin n'a le droit de quitter **sa** maîtresse à l'heure du danger que pour aller **au** rendez-vous d'honneur où il est attendu.

Et M. Sarcey le démontre avec abondance.

Je ne saurais vous dire combien cela m'ennuie
d'être obligé de réfuter une argumentation si plau-
sible. (Relisez-en le détail, je vous prie, dans le
Temps du 1ᵉʳ avril.) Cette idée, que M. Sarcey
paraît sans doute avoir raison, mais que, peut-être,
tout à l'heure, j'aurai l'air d'avoir raison à mon
tour, me glace d'avance. Enfin, puisqu'il le faut,
moi aussi, *argumentabor.*

1° Si le lien entre le tableau d'histoire et le drame
de passion que contient *Henri III* était si étroit et si

évident, M. Francisque Sarcey n'aurait pas eu
besoin de cinq cents lignes, — et beaucoup plus
longues que les miennes, — pour nous le faire saisir. Mon excellent camarade Faguet vient d'écrire
sur Mme de Stael, sur Benjamin Constant et sur Joseph
de Maistre, d'admirables études, qui sont assurément les plus puissantes reconstructions d'âmes et
de systèmes qu'on ait vues depuis les premiers ouvrages de M. Taine. Faguet ne manque donc point
de clairvoyance ni de pénétration. Or, Faguet n'a
point vu plus que moi de lien nécessaire entre les
amours de Saint-Mégrin et les enluminures historiques du second et du quatrième acte. Enfin, une
chose qui parait si évidente à M. Sarcey ne devrait
pas échapper tout à fait aux gens d'intelligence
moyenne, dont je suppose que je suis. Ce mérite de
composition, que je n'ai pas su voir, M. Sarcey prétend que le public « le *sent d'instinct*, sans demander qu'on le lui explique ». Cela est plus facile à
affirmer qu'à vérifier. Je crois, moi, que le bon
public se divertit aux scènes des mignons parce
qu'elles lui semblent amusantes en elles-mêmes,
voilà tout. M. Sarcey ne sait pas plus que moi pourquoi le public s'amuse.

2º J'admets que tout le second acte soit nécessaire
en effet, pour nous faire comprendre que le duc de
Guise est capable de brutaliser une femme, et que
tout le quatrième soit indispensable pour que nous
permettions à Saint-Mégrin de sauter par la fenê-

tre au dénouement. Je dis alors que voilà de bien grands efforts et bien longs ; que c'est tirer les choses de diablement loin ; et que c'est beaucoup de deux heures de préparation pour rendre vraisemblables deux mouvements dont le premier dure une minute et l'autre quelques secondes. Il y a là je ne sais quelle lourde disproportion entre les moyens et la fin. Si les difficultés qu'offre toujours la composition d'un drame sont comme des problèmes dont il s'agit de trouver la solution, aucun mathématicien ne jugera ici que la solution ait été « élégante ». Elle n'apparaît qu'au bout d'une longue file de trinomes inutiles et d'équations superflues, à couvrir tout le tableau noir. Et, dans ce cas, si *Henri III* est d'une construction solide, il n'est donc point d'une construction claire ni aisée. On fait moins de tort au vieux Dumas en donnant son deuxième et son quatrième actes pour de franches digressions, — qui peuvent être charmantes, et qui, je l'avoue, ont paru telles à la foule.

3° M. Francisque Sarcey n'a-t-il pas commis dans sa prestigieuse démonstration quelques inadvertances ? Et, par exemple, après avoir proclamé la nécessité du second acte, il cite la phrase qui termine le premier (« Qu'on me cherche les mêmes hommes qui ont assassiné Dugast ! ») et la commente ainsi :

« Ce mot est comme un jet de lumière sur l'âme du duc de Guise. Voilà un homme qui est capable

de tout : brusque, violent, hautain, vindicatif, tout
entier au premier emportement de la passion. Quoi?
pour un mouchoir qu'il a vu traînant sur une chaise
longue, sans se mettre en peine de rien approfondir,
tout de suite il donne l'ordre qu'on aille lui chercher des spadassins ; et quels spadassins ? Ceux
qui, déjà, lui ont rendu le service de le débarrasser
d'un ennemi. Voilà un homme qui se tient au-dessus
de toutes les lois et de toutes les convenances. Il se
croit trahi ; il n'examine rien et, de prime-saut, il
à recours non à l'épée, mais au poignard. »

Cet ingénieux commentaire infirme, il me semble,
toute la première partie de l'argumentation de
M. Sarcey : car à quoi bon le second acte, si nous
savons dès le premier de quoi est capable le duc de
Guise ? Quelques traits bien choisis, du genre de
celui que cite mon maître, eussent amplement suffi
à nous faire admettre le bras de la duchesse serré
par le gant de fer du duc et ce qui s'en suit. Nous
savons, en gros, que le seizième siècle fut une époque de passions énergiques et que le duc fut, entre
tous, un terrible homme ; et nous attendons de lui
toutes les violences. Ce qu'il fait d'ailleurs, quel
que soit l'adoucissement ou l'amollissement des
caractères, on trouve encore aujourd'hui des maris
qui le feraient à l'occasion. Vraiment, M. Sarcey nous
surfait l'énormité de la conduite du duc de Guise,
et il exagère singulièrement la difficulté qu'il y
avait à nous la faire pressentir et admettre M. Sar-

cey nous pose un sophisme, si j'ose m'exprimer ainsi.

Et j'en flaire encore un autre. Je vous ai dit qu'au jugement de M. Sarcey, le quatrième acte justifie le saut de Saint-Mégrin par la fenêtre. « Est-ce qu'il a peur ? Nous savons bien que non, puisque, dans quelques heures, il va se trouver face à face avec son ennemi, l'épée à la main, et qu'il est convenu que l'un des deux doit rester sur le carreau. Guise n'est plus seulement un mari jaloux qui se venge de l'amant de sa femme : c'est un chevalier félon, qui se dérobe aux chances d'un combat singulier. Saint-Mégrin, en sautant par la fenêtre, n'est plus un amant qui fuit devant un danger, mais un adversaire qui court au rendez-vous d'honneur où l'on aurait dû l'attendre. »

En somme, c'est un cas de conscience que Saint-Mégrin a subitement à résoudre. Il doit défendre sa maîtresse que l'on va très probablement assassiner, et il doit à la même heure aller sur le terrain. Il faut qu'il choisisse—et tout de suite—, entre ces deux devoirs. M. Sarcey, très habilement, n'attire notre attention que sur le second. Pourtant il me parait bien que c'est le premier qui est le plus pressant. Tout cela se passe si vite, il est vrai, que nous n'avons point le temps d'examiner ce petit problème moral. Mais enfin, il suit de tous ces beaux raisonnements que la merveilleuse utilité du quatrième acte consiste·à amener, au cinquième, une complication d'où l'auteur ne se tire qu'en nous ôtant le loisir de la réflexion. Or, si nous n'avons pas le temps de réfléchir aux raisons qui justifient le saut de Saint-Mégrin, qu'importent ces raisons ? Et n'y pouvait-on trouver, à ce saut, une préparation plus courte ? Que dis-je ! ce saut dans les ténèbres et sur des pointes de poignards est superbe par lui-même. Quand Saint-Mégrin ne sauterait que pour nous faire frémir, nous frémirions tout de même. M. Sarcey, — contre ses habitudes, — croit ici le public plus malin qu'il n'est. Au fond, peu lui chaut, au public, pourquoi Saint-Mégrin saute, pourvu qu'il saute.

Ai-je épuisé tous les paralogismes de l'artificieux critique du *Temps ?* Oh ! que non. Il me fait remarquer que ce quatrième acte, qui, selon moi, « n'a pas ombre de rapport avec le drame », s'ouvre par une scène où Saint-Mégrin reçoit le billet écrit par la duchesse, et se termine par une autre scène très dramatique, celle où le roi ayant retenu son favori pour lui donner une leçon d'escrime, Saint-Mégrin sent que l'heure passe, et se désespère. Et M. Sarcey conclut victorieusement :

« Mais il n'est question, au contraire, que du drame dans ce quatrième acte !... »

Pardon ! Il en est question, vous l'avez dit vous-même, au commencement et à la fin. J'avais dit, moi, qu'il n'en était pas question du tout. Vous dites qu'il en est question tout le temps. Nous exagérons tous les deux, c'est évident ; mais vous exagérez beaucoup plus que moi !

4° M. Sarcey, pour être plus sûr d'avoir raison, fait ce qu'on fait inévitablement, au bout de cinq minutes, dans toutes les discussions, et ce que je lui ai sans doute rendu, sans le savoir, en lui répondant. Il me prête des choses que je n'ai pas dites et des pensées que je n'ai point. Par exemple, après avoir cité le passage où le roi dit à Guise qui veut mettre sa signature à côté de la sienne : « Non, mon cousin, signez au-dessous », M. Sarcey m'interpelle: « Eh ! je sais bien, mon cher Lemaitre, que vous allez vous récrier là-dessus et me dire : Quoi ! c'est ça que vous appelez une trouvaille ! » Mais non, mais non, je ne dis point cela, et je trouve au contraire que le mot du roi est très bien. Et il y a encore beaucoup d'autres choses que j'admire dans *Henri III*. Mais je n'ai plus le temps de vous les dire.

Il n'y a qu'un point sur lequel je veux bien reconnaître que je m'étais peut-être trompé. Il est très probable que le drame de Dumas a été, dans son temps, plus original que je n'ai dit. J'en avais contesté l'originalité en m'appuyant sur une phrase de Dumas lui-même, — trop modeste une fois par hasard. M. Sarcey rend plus de justice au grand amuseur : « ..... Cette nouvelle manière, c'était un tout jeune homme qui l'apportait. D'autres sans doute, Mérimée, Stendhal, Vigny et le maître à tous, Victor Hugo, avaient lancé de superbes manifestes où ils criaient sur tous les tons : « Ça ne peut pas

durer, il nous faut autre chose. » Mais cette autre
chose, c'est lui, ce garçon de vingt-quatre ans,
assez ignorant d'ailleurs, et peu mêlé au mouvement
romantique, qui l'avait trouvé presque sans s'en
douter et qui lançait la révolution. »

Cela doit être vrai, quoiqu'il soit toujours extrêmement difficile de fixer la part de chaque écrivain
dans une révolution littéraire. Ces grands mouvements se préparent insensiblement avant d'éclater
au grand jour ; chaque génération collabore avec
celle qui l'a précédée et avec celle qui la suivra ; les
hommes de génie recueillent et expriment ce qui
était pressenti avant eux et ce qui, autour d'eux,
flotte, inachevé, dans les esprits. On pourrait presque dire que l'invisible multitude des âmes contemporaines,—j'entends celles qui ont quelque noblesse
et qui sont capables d'inquiétude, — sollicite et
détermine, par je ne sais quelle pression, quelle
pesée obscure, les inventeurs à produire leurs
chefs-d'œuvre. Et ainsi, nous qui sommes la foule,
nous qui n'avons que des désirs et qui ne savons
rien créer, nous contribuons, en un sens, à tout ce
qui se fait de beau de notre vivant : nous y contribuons à force de l'attendre et de l'aimer... Pour
revenir à Dumas, *Henri III* est postérieur à *Cromwell*,
mais antérieur à *Marion Delorme*. Son originalité
est donc grande.

... Et je sens mieux maintenant tout ce qu'il y a
de chinois dans ma querelle avec mon maître. En

somme, l'exercice auquel nous nous sommes livrés
ne prouve rien, puisqu'il est également possible
de « démontrer » que *Henri III* est, comme il dit,
« une merveïlle de composition », et que *Henri III*
est composé de deux actions à peu près indépen-
dantes l'une de l'autre. J'ignore donc absolument
si ce drame est bien ou mal fait : mais je suis sûr
qu'une de ses parties m'a plu médiocrement, et
que je n'en ai pas vu le lien avec l'autre partie.
Bref, je ne suis sûr que de mon impression. En
cela, je suis tout pareil aux autres hommes. Ce que
sont les choses, nous ne pouvons que l'induire par
le raisonnement, qui trompe : mais l'effet qu'elles
font sur nous, nous le connaissons de science certaine. En d'autres termes, le sentiment est la seule
réalité. On me reproche souvent mon « impressionnisme » ; mais c'est l'impressionnisme qui est
sérieux et loyal, et c'est le reste qui n'est que jeu
d'esprit.

Car voyez combien toutes ces discussions sont
inutiles. Je viens de me donner beaucoup de peine
pour démontrer une seconde fois que *Henri III* n'est
point une œuvre d'une unité parfaite ; mais est-ce
à cause de cela que *Henri III* ne m'a pas entièrement séduit ? Nullement. J'adore *le Réveillon*, bien
qu'on en puisse distraire tout le second acte sans
rien enlever de nécessaire à l'action. J'aurais aimé
le second et le quatrième acte de *Henri III*, quoique indépendants du drame de passion, si... enfin,

s'ils m'avaient plu, ô La Palisse ! Iis ne m'ont pas
beaucoup plu, non point parce qu'ils sont faux
historiquement (cela me choquerait peu ; et puis,
qui dira s'ils sont faux tant que cela ?), mais parce
que... Pourquoi chercher ? M. Sarcey me fournit
le mot dont j'ai besoin. « Le duc de Guise est
casqué, cuirassé, sombre. De quoi parle-t-il ? .. Ça
m'est égal qu'il ne dise que des niaiseries. Au
point de vue dramatique, il dit des choses sérieuses. »
Hé ! moi aussi, ça me serait égal qu'il ne dise que
des « niaiseries » si je ne m'en apercevais pas. Mais
je m'en aperçois, c'est plus fort que moi. Ces choses-
là ne gênent point M. Sarcey. Que dis-je ? C'est surtout lorsqu'une œuvre, excellente « au point de vue
dramatique », se trouve être inélégante en soi et peu
« littéraire », qu'il exulte et triomphe abondamment. Il lui est plus doux d'avoir raison, lorsqu'il a
raison contre les purs « artistes », les affectés, les
tourmentés, les épris de la forme... Il est enchanté
de n'être pas de l'avis de ces « précieux », de ces
prétentieux qui ne sont pas du métier, qui ne savent
pas les planches Cette idée le ravit, que le théâtre,
ce ne soit presque plus de la littérature... Et dire
qu'après vingt ans de feuilleton, je serai peut-être
comme lui, — avec ses savoureuses qualités en
moins !

... Et puis, voilà ! je lui en veux de m'avoir contraint *aujourd'hui* à avoir l'air d'admirer médiocrement la première œuvre d'extrême jeunesse de ce

surprenant génie qui a nom Dumas père, — et à
déplaire par là (quoi que je fasse et quelle que soit
sa générosité d'âme) à l'un des hommes que j'aime
et j'admire le plus, j'entends Dumas fils.

RÉVOLTÉE

ODÉON : *Révoltée*, comédie en quatre actes, de M Jules Lemaître.

15 avril 1889.

Je me réjouissais à la pensée d'avoir congé cette semaine. Il me paraissait que cela était convenable. Mais le directeur de ce journal a tant de confiance en moi qu'il a désiré que je fisse moi-même le compte rendu de ma comédie. Il a pensé (peut-être à tort) que je la connaissais mieux que personne. Je me résigne donc, et je me raconterai avec simplicité. Au reste, la bienveillance de la plupart de mes confrères m'a rendu la tâche assez aisée.

« Mon Dieu ! faites que ma fille ne soit pas comme mon péché qui se renouvelle et qui marche devant moi ! Montrez-moi, en la préservant, que vous m'avez pardonné. J'ai besoin de sa vertu pour me sentir absoute. » Il me semble que cette prière d'une « mère coupable » exprime l'idée première d'où est née *Révoltée*.

La comtesse de Voves, mariée sans amour à un homme de son monde, a eu secrètement, voilà vingt ans, une fille qui n'était pas de son mari : Hélène. Elle l'a fait élever dans un lointain couvent de province et a trouvé moyen de lui faire épouser un brave garçon, Pierre Rousseau, professeur de mathématiques. Elle n'a point révélé à Hélène le secret de sa naissance et a même oublié de l'aimer, ne s'occupant d'elle que de loin et avec un peu trop de prudence. Son excuse, si elle en peut avoir une, c'est que d'abord elle craignait que son mari ne découvrit sa faute, et c'est surtout qu'elle' avait un fils, André, à qui elle voulait cacher son aventure à tout prix. Justement André de Voves est le camarade de collège et le meilleur ami du professeur Rousseau. Cet André, sévèrement et tendrement élevé par sa mère, est un excellent cœur, un parangon d'amitié et de dévouement, un peu Alceste et un peu don Quichotte. Au moment où commence la pièce, Mme Hélène Rousseau, qui ne s'est mariée que pour sortir du couvent, et à qui son enfance sans mère et le sentiment de l'injustice de la destinée ont fait une âme ennuyée et insoumise, prompte à l'amertume et à la révolte et, en même temps, pleine de convoitises par une trop longue compression, est sur le point de succomber aux entreprises d'un certain Jacques de Brétigny, homme de sport et de cirque, très musclé, passablement fat et assez spirituel. . Or, depuis que Mme de Voves voit librement sa fille,

qu'elle comprend ce que cette enfant a souffert, et
qu'elle la sent en danger, elle s'est mise à l'aimer
ardemment ; et elle est d'autant plus décidée à tout
pour la sauver que, devenue dévote au tournant de
l'âge, la chute de sa fille lui apparaît comme son
propre châtiment. Le bon André, lui, est inquiet
pour d'autres raisons. C'est par amitié pour son ami
Pierre qu'il entend veiller sur la vertu d'Hélène.

Telle est la situation exposée au premier acte,
lequel se passe chez la comtesse de Voves, le jour
où elle reçoit quelques intimes, entre autres
Mme Herbeau, une excellente femme, d'humeur un peu
excentrique, fine et renseignée sur la vie, malgré des
apparences de frivolité, et qui, seule et indépendante,
a choisi pour amusette d'avoir un salon littéraire. Il
se trouve dans cet acte une satire innocente et superficielle de travers inoffensifs... et j'en suis encore à
me demander comment, par quelle aberration ou
quelle grosse malice, quelques-uns ont affecté de
reconnaitre l'un des plus grands esprits de ce temps
et celui, à coup sûr, pour qui j'ai le plus de tendresse
et de vénération, dans la personne de l'académi-
cien Barillon, vaudevilliste oe son état, et qui « fait
des mots » sur les pauvres gens, — simple fantoche,
comme vous voyez, et silhouette de pure fantaisie.

Le deuxième acte se passe chez Mme Herbeau,
dans un petit salon, pendant une santerie. (Il me
fallait un endroit neutre où tous les principaux
personnages pussent se rencontrer.) Hélène et Bré-

tigny viennent s'y réfugier entre deux valses. J'ai
tâché que leur « scène d'amour » fût bien d'aujour-
d'hui, que ce fût bien la dernière conversation,
avant celle qu'on nomme « criminelle », entre un
gentilhomme-clown tout à fait dénué d'illusions
et une petite femme qui, sans savoir très au juste
ce que c'est que positivisme, darwinisme, lutte pour
la vie, etc., vit cependant dans une atmosphère
morale tout imprégnée de ces idées-là, en soupçonne
quelque chose et les traduit en une sèche ironie qui
lui est naturelle ; bref, une sorte de Froufrou « cérébrale » et pessimiste. — Leur conversation est
dérangée par Mme de Voves et par André. Celui-ci,
déjà troublé par des demi-confidences involontaires
où Rousseau lui a laissé entrevoir combien il souffre de la froideur d'Hélène, s'élève violemment contre la jeune femme et finit par dire à Mme de Voves :
« Tenez, c'est une fille ! Comme sa mère apparemment ! » Puis il l'interroge sur cette mère inconnue
qui a si vilainement abandonné son enfant ; il la
presse de questions : tant que Mme de Voves, suppli-
ciée par cet interrogatoire, comprenant aussi que,
toute seule, elle ne peut rien pour sauver Hélène,
fait enfin à André, par un détour transparent, l'aveu
de sa maternité secrète... Lorsqu'il a compris ·
« Ma mère, dit-il, que voulez-vous que je fasse ? —
Veille sur Hélène, c'est ton devoir. » — Là-dessus,
et tandis que Rousseau, rompu de fatigue, emmène
Hélène, André aborde Brétigny, le supplie « de ne pas

devenir l'amant de Mme Rousseau ». L'autre se récrie
et raille ; André cherche en vain à se contenir ; il
sent la colère lui monter aux lèvres... et la scène se
termine par une provocation...

Troisième acte : chez Pierre Rousseau. Hélène
s'ennuie. Elle consent dans son cœur à la faute :
« ... Qu'est-ce qui m'arrête ? Je ne crois à rien, oh!
mon Dieu ! non, à rien ! » — Rousseau rentre
accompagné d'André qui, avant de se battre pour
son ami, a éprouvé le besoin de le revoir. Cette
fois, Rousseau fait l'entière confession de sa souffrance. Alors, André : « Ce que tu me dis là, dis-le-
lui ! Il le faut. Promets-le-moi. » — Et, en effet, le
pauvre Pierre essaye de reprendre la railleuse et
fuyante petite femme en lui ouvrant son cœur jusqu'au fond. Il est touchant, il est éloquent (du moins
j'ai voulu qu'il le fût), mais il est maladroit, ou plutôt il n'y a rien à faire, car elle ne songe qu'à
« l'autre », et Pierre conclut l'entretien (qu'est venu
interrompre le rappel brutal du métier, l'élève qui
attend pour sa « répétition ») par des paroles de
menace. « Ah ! dit Hélène, c'est comme ça ! » Et
elle écrit à Brétigny pour accepter son rendez-vous.
— Mme de Voves entre à ce moment-là ; elle a vu le
mouvement d'Hélène cachant le billet qu'elle vient
d'écrire et, après avoir bien constaté que tous les
conseils seront inutiles, elle risque, si je puis dire,
son va-tout, elle prend le billet et le déchire : « Mais,
Madame... — Ecoutez-moi, il le faut. Mon fils se-

bat avec Brétigny à cause de vous. » Hélène pro-
teste violemment contre cette intrusion d'André.
« A quel titre ? demande-t-elle avec colère. — A
quel titre ? Tu veux le savoir ? Il se bat pour toi
parce qu'il est ton frère, malheureuse ! » Et
Mme de Voves lui ouvre ses bras, et Hélène ne s'y
jette point : « Ma mère ?.... Non, rien ! » Le souvenir de son enfance abandonnée lui revient :
«... Vous m'avez aimée de si loin !... Dieu ! que j'ai
été malheureuse dans ce couvent ! » Sa mère la
supplie de ne pas revoir M. de Brétigny ; elle ne
veut rien promettre : « Oublions tout... Ne vous
croyez pas de si terribles devoirs envers moi. Je ne
vous rends responsable de rien, ni dans le passé, —
ni dans l'avenir. »

Ce n'est pas, assurément, que ce soit une grande
hardiesse, ni une idée bien originale que ce silence
de la vieille « voix du sang ». Mais enfin nous comp-
tions un peu sur cette scène, M. Porel et moi. Je
croyais qu'Hélène, par la douleur même qu'elle
sent de ne pouvoir rien sentir et par l'aveu qu'elle
en fait, inspirerait quelque pitié et quelque sympathie. Or, je dois l'avouer, l'effet de cette scène a
été moindre que celui des précédentes. C'est évidemment la faute de l'auteur. Il se peut d'abord que
la scène soit trop longue et que, en supposant qu'elle
soit hardie (oh ! il ne s'agit là que d'une audace de
théâtre et dont l'idée est à la portée de tout le
monde), cette hardiesse soit trop expliquée, trop

« phrasée » par les personnages et qu'ils aient trop l'air d'en avoir conscience. Ou bien, peut-être l'effet de ce second aveu se trouve-t-il escompté par le premier (celui que Mme de Voves a déjà fait à son fils). Dans ma pensée, les deux aveux étaient nécessaires pour que l'expiation de la mère fût complète, et je pensais d'ailleurs que la forme en était aussi différente que possible, l'un étant indirect et presque involontaire, l'autre étant volontaire, jeté bien en face, avec une énergie désespérée. Mais il se peut que je me sois trompé. Je dis : « il se peut » ; je dirais que j'en suis sûr si un certain nombre de personnes intelligentes, et dont je n'ai aucune raison de me défier, ne m'assuraient que la scène leur a plu telle qu'elle est.

Je me souviens cependant que, lorsque M. Dumas eut la bonté d'écouter, il y a deux ans, la lecture de mon manuscrit, il me dit très nettement : « Trop d'aveux ! Il n'en faut qu'un. — Et à qui doit-il être fait ? Au fils ou à la fille ? — Au fils. Et la mère doit faire cet aveu carrément, d'elle-même, sans être interrogée, et dès qu'elle reconnaît que le seul moyen de sauver l'enfant adultérine est de la mettre sous la protection de son frère. Et qu'André aille trouver cette petite malheureuse, et qu'il lui parle de haut... Les femmes sont des enfants malades et vicieux. Il faut les brutaliser pour leur bien ! Qu'Hélène sente un homme, un homme plus fort qu'elle, un homme chaste contre qui elle ne peut rien... —

4*

Et faut-il qu'André provoque Brétigny ? — Peut-
être. — Et, dans ce cas, faut-il qu'André meure ? —
Il n'y a pas de doute là-dessus. La mort de l'enfant
légitime sera le châtiment providentiel de la mère
adultère. » Ainsi parlait, ou à peu près (si j'ai bonne
mémoire), l'illustre écrivain, imaginant à mesure,
et sans plus se soucier du mien, un drame que lui
seul était capable de faire.

Ainsi le premier moyen de remédier à l'infirmité
de mon œuvre serait de supprimer l'aveu de la mère
à la fille. Un autre moyen serait de supprimer, au
contraire, la confession de la mère au fils. André
devinerait tout seul, à certains indices, le secret
de sa mère. (Seulement ces indices, ce serait
toute une affaire de les imaginer, puis de les dispo-
ser avec vraisemblance, de façon qu'André pût les
réunir et que leur assemblage lui fût une révélation. Je laisse cela à de plus habiles que moi.) Donc
André, après avoir traité Hélène fort durement,
changerait de manières quand il saurait ce qu'elle
lui est ; et c'est à ce changement même que Mme de
Voves devinerait qu'il sait tout... Cette idée-là est
de M. Henry Lavoix qui lut *Révoltée* quand je la
présentai à la Comédie-Française, et qui la jugea
avec une sévérité extrême. Chose bizarre ! je ne lui
en veux point de cette sévérité, parce que la pièce
a à peu près réussi, et je sens que je lui en voudrais un peu si elle avait échoué, c'est-à-dire s'il
avait eu raison. Ce devrait être le contraire, et

mon sentiment est absurde ; mais il est humain.

Enfin, il faut que je vous rapporte l'opinion de
M. Ludovic Halévy. Il fut charmant, lui, très doux
et très clairvoyant à la fois, et il me donna les meil
leurs conseils. Mais il ne cessait de me répéter :
« Ce sujet est bien pénible... Ah ! qu'il est pénible !...
Et puis, pourquoi est-ce André qui reçoit un mauvais coup à la fin ? C'est triste, et ça n'est pas utile.
— Mais il faut que la mère coupable soit châtiée. —
Oh ! elle l'est bien assez. Non, voyez-vous, il faut
égayer, éclaircir tout cela, y mettre un peu d'ai-
sance et de sourire... Voyons !... si vous supposiez
que Brétigny a un petit frère qui suit les cours de
Condorcet, et à qui Rousseau donne des leçons... —
Toto, alors ? — Toto, si vous voulez... Enfin, quelque chose qui nous détende... » Et moi, docile,
j'ajoutai Toto, et je remis la pièce en trois actes, —
avec un dénouement gai. Et je m'aperçus qu'elle
valait un peu moins qu'auparavant. Si vous êtes
uu peu badauds et curieux d'inutilités, je puis vous
transcrire une des scènes où figurait Toto, c'est-à-
dire le petit Georges de Brétigny, frère de Jacques.
Il venait chez Rousseau pour prendre sa leçon, et là
il rencontrait André de Voves.

ANDRÉ : Eh bien, Georges, es-tu content de ton
professeur ?

GEORGES   Oui, il est très fort. O⎓ le cote beaucoup
au bahut   Et puis, c'est un brave homme   Par
exemple, il n'est pas gai. Mais ça ne m'étonne pas.

ANDRÉ : Ah ! tu sais pourquoi ?

GEORGES : Dame ! Il a une femme trop chic pour lui, une femme qui s'embête. Je connais ça. On appelle ça la névrose aujourd'hui. Jacques ne demanderait pas mieux que de la désennuyer. Moi, je viens ici pour prendre des leçons ; il voudrait bien en donner, lui !

ANDRÉ : C'est de toi, ce mot-là ?

GEORGES : Non, c'est de Jacques. Je lui rends de rudes services, allez, à Jacques ! D'abord, il me remet toujours pour la patronne des billets de théâtre et des billets pour tous les endroits où on s'amuse. Et puis, comme ma leçon tombe le jour où elle reçoit, je prête l'oreille et, quand il n'y a pas de visites, sans faire semblant de rien, je relève le rideau de la fenêtre dans le cabinet du père Rousseau. C'est pour indiquer à Jacques, qui est dans la rue, que la patronne est seule et qu'il peut monter. Vous voyez comme c'est simple.

ANDRÉ : Tu fais là un joli métier !

GEORGES : Ben, quoi ! Puisqu'elle s'embête et que le père Rousseau ne se doute de rien ! C'est pas du tout contre lui, tout ça. Et puis, moi je fais tout ce que veut Jacques.

ANDRÉ : Tu l'admires beaucoup, ton grand frère ?

GEORGES : Ah ! oui, que je le cote ! Connaissez-vous quelqu'un de plus chic que lui, vous ? Moi pas. Quand je serai libre...

ANDRÉ : Eh bien ?

GEORGES : On me force à préparer Saint-Cyr ; mais je le raterai, ça ne sera pas difficile. Et alors je vivrai comme Jacques. C'est la vraie vie, ça.

ANDRÉ : Mais, petit malheureux... Non, continue, tu m'intéresses.

GEORGES : Oh ! vous, je sais, vous êtes vieux jeu. Mais il n'y en a guère de comme vous, allez ! Qu'est-ce que vous voulez qu'on fasse dans cette fin de siècle, comme dit Jacques ? On ne gobe plus. On voudrait gober qu'on ne pourrait pas.

ANDRÉ : Et as-tu déjà débuté ?

GEORGES : Je fais ce que je peux... Ainsi je suis très bien avec Mme de Crécy. C'est Jacques qui m'a fait faire sa connaissance.

ANDRÉ : La grosse Liline ? Mais, petit malheureux, respecte au moins la vieillesse ! Elle a mouché ton frère, Liline. Elle pourrait être ta grand'mère.

GEORGES (vexé) : Je vous demande pardon. Je la connais mieux que vous peut-être ! Mme de Crécy n'a que vingt-huit ans.

ANDRÉ : Tu dis ?

GEORGES : Vingt-huit ans... et trois mois. Elle me l'a prouvé. Ainsi !... D'ailleurs, c'est une femme absolument distinguée.

ANDRÉ : Allons, Monsieur Georges, vous vous vantiez. Vous gobez encore un peu. Et dire que cette illusion sur Liline est peut-être ce qui reste de meilleur en vous !...

J'arrive au dernier acte. Il fallait finir, et cela m'embarrassait beaucoup. Le dénouement nécessaire me paraissait être la mort d'André. Ce dénouement pouvait avoir une couleur mystique : la mère expiait, par le sang versé de son fils légitime, le crime d'avoir abandonné son autre enfant... Mais cela était bien dur. Il eût fallu, pour imposer au public un pareil dénouement, une force tragique que je n'ai point. J'étais déjà assez ennuyé d'avoir été obligé de fourrer un duel dans ma première pièce !

On m'a dit aussi qu'il fallait laisser Hélène impénitente... Mais, dans ma pensée, Hélène n'est point méchante ni odieuse. Sa « révolte » est justifiée ; et, comme elle est intelligente et capable de s'insurger, finalement, non plus contre sa destinée personnelle, mais, par delà, contre le monde mauvais, il s'en suit que cette révolte, où il y a du moins un petit germe de philosophie, peut, après certaines épreuves, se tourner en résignation. Bref, Hélène, ayant en somme l'âme fière, est guérissable, — guérissable par la vie et sous le heurt de quelque profonde émotion · et elle guérira, soyez-en sûrs, le jour où elle sentira clairement qu'elle fait souffrir autant et plus qu'elle a souffert elle-même. Seulement, il faut pour cela qu'elle soit très fortement secouée, comme projetée hors de son être habituel et subitement élevée, par la pitié d'une douleur pire que la sienne, à une vision neuve et plus générale des choses. La mort d'André y pouvait suffire.

Mais voilà : je n'ai pas osé, ou plutôt je n'ai pas su faire mourir André, et je me suis résigné à ceci :

Hélène vient trouver André un peu avant le duel. Elle se plaint d'être gratuitement jetée par lui, — elle, « une femme d'aujourd'hui », — dans une situation d'héroïne de roman ou de tragédie... André, très grave, lui répond : « Que voulez-vous me démontrer ? Que j'ai agi sans votre consentement ? Mais c'est sans votre consentement aussi qu'il y a une règle morale, une solidarité d'honneur entre les membres d'une même famille, des amitiés plus fortes que tout, des sentiments que l'on juge sacrés, conformes à un ordre éternel, et auxquels on obéit quelquefois sans se demander ce qu'il en adviendra. Ce n'est que dans ces moments-là qu'on vaut quelque chose...» Et il lui dit toutes ses vérités, — avec franchise et avec tendresse. C'est un peu une homélie. Hélène commence à baisser la tête devant cette beauté et cette grandeur morales. La grâce va opérer... un peu vite. — A peine André est-il sorti que Rousseau arrive. Il soupçonne les causes du duel ; il est défiant, presque menaçant. Mme de Voves lui ferme la bouche, parce qu'il faut en finir, et la scène avorte. — On ramène André grièvement blessé. Pendant qu'on s'empresse autour de lui, Hélène s'approche, suppliante, de Mme de Voves : « Ma mère, de grâce !... — Non ! va-t-en : tu me coûtes trop cher ! » Elle hésite un moment !

cherchant un refuge dans sa détresse. Mais son
refuge naturel, c'est encore son mari : « Pierre !
elle me repousse ! Pierre, je t'en prie !... — Non,
Hélène, j'ai le cœur trop gros, et vous m'avez fait
trop de mal. » A ce moment le blessé l'appelle ; elle
se jette sur la main qu'il lui tend, et il la réconcilie
avec son mari et sa mère : « Je vous l'ai rendue à
tous deux ; je suis content. »

Vous voyez que ce dernier acte est fort médiocre...
Maintenant j'en conçois un autre meilleur, — et où
pourtant André ne mourrait point... Mais il est trop
tard.

On a trouvé la pièce fort bien jouée. Je remercie
publiquement mes interprètes, tous ensemble et
sans entrer dans le détail de leurs mérites respec-
tifs. Car, si leurs talents sont peut-être un peu iné-
gaux, je leur dois à tous une reconnaissance égale.

On dit souvent du mal des journalistes et des
hommes de lettres ; on prétend que nous ne nous
aimons guère entre nous, que nous ne sommes ni
tout à fait désintéressés, ni exempts de tout mauvais sentiment. Or, outre ceux qui sont mes amis
et qui m'ont jugé avec une sympathie que je leur
rends, la plupart m'ont jugé avec une loyauté parfaite, et dans un esprit de justice qui fait honneur,
il me semble, à notre corporation. Est-ce que, par
hasard, tout compte fait, nous vaudrions encore
mieux que les bourgeois ? Je remercie donc presque tous mes confrères, et du fond du cœur.

GEORGE SAND

COMÉDIE-FRANÇAISE : *François le Champi*, comédie en trois actes, de George Sand.

1ᵉʳ octobre 1888.

Ce qu'il y a de plus intéressant dans *François le Champi*, c'est évidemment la transformation des sentiments du champi pour sa mère adoptive, et de celle-ci pour l'enfant qu'elle a élevé.

On pourrait à ce sujet rechercher ce que les auteurs dramatiques ou les romanciers ont pensé successivement de la disproportion des âges en amour. On verrait que le roman de George Sand est, sur ce point, comme le terme extrême et l'aboutissement d'une lente évolution. On remarquerait aussi, chemin faisant, que l'espèce d'amour qui triomphe dans *le Champi* est précisément celle pour laquelle George Sand commençait à se sentir faite lorsqu'elle écrivit ce roman.

L'opinion de Molière est nette, tranchée, absolue. C'est celle de tous les purs Gaulois. Ici comme ailleurs, il nous accable par son bon sens. Au fond, il avait l'âme ronde comme une pomme. (J'emprunte

cette jolie expression à M. Anatole France qui, je
dois le dire, ne l'applique pas à Molière.) Pour
l'auteur de *l'Ecole des femmes*, l'amour ne convient
qu'à la jeunesse ; et la jeunesse est courte. Selon
lui, elle finit pour les hommes bien avant quarante
ans (Arnolphe en a quarante-trois). Il s'ensuit que,
pour les femmes, elle ne doit guère survivre à la
trentaine. Donc Arnolphe est souverainement ridicule d'aimer Agnès, Arsinoé d'aimer Alceste et
Bélise d'aimer Clitandre. Je sais bien que Molière se
mit lui-même dans le cas d'Arnolphe. Aussi se ju-
geait-il stupide. Et puis, c'était sans doute une
punition d'en haut.

Mais voici un premier progrès : pour Corneille,
non seulement les hommes mûrs, mais les vieillards
amoureux ne prêtent pas nécessairement à rire.
Ecoutez, dans *Pulchérie*, le vieux sénateur Martian,
amoureux de l'impératrice. Il y a dans ses propos
une sincérité de douleur et une âpreté d'accent à
laquelle je ne vois rien d'égal, même dans le rôle de
don Ruy Gomez d'*Hernani* :

Ce n'est point à mon âge à soupirer d'amour...
L'amour à mes pareils n'est jamais excusable ;
Pour peu qu'on s'examine, on s'en tient méprisable ;
On s'en hait, et ce mal, qu'on n'ose découvrir,
Fait encor plus de peine à cacher qu'à souffrir...
. . . .
Que le moindre retour vers nos belles années
Jette alors d'amertume en nos âmes gênées !

« Que n ai-je vu le jour quelques lustres plus tard !
Disais-je ; en ses bontés peut-être aurais-je part... »
. . . . . . , ...
J'aimais quand j'étais jeune, et ne déplaisais guère ;
Quelquefois de soi-même on cherchait à me plaire ;
Je pouvais aspirer au cœur le mieux placé :
Mais hélas ! j'étais jeune, et ce temps est passé.
Le souvenir en tue, et l'on ne l'envisage
Qu'avec, s'il faut le dire, une espèce de rage ;
On le repousse, on fait cent projets superflus :
Le trait qu'on porte au cœur s'enfonce d'autant plus ;
Et ce feu, que de honte on s'obstine à contraindre,
Redouble par l'effort qu'on se fait pour l'éteindre.

Martian aime sans être ridicule, — mais sans être aimé... Le deuxième pas a été fait, si je ne me trompe, le 11 février 1734, par Christophe-Barthélemy Fagan, dans un petit acte en prose intitulé : *la Pupille.* Jusque-là, toutes les fois qu'on nous montrait des « pupilles » au théâtre, ces frivoles créatures aimaient quelque jeune cavalier, détestaient leur tuteur et passaient leur temps à lui jouer de mauvais tours. La charmante et sérieuse Julie aime le sien, contre tout usage et toute tradition, et bien qu'il ait vingt ou vingt-cinq ans de plus qu'elle... Lui, l'excellent Ariste, a pour sa pupille tendresse de cœur, et même quelque chose de plus. Mais il est sage, il sait qu'il ne doit point songer à pareille folie, et est à mille lieues de soupçonner ce qui se passe dans le cœur de la jeune fille. Il faudra donc que ce soit Julie qui

parle et qui confesse son amour. Comment fera-
t-elle? Elle prend pour cela les détours les plus
ingénieux. Ariste ne comprend toujours pas : il
veut même la marier à un petit marquis dont il la
croit éprise... Et je ne puis me tenir de vous citer
ici une bien jolie scène.

« Je ne sais comment déclarer mes sentiments au
marquis, dit Julie à son tuteur : si je lui écrivais?
— Eh bien, écrivez. — Mais ne voudrez-vous pas
écrire à ma place ? Je dicterai. » Et voici ce qu'elle
dicte : « Vous êtes trop intelligent pour ne pas savoir le secret de mon cœur. Mais un excès de
modestie vous empêche d'en convenir... Tout vous
fait voir que c'est vous que j'aime... Je vous suis
déjà attachée par la reconnaissance... »

ARISTE, *à part.* — De la reconnaissance au marquis?

JULIE. — Ecrivez donc, Monsieur.

ARISTE. — Allons. (*A part.*) Il faut écrire ce qu'elle
veut. (*Lisant après avoir écrit.*) « Par la reconnaissance. »

JULIE, *dictant.* — « Mais j'y joins un sentiment
désintéressé, et pour vous prouver que vous devez
bien plus à mon penchant..., je voudrais n'avoir
point reçu de vous tant de soins généreux dans
mon enfance. »

ARISTE, *sans écrire.* — Y pensez-vous, Julie ? (*A
part.*) L'ai-je entendu, ou si c'est une illusion ?

JULIE, *à part.* — Pourquoi ai-je rompu le silence?

Je me doutais bien qu'il recevrait mal un pareil
aveu.

ARISTE, *se levant.* — Julie!

JULIE. — Ariste !

ARISTE. — A qui donc écrivez-vous cette lettre ?

JULIE. — C'est au marquis sans doute.

ARISTE. — Il ne faut donc point parler des soins
de votre enfance. Ce serait un contre-sens.

JULIE. — J'ai tort... je l'avoue ; et cela ne saurait
convenir.

ARISTE. — C'est donc par distraction que cela vous
est échappé ?

JULIE. — Assurément. Les bienfaits n'étant point
à lui, il n'en doit point recueillir le salaire.

ARISTE. — Voyez donc ce que vous voulez substituer à cela ?

JULIE. — J'en ai assez dit pour me faire entendre.

ARISTE. — En ce cas, il ne s'agit donc que de finir
le billet par un compliment ordinaire, et de l'envoyer de votre part ?

JULIE. — Envoyez-le de ma part, puisque vous
croyez que je le doive faire.

Vous imaginez-vous cette · scène jouée par
M. Worms et par Mlle Reichenberg, et tout ce qu'ils
sauraient y mettre ?

Que la littérature soit devenue indulgente —
quelquefois et par exception — aux amours tardi-
ves des hommes, cela n'a rien, après tout, de surprenant. C'est que ce sont des hommes qui font les

livres et les comédies. Au reste, ils n'ont eu qu'à
exagérer une indication de la nature. Elle veut, la
bonne nature, que Daphnis soit mûr pour l'amour
quelques années plus tard que Chloé. Il ne s'agit
que d'allonger un peu cet intervalle normal et
nécessaire. Puis, l'homme n'est pas seulement
l'amant, mais le maître et le protecteur. Ces fonctions admettent ou même réclament la supériorité
de l'âge ; et il faut que l'homme soit bien vieux pour
l'être trop. Enfin, dans la pensée des sociétés pri-
mitives, la femme est serve et sujette ; elle appartient à l'homme, elle est sa chose. Si donc l'homme,
à cause de son âge, ne lui donne aucun plaisir, —
du moment qu'il en prend lui-même, il ne saurait
être ridicule. Abraham fut-il ridicule d'aimer Agar,
et Booz d'aimer Ruth la Moabite ? Ainsi, c'est par
un retour à la simplicité biblique et à la candeur
de la vie patriarcale (retour timide encore) que la
littérature a fini par venger Arnolphe et les amoureux quinquagénaires des vieilles railleries classiques. Aujourd'hui, il est parfaitement admis (en
attendant mieux) que les hommes de cinquante ans
ont le droit d'aimer. La dernière comédie de M. Pail-
leron, *la Souris*, n'a fait que constater ces nouvelles
mœurs. Et de fait, regardez autour de vous. Vous
verrez qu'en général les jeunes gens se dispensent
d'aimer et se contentent, très philosophiquement,
d'un peu de libertinage. Mais si d'aventure vous
connaissez quelque amoureux authentique, je gage-

rais qu'il a des cheveux gris Il y a à ceia bien des
raisons, qu'on trouverait si on avait le temps. Les
jeunes gens d'aujourd'hui ont, beaucoup trop tôt,
une espèce d'expérience générale, très sèche et
défiante, qu'ils respirent dans l'air et qui leur vient
aussi des livres. Ils vivent là-dessus une vingtaine
d'années, se croyant très forts. Puis, un beau jour,
quand leur « position » est faite, ils s'aperçoivent
qu'ils ont été dupes de leur pauvre sagesse, de leur
banal positivisme... et ils connaissent l'amour —
l'amour pour de bon — juste à l'âge où ils devraient
songer, comme Tircis, à faire retraite. L'ordre des
choses est renversé. Il n'y a plus que les hommes
mûrs qui aient des passions. Et, comme dans tous
les pays ce sont surtout les hommes mûrs qui sont
au gouvernement et qui dirigent les affaires, il n'est
pas étonnant que tout aille si mal chez nous...
Sérieusement, je crois tout au moins qu'une des
causes secondaires des innombrables maux publics
et privés dont nous souffrons, c'est la jeunesse des
quinquagénaires....

Je reviens à mon sujet. Je disais que c'est par un
égoïsme tout naturel que nous avons prolongé pour
les hommes, en littérature, l'âge de l'amour. Et
c'est justement la raison qui fait que nous avons
très longtemps marchandé la même faveur aux
femmes. Car les intérêts des deux sexes étant contraires, ce que nous nous étions octroyé à nous-
mêmes par souci de notre plaisir, nous ne pouvions

l'accorder aux femmes que par un effort de générosité et de désintéressement. Au reste, tandis que dans l'amour d'Arnolphe pour Agnès il n'y a qu'un écart démesuré des âges, il y a, dans l'amour de Bélise pour Clitandre, un renversement de leurs rapports normaux, ce qui est plus grave. Et c'est pourquoi Molière, Regnard, Lesage, Dancourt ont été si durs pour toute une classe d'amoureuses, et pourquoi Marivaux lui-même a raillé si cruellement, dans *le Paysan parvenu*, la pauvre Mlle Habert...

C'est peut-être en devenant à la fois plus indulgents, plus équitables, plus tendres, et aussi plus intelligents, plus raffinés, plus délicatement voluptueux, que les hommes se sont décidés à allonger, pour les femmes, la saison d'aimer. (Je ne parle que de la littérature, car, dans la pratique, il y a toujours eu des accommodements de toutes sortes.) D'honnêtes gens ont remarqué que si, au point de vue des épicuriens grossiers et d'esprit court, la femme n'est vraiment délicieuse (à la façon d'un excellent fruit) que dans l'extrême jeunesse, il est cependant vrai que toute sa grâce, toute sa séduction, tous les trésors secrets de sa sensibilité et toutes les ressources de sa coquetterie..., bref, toute la saveur de sa « féminilité » (pour parler la langue d'aujourd'hui) ne se développe pleinement que beaucoup plus tard... Il s'agit de saisir l'heure où cette féminilité est arrivée, *par le temps*, au dernier degré de perfection, sans que la femme ait cessé d'être désirable..... Jusqu'où donc lui permettrons-nous d'être amoureuse ? — j'entends amoureuse aimée... Vous sentez bien qu'il n'y a ici que des cas, mais pas de règle absolue. Je rappelle seulement que c'est vers la fin du dernier siècle que la littérature a commencé à reculer pour les femmes l'heure du renoncement. Jean-Jacques Rousseau, puis Laclos n'ont pas été étrangers à cette bonne œuvre. Balzac l'a continuée. Les femmes lui doivent beaucoup ..

Nous n'avons donc été nullement choqués, à la Comédie-Française, de voir une fort belle femme de trente ans (elle a un peu plus dans le roman) épouser un beau garçon qui en a vingt-trois. Et, si j'ai laissé entendre que *François le Champi* était une pièce hardie, c'est qu'il y a là autre chose que le mariage d'une amoureuse un peu maternelle avec un amoureux dont elle est l'ainée. Il y a, chez le Champi, et surtout chez Madeleine, une transformation de sentiments qu'il était bien difficile de nous expliquer et de nous mettre sous les yeux, sans nous causer quelque malaise et sans éveiller dans notre esprit des images quelque peu déplaisantes.

Le cas de Mme de Warens n'est point le même et peut-être nous heurte-t-il moins. C'est une histoire franchement sensuelle. C'est à prendre ou à laisser. Mme de Warens a des façons de mère par la force des choses, et à cause de l'âge de son petit ami; mais au fond, c'est une amoureuse, — et cela dès le début.

4**

Ici, nous voyons d'abord Madeleine Blanchet trai-
ter François comme son fils, l'aimer comme tel. Ces
relations supposent chez elle la douceur, le calme
et l'autorité d'une affection qui protège; chez lui,
un sentiment profond de reconnaissance et de respect; chez l'un et l'autre, l'oubli absolu du sexe.
Or, tout à coup François aime Madeleine comme on
aime une femme, et elle l'aime comme on aime un
homme. C'est-à-dire que tout est renversé. Dès lors,
nous nous représentons, malgré nous, François et
Madeleine dans des attitudes et avec des façons
d'être radicalement différentes de celles du respect
filial et de l'autorité maternelle. Et alors il nous
semble qu'ils commettent je ne sais quel inceste
moral. D'où vient cela? C'est que notre imagination
fait coexister (à tort) le passé et le présent. Dans la
réalité, au moment où le Champi devient amoureux
de Madeleine, *il n'est plus* son fils adoptif, mais il
l'est encore pour nous; au moment où Madeleine
répond à cet amour, *elle n'est plus* sa mère; mais,
pour nous, elle l est encore. Pour que nous ne
soyons pas gênés, il faut nous faire sentir que depuis longtemps ces deux êtres ont cessé, à leur
insu, d'éprouver l'un pour l'autre les sentiments
d'une mère et d'un fils et que ce passage de l'affection insexuelle et sacrée au désir d'amour s'est
accompli très secrètement, dans le fond le plus
caché de leur conscience, et sans qu'ils en aient eu
d'abord aucun soupçon. Il y a des choses qu'on ne

décrit pas directement. Il faut que le champi et la meunière aient l'air de découvrir, graduellement, une chose très ancienne déjà et où ils n'ont été pour rien. C'est un peu ce que fait François. Pour Madeleine, George Sand s'est tirée d'affaire en lui laissant son illusion jusqu'à l'avant-dernière ligne... Et c'est pour cela que le roman est fort supérieur à la pièce. Il y a, du reste, des métamorphoses de sentiments qui exigent, dans la vie réelle, un temps trop considérable pour qu'il soit possible de les transporter heureusement au théâtre.

THÉODORE BARRIÈRE

VARIÉTÉS : Les *Jocrisses de l'Amour*, comédie en trois actes de Théodore Barrière et Lambert Thiboust.

25 février 1887.

Les Variétés ont repris *les Jocrisses de l'Amour*. Cela ressemble bien à un chef-d'œuvre. Il y a là comme une férocité, une allégresse canaque dans la satire. L'âme de cet énergique vaudeville, c'est la haine de l'amour, haine absolue et inexpiable.

L'amour, l'invincible amour qui dompte les hommes et les dieux, le délicieux amour qui soupire au clair de lune ou d'étoiles et qui mêle deux vies dans un baiser, le tragique amour qui sanglote, qui rugit et qui tue, l'inévitable amour qui remplit les trois quarts des livres écrits par les hommes, la comédie de Barrière nous en fait la grotesque peinture avec une sorte de mépris furibond. Jamais, peut-être, l'aveuglement, la puissance d'illusion, la crédulité, l'imbécillité, l'injustice, la folie qui accompagnent l'amour, qui sont l'amour même, n'ont été rendus avec tant de force et de cruauté. *Les Jocrisses*

4***

semblent une parodie farouche de trente siècles de littérature amoureuse ; et ce qui est effrayant, c'est qu'on sent que cette parodie est la vérité même, et que ce n'est point Euripide, ni Shakespeare, ni Molière, ni Racine, ni Marivaux, ni l'abbé Prévost, ni George Sand, mais bien l'auteur des *Jocrisses* qui est allé au fond des choses. *Les Jocrisses* furent par excellence un vaudeville schopenhauérien, alors que presque personne en France ne connaissait Schopenhauer.

Ils sont merveilleux, les trois héros de cette farce profonde. C'est bien à un mal mystérieux, à un « mal sacré » que sont en proie ces énormes fantoches ; et ce qu'ils nous inspireraient, si nous savions voir et entendre, c'est une terreur religieuse. — Armand Goulu, c'est l'amour romanesque, sentimental et larmoyant. Son cas résume plusieurs milliers de romans, de *la Nouvelle Héloïse* à *la Dame aux camélias*. Il représente éminemment, sous une forme indiciblement saugrenue, le besoin d'estime dans l'amour. Il accomplit ce tour de force (je m'exprime mal ; rien ici n'est tour de force, tout est naturel et spontané), de croire à la pureté absolue et au désintéressement angélique d'une jeune bourgandine qu'il sait entretenue par un Russe ; et il lui parle de son Russe, et il lui parle de sa pureté, sans embarras, et presque dans le même moment. Ah ! que cet état d'esprit est admirable !... Je feuillette le second acte. Armand vient d'apporter des

boutons en diamants à sa Léontine. Elle fronce le
sourcil et se met à marcher avec agitation. Alors
lui : « Ma Léontine !... je t'en supplie ! parle, Léontine ! je t'ai offensée, ah ! mon Dieu ! » A ce moment,
Léontine tire son mouchoir et se cache la figure en
sanglotant : « Des larmes ! s'écrie-t-il. Ah ! mon
Dieu... Léontine !... pardonne-moi ! Tiens, je suis à
tes pieds ! Léontine, que t'ai-je fait ? — Oh ! répond-
elle, tu m'as fait bien du mal ! Armand, tu ne m'es-
times donc pas ? — Moi ! — Ah ! qu'un autre me
traite ainsi, mais, toi ! toi ! — Pardonne-moi... je
veux mon pardon ! Dis, dis ! »

Théophile Goulu n'est pas moins beau. Il est parvenu à peu près au même degré dans la folie qu'Armand dans l'imbécillité. Théophile, c'est l'amour
tragique, l'amour-maladie, l'amour-possession. Il
connait, lui, celle qu'il aime ; du moins, il n'a sur
elle que des illusions intermittentes. Il la méprise,
l'adore et ne peut se passer d'elle. Il a la manie du
suicide par amour. Il ne peut pas voir un piton dans
un mur sans essayer de se pendre, ni une fenêtre
sans vouloir se jeter sur le pavé... Voici deux ou
trois « répliques » qui vous donneront une idée fort
exacte de son état : « ... Non, j'en ai assez... Tu
lui diras que je la méprise..... Un zouave !
moi qui lui ai envoyé onze cents francs, il y a
trois jours... Elle me dit : « Je vas me payer
une robe. » Et elle s'offre un militaire ! Ah ! je ne
peux pas vivre comme ça... Adieu .. » Il enjambe la

fenêtre, tombe sur un monsieur, remonte sain et
sauf un instant après ; et Armand s'étant permis
cette remarque : « Ah ! c'est trop fort... Aimer ainsi
mademoiselle Odette! » — « Ah ! çà, répond Théophile froissé, dis donc, toi, mademoiselle Odette
vaut bien mademoiselle Crochard. — Théophile! —
Avec ça que c'est quelque chose de chouette, mademoiselle Crochard!... — Théophile, prends garde...
— *Pourquoi que tu insultes mon caïman?...* »

Plus loin peut-être dans la folie, nous rencontrons l'oncle César Moulinier. Il est sage, prudent,
avisé sur tout le reste. Au second acte, quand il va
chercher Armand chez Léontine, il n'est pas dupe
un instant des roueries de l'aimable personne ; il
est clairvoyant, défiant, sagace. Ses deux neveux
lui paraissent de prodigieux idiots. Mais, attendez !
« Ah ! soupire-t-il, s'ils avaient contracté une de ces
liaisons basées sur l'estime et le respect... S'ils
avaient rencontré comme moi, dans le chemin
de la vie, une de ces créatures d'élite qui semblent
résumer en elles tous les charmes et toutes les
vertus de la femme... Oui, mon ami, oui... Ecoute,
je n'ai pas d'amour-propre, moi ; je me vois bien
comme je suis... Aussi, quand je pense qu'à mon
âge, avec un physique très ordinaire, j'ai pu en
venir à inspirer une passion véritable à une enfant
de vingt ans à peine... Eh bien! ma parole la plus
sacrée, ça me fait peur. » Hélas ! c'est à nous que
César Moulinier fait peur. Le mal est plus effrayant

encore chez l'oncle que chez les neveux, parce qu'il est, chez lui, plus imprévu, qu'il parait, par là, plus inévitable, et que nous sentons que ni l'âge, ni l'expérience, ni la raison, ni l'esprit n'en préservent. Et nous frissonnons en songeant à ce qui nous attend peut-être au tournant de la cinquantaine.

Et ces deux jeunes dindes de Marthe et d'Emmeline Bouvenot ! Les deux nigauds qu'on leur a présentés au premier acte ne les ont seulement pas regardées ; ils se sont enfuis, avec des cris d'aliénés, l'un vers sa Léontine et l'autre vers son caïman..... Et voilà qu'au dernier acte nous retrouvons nos deux idiotes follement amoureuses de ces prétendants épileptiques, et que l'une veut à toute force son Armand et l'autre son Théophile... Pourquoi ? C'est encore un mystère. Et ainsi à nos trois jocrisses, il en faut joindre deux autres, en jupons.

..... Et je n'ose plus relire Racine. J'ai trop clairement vu que ce crétin de Théophile qui ne peut vivre sans son caïman est, au fond, le frère de l'exquise et harmonieuse Phèdre et que, dans les deux cas,

C'est Vénus tout entière à sa proie attachée.

Oreste, Pyrrhus, Hermione et Roxane, et Eriphile, et tous les héros et toutes les héroïnes des plus beaux drames et des plus beaux romans d'amour offrent, à qui sait regarder, trop de ressemblance avec Armand Goulu. Et cela me fait trop de chagrin.

J'ai peur que tout amoureux passionné, quels que
soient sa condition, son esprit et son langage, ne
soit en un sens un jocrisse de l'amour. S'il n'est pas
nécessairement un monstre de sottise, il sera du
moins, à coup sûr, un monstre d'injustice et de
déraison. Car, être passionnément amoureux, c'est,
par définition, préférer une créature à l'univers
entier, être prêt à faire pour elle ce qu'on ne ferait
pas pour un père ou une mère, pour le plus ancien
et le plus fidèle ami, et cela, non parce que l'objet
aimé en est digne (il ne peut *jamais* en être digne),
mais pour rien, en vertu d'un attrait que l'amoureux
est seul à sentir, pour la couleur d'un œil, la forme
d'un nez, la ligne d'une bouche... Quoi de plus
absurde et de plus inique, je vous prie ?

Et pourtant... Il est ridicule, il est injuste d'aimer
ainsi ? Mais aimer est doux. Les trois nigauds de
Barrière sont dupés tout le temps ? Mais, sauf quelques moments d'angoisse, ils sont heureux. Envions
ces jocrisses. Ils vivent d'un rêve. Saugrenu, qu'importe ? Plaignons-les seulement d'être détrompés à
la fin.

Suis-je sincère en disant cela ? Toujours l'insolu-
ble contradiction si bien exposée par Voltaire dans
l'Histoire d'un bon Brahmin ! Il est malheureux, le
bon brahmin, parce qu'il n'a pas l'esprit simple ;
et il y a à sa porte une vieille Indienne, bigote, imbécile et pauvre, et qui est heureuse. On demande
au bon brahmin : « Voudriez-vous être cette bonne

femme? » De même je vous dis: « Armand Goulu est
heureux. Voudriez-vous être Armand Goulu ? » Le
bon brahmin répond négativement, et Voltaire raisonne là-dessus : « Il y a pourtant une furieuse
contradiction dans cette manière de penser ; car
enfin, de quoi s'agit-il ? d'être heureux ; qu'importe
d'avoir de l'esprit ou d'être sot ! Il y a bien plus :
ceux qui sont contents de leur être sont bien sûrs
d'en être contents ; ceux qui raisonnent ne sont pas
si sûrs de bien raisonner. Il est donc clair qu'il faudrait choisir de n'avoir pas le sens commun, si le
sens commun contribue à notre mal être. » Mais, au
reste, la question est futile, puisque nous n'avons
pas à choisir, et que, intelligents ou stupides, sages
ou fous, transis ou amoureux, nous ne le sommes
pas à volonté.

4 mars 1859.

Les *Filles de marbre* parurent admirables, voilà trente-six ans. Aujourd'hui, cela nous semble presque imbécile : telle est la contrariété des jugements humains, d'une génération à l'autre. Et l'on se demande comment l'auteur des *Jocrisses de l'amour*, cet âpre et philosophique vaudeville, a pu si niaisement s'attendrir sur ce bon Jocrisse de Raphaël Didier, pauvre jeune homme sans défense mangé tout cru par une méchante courtisane : telles sont, d'une année à l'autre, la contradiction des sentiments et l'inégalité de la sagesse dans un même esprit. Ou plutôt, il n'y a point là de contradiction. Il se pourrait que Théodore Barrière, avec ses allures de Diogène et ses airs de profond satirique, fût une âme assez simple. Il appartenait sans doute à une race d'hommes dont Gondinet nous a donné le type le plus adouci dans *Un Parisien*, celle des sceptiques naïfs, des boulevardiers gobeurs... De là, ses pleurs de romance sur la petite Marie, et sa

5

colère énorme et démesurée contre Marco devenue la Bête de l'Apocalypse, — et toute cette
rhétorique fumeuse et sentimentale qui l'empêche
de s'apercevoir que Marco ce n'est toujours que
Margot, avec une faute d'orthographe romantique,
et que ceux pour qui Margot est si terrible y mettent
vraiment de la bonne volonté et sont un peu trop
bêtes pour qu'on s'attendrisse beaucoup sur leur
cas. Car, lorsque la souffrance vient d'un tel excès de
sottise, on a beau faire, on ne peut avoir pour elle
qu'une pitié fort détachée et toute théorique...

L'effet des *Filles de marbre* est donc singulier.
C'est ahurissant et réfrigérant. On n'y comprend
rien du tout. On y entend des cris d'indignation et
des cris de douleur également injustifiés. Tandis
qu'on me présente Marco comme un monstre, et
qu'on la couvre de malédictions, je me demande
avec angoisse : «Mais enfin, qu'est-ce qu'elle a donc
fait ? » Tandis que Raphaël gémit, hurle, se tord de
douleur, je me dis : «Voyons, voyons, qu'est-ce
qu'il a encore, celui-là ? Qu'est-ce qu'il a encore ? »
Et, tandis que Desgenais débite avec satisfaction ses
mauvaises tirades de chroniqueur échauffé, je
songe: « Ah ! ça, pourquoi ce nigaud ne parle-t-il
pas comme tout le monde ? » Et cette idée m'afflige,
m'accable, m'assomme, que l'auteur des *Jocrisses de
l'amour* ait pu (triste retour des choses d'ici-bas)
écrire l'œuvre d'un jocrisse.

Voyons, en effet, le « monstre » de près, et

jugeons Marco sur ses actes, non sur les discours
que lui tiennent ce jeannot de Raphaël et ce cabotin
de Desgenais. C'est une fille galante, ni pire ni
meilleure que les autres. On lui fait, dès le début,
des reproches bien étranges. Permettez-moi de
vous remettre cette prodigieuse poésie sous les
yeux.

> Aimes-tu, Marco, la belle,
> Dans les salons tout en fleurs,
> La joyeuse ritournelle
> Qui fait bondir les danseurs ?
> Aimes-tu dans la nuit sombre,
> Le murmure frémissant
> Des peupliers qui dans l'ombre
> Chuchotent avec le vent ?
>   Non, non, non, non !
> Marco, qu'aimes-tu donc ?
> Ni le chant de la fauvette ?
> Ni le murmure de l'eau ?
> Ni le cri de l'alouette ?
> Ni la voix de Roméo ?
>
>   (*Bruit de pièces d'or.*)
>
> Non, voilà ce qu'aime Marco.

Avouez que ce sont là des griefs un peu inattendus. Moi-même, si on me demandait : « Aimez-
vous le chuchotement des peupliers dans la nuit
sombre ? » je répondrais : « Et vous ? » Et si on
ajoutait : « Aimez-vous le chant de la fauvette, le
cri de l'alouette et le murmure de l'eau ? » je dirais :

« Mon Dieu, oui ! Mais d'abord ce sont de ces choses
que, malheureusement, je n'ai pas souvent l'occasion d'entendre. Et puis... on n'en vit pas. Et
enfin... — Oh ! de grâce, ne me jugez pas mal !...
mais je connais peut-être des plaisirs encore plus
vifs que ceux-là. » Au reste, si vous voulez mon
impression, Marco pourrait fort bien répliquer et
de très bonne foi : « Mais certainement, Monsieur,
j'aime le chant de la fauvette, le chuchotement des
peupliers et le murmure de l'eau ailleurs que dans
mon cabinet de toilette. » C'est une observation
banale et courante, que les filles aiment la campagne, — de temps en temps, pas loin de Paris, — et
qu'elles en jouissent à leur façon. Je vois très bien
d'ici Marco, lâchée au printemps dans les forêts
suburbaines et faisant d'énormes bottes de coucous
en riant comme une petite folle. Et, enfin, quand il
serait vrai que

> La grande voix du clocher
> Aux troupeaux dans la campagne
> Disant de se dépêcher

ne l'émeuve pas autrement, il n'y a pas là de quoi lui
dire des choses désagréables. J'insiste trop sur ces
ridicules couplets. Mais c'est que toute l'ineptie du
drame y est déjà contenue. Ce sont eux qui donnent
le ton à ce poème de jocrisserie.

Marco est, du moms, assez bonne fille, — ou assez
intelligente, — pour entendre ces couplets sans se

fâcher... Vient à passer le jeune et beau sculpteur
Raphaël. Elle n'a aucun mauvais projet contre lui :
c'est lui qui se met à l'adorer, — pan ! — au premier
coup d'œil. Elle le regarde un peu mieux, le trouve
gentil, et lui demande son bras en lui disant un mot
aimable... Dans tout ceci elle est désintéressée, car
elle sait qu'il n'est pas riche.

Comment se forme leur liaison, nous n'en savons
rien, car, dans ce drame d'un maître de la scène,
rien n'est expliqué et les choses les plus intéressan-
tes peut-être se passent pendant les entr'actes. Mais
nous voyons que Marco et Raphaël se sont retirés
tout seuls, depuis six semaines, dans une petite
maison du bois de Boulogne. Six semaines, c'est
beaucoup pour une « fille de marbre » ; ce serait
déjà quelque chose pour une femme non marmo-
réenne. Notez que Marco a quitté l'Opéra et lâché
un riche protecteur. Il est vrai qu'elle a mangé les
dix mille francs d'économies de Raphaël ; mais elle
y perd encore... C'est bien un « caprice » qu'elle a eu
pour ce dadais. Elle l'a aimé avec ses sens et — qui
sait ? — un tout petit peu avec son cœur. Et puis...
elle s'en est lassée... Elle s'ennuie : c'est fort
naturel. Il devrait comprendre, lui !

Elle lui donne un excellent conseil : « Vous
faisiez... des statues, je crois... Pourquoi ne faites-
vous plus de statues ? C'est très gentil, ça. » Et
c'est le moment qu'il choisit pour lui proposer de.
l'emporter « loin de Paris, loin de la France », au

bout du monde ! Elle lui insinue qu'elle en a assez.
Elle va même jusqu'à déclarer, devant ses amis
revenus, qu'elle ne l'a jamais aimé. Mais quoi !
quand c'est fini, on ne se souvient plus : cela n'arrive pas qu'à Marco. Elle voudrait une rupture tranquille ; elle lui dit gentiment : « Voyons, Raphaël,
soyons amis.... Il faut venir quelquefois me demander à dîner à Paris, comme les autres. » Pourtant,
quand elle sait qu'il y a, dans l'atelier de Raphaël,
une honnête et jolie fille qui l'attend, elle veut le
reprendre ; elle a un regain de désir. Alors lui, solennel : « Marco, veux-tu que je te dise pourquoi il y a
eu pendant une minute de l'amour sur tes lèvres et
dans tes yeux ? Eh bien ! c'est parce que tu as appris
qu'en m'aimant tu pouvais briser un cœur, faire
couler des larmes... Ce qui te guidait, ce n'était pas
le bonheur de Raphaël, mais le désespoir de Marie. »
(Quelle langue, Seigneur !) Barrière a l'air de voir
dans cette dernière tentative de Marco un raffinement de méchanceté. Mais point, ce n'est que de la
jalousie. La jalousie est un sentiment atroce, même
dans les meilleures âmes, aussi bien chez Orosmane
que chez Marco ; et cela n'empêche point que la
jalousie ne passe pour être encore de l'amour. Ainsi,
c'est juste à l'instant où Marco n'est rien qu'une
femme de chair qu'on veut nous faire croire qu'elle
est le plus « en marbre ».

Quant à Raphaël, il est décidément sans excuse.
On l'a assez prévenu ! Et Marco ne s'est point

donnée pour autre qu'elle n'est.. Tout ce qu'il pouvait espérer d'elle, il l'a eu, et même beaucoup plus. Un joli caprice d'un mois, c'est déjà, avec une fille comme celle-là, une aubaine extravagante. Attendre davantage serait du dernier des nigauds. Raphaël est ce dernier. Après six semaines de tête à tête, il en est encore à lui apporter des bouquets de fleurs des champs, et avec quelles phrases ! « Tenez, vous allez rire... J'ai trouvé par le bois ces quelques petites fleurs, si bien blotties dans l'herbe, que, ma foi ! elles se riaient des promeneuses et des enfants ; elles riaient trop haut peut-être, car je les ai trouvées et cueillies pour vous... Marco, voulez-vous de mon pauvre bouquet ?... » Si encore il n'était qu'un niais ! Mais ce bon jeune homme, qui se dit artiste, n'a pas travaillé une minute et, comme le lui fait remarquer Desgenais, n'est pas allé une seule fois embrasser sa mère depuis six semaines. Si Marco est « en marbre », en quoi est-il, lui, pour sa bonne femme de mère ? De Marco et de lui, il est largement acquis que c'est lui le sot ; mais je crains que, par surcroît, ce ne soit lui le misérable ! Et cependant l'auteur des *Jocrisses de l'amour* baigne de ses pleurs ce digne frère de Théophile et d'Armand Goulu , il le gratifie d'une mort touchante de poitrinaire poétique ; il en fait comme qui dirait « le monsieur aux camélias ». Quelle drôle de chose ! Et, se tournant vers Marco, il « agonit » tout le temps la pauvre fille, par la bouche de Desgenais, de sottises mal écrites.

Pourtant Marco, je l'ai montré, n'est point si terrible ni si perverse. Ce n'est qu'une marchande de sourires comme il y en a tant. D'où vient donc qu'on la maltraite si fort ? Oh ! c'est bien simple. C'est qu'en 1853, après *la Dame aux camélias*, la bourgeoisie française, c'est-à-dire la classe qui contribue le plus à l'entretien des Marguerite Gautier de tout ordre, éprouvait le besoin impérieux, absolu, d'entendre quelque part, dans un endroit public, la phrase suivante : « ... Sapristi ! voilà assez longtemps que cela dure ! Allons, Mesdemoiselles, passez à l'ombre, rangez un peu vos voitures ! Place aux honnêtes femmes qui vont à pied ! » Marco fut inventée pour que cette phrase pût être dite, voilà tout. Et après avoir entendu cette phrase, « chacun s'en fut coucher », les uns (la minorité) avec leurs femmes, comme dit la chanson ; et les autres...

Mais nous, qui n'éprouvons plus du tout le besoin de protester contre le chef-d'œuvre de Dumas fils, *les Filles de marbre* nous désorientent un peu. Marco étant ce que j'ai dit, et Barrière n'ayant même pas su la faire vraiment méchante, nous finissons par entrevoir que ce n'est point contre elle en particulier que sont dirigées les farouches imprécations du dramaturge, mais contre cette entité : *la courtisane ;* et nous sommes tentés d'y trouver un peu d'excès ou même d'hypocrisie. Il ne faut pas oublier ceci : c'est par nous, c'est par nos vices, que la courtisane existe. Si, comme Barrière le fait ici en réalité, nous considérons l'espèce entière des femmes galantes, et non point telle créature particulièrement méchante et d'une dépravation ou d'une cruauté toute spéciale et personnelle, je ne vois pas, — en dehors des enseignements de la morale religieuse auxquels si peu d'entre nous conforment leur vie, — où nous trouverions des raisons d'être si durs à celles

> Qui font plaisir aux enfants sans souci.

De fait, les anciens Grecs n'avaient pour leur profession aucun mépris. Il est certain que, moralement, elles « déméritent » en violant la pudeur, c'est-à-dire une des lois dont le maintien est le plus nécessaire à la famille et, par suite, à la société telle qu'elle est constituée chez nous ; il est certain aussi qu'elles avilisent leur personne en en faisant l'objet d'un troc et d'un commerce. Mais, dans la réalité, vous ne pouvez refuser votre pitié aux malheureuses pour qui ce troc est une nécessité. Quant à celles pour qui ce commerce n'exclut pas le choix et une sorte de liberté, et qui sont belles, et qui sont riches, et qui paraissent — quelquefois — spirituelles, et qui sont quelque peu actrices par-dessus le marché... je vois que non seulement beaucoup d'entre nous ne les méprisent point, mais qu'ils tirent vanité de les connaître, et qu'elles ont leurs journaux et leurs chroniqueurs. Et, pour les filles obligeantes des catégories intermédiaires,

j'aperçois clairement qu'elles ont toutes leur excuse...
et qu'en tout cas celui-là seul a peut-être le droit de
les flétrir, qui n'a jamais encouragé leur industrie...
Ne vous méprenez point sur ma pensée et ne voyez
point là une apologie des mauvaises mœurs. Je puis
goûter, dans la chaire chrétienne ou dans le livre d'un
philosophe stoïcien, la malédiction jetée à la courtisane « en soi » ; mais sur les planches d'un théâtre, dans un lieu où, comme dit Bossuet, tout est
prostitution... laissez-moi donc tranquille !

... Et encore une fois, je ne me serais point abandonné à ces considérations chagrines et superflues,
si Marco était vivante. Mais elle ne l'est pas, — ni
Raphaël, ni Desgenais.

Ah ! ce Desgenais !... Mais non : retenons-nous,
ce sera assez de le citer. Voici son entrée :

« JULIAN : Messieurs, je vous présente mon ami
Desgenais, rédacteur en chef de...

DESGENAIS : Lâche le mot, appelle-moi journaliste ;
c'est un titre, pardieu !... Vive le feuilleton ! ce
binocle intelligent, ce creuset de tout ce qui s'appelle
génie, talent, esprit, gloire, fantaisie. (Au public, en
saluant) : La *Lanterne indépendante*, journal de tout
le monde, quarante francs par an, quarante-huit
francs pour les départements...

MARCO : Vous venez du Bois ?

DESGENAIS : Ma foi, oui !... Je fais du genre à
l'heure ; tout Paris est au Bois aujourd'hui : des
carrosses superbes, des femmes charmantes, des

hommes très bien, des jockeys diaphanes, et le soleil d'avril sur tout ça... Quel article !... *Le premier rayon de l'année !...* J'ai trois colonnes au moins. »

Et voici un de ses couplets les plus « brillants » :

« MARCO : Desgenais !... Enfin !... voilà donc une figure humaine...

DESGENAIS : Heureux enfants !... vous n'y êtes plus habitués... Vous avez rompu avec cette humanité qui barbote dans la prose du macadam, et vous vivez de poésie sous l'acacia en fleurs. O Daphnis !... O Chloé !...

Tityre, tu patulæ recubans sub tegmine fagi !

C'est du latin, Marco... ça veut dire : « Vivent l'amour et les pommes de terre !... » Heureux enfauts ! je vous bénis ! Vous cueillez des bluets dans les blés ; vous avez un mouton qui a des rubans roses .. O Daphnis !... mon bon ! tes pipeaux sont retrouvés ! O Chloé ! ma bonne ! ton mouton existe encore ; il est ressuscité jusqu'au jour où la désillusion en fera des côtelettes ! »

As-tu fini, espèce d'échauffé ? Cela était de l'esprit, il y a trente-six ans ! Pauvres nous !

Nous l'avons revu l'autre jour, aux Menus-Plaisirs, ce surprenant Desgenais, ce type accompli du journaliste d'il y a quarante ans. Voulez-vous que

nous essayions de le définir et que nous lui compa-
rions ensemble le journaliste d'à présent ?

Ah ! que ce confrère idéal, cet étincelant aîné
nous a donc paru déplaisant et ridicule ! Vraiment,
il rassemble en lui tous les travers et toutes les
vanités de la profession ; et cela est d'autant plus
triste et plus inquiétant que Barrière ne s'en est
point douté, et qu'il nous donne ce bruyant nigaud
pour un parangon d'esprit, de franchise, de vertueuse et cinglante misanthropie.

Voyez-le entrer à Madrid, devant le groupe des
viveurs et des filles, de l'allure d'un comédien qui
entre en scène, le binocle impertinent, l'air satisfait
et cravacheur. Comme il se sent regardé ! Comme il
est fier d'être journaliste, et comme il en crève de
béatitude dans sa vieille peau fatiguée de ténor :
« Journaliste ! » Comme on sent bien qu'au fond cet
homme fort attache à ce vocable le même sens saugrenu, mystérieux et vaguement effrayant que lui
donnent, en province, les clercs de notaire tout
jeunes et les bourgeois effarouchés des petites villes.
Et comme il fait sonner sa voix ! et comme il trouve
d'avance spirituel et considérable tout ce qu'il va
dire ! Ah ! le cabotin ! Est-il assez convaincu qu'il est
une puissance ! « ... Lâche le mot, appelle-moi journaliste ; c'est un titre, pardieu !... Vive le feuille-

ton, ce monocle intelligent, ce creuset de tout ce
qui s'appelle génie, talent, esprit, gloire, fantaisie! »
Il finit par annoncer sa marchandise avec le coup
d'œil et le salut circulaire du camelot dans un com-
partiment de chemin de fer. « La *Lanterne indépendante !* journal de tout le monde, quarante francs
par an, quarante-huit francs pour les départements! , Et il croit railler, et il ne s'aperçoit pas
qu'il a trouvé, du coup, sa plus naturelle attitude.

Au fond, il a l'âme basse. Il dévoile les trucs de
son métier avec l'impudeur d'un histrion. « ... Tout
Paris est au Bois aujourd'hui : des carrosses superbes, des femmes charmantes, des hommes très
bien, des jockeys diaphanes et le soleil d'avril sur
tout ça... Quel article!.. *Le premier rayon de l'année!*...
J'ai trois colonnes au moins. » Et là-dessus, il se
rengorge, il a l'air de dire : « Oui, je suis comme ça;
j'écris trois colonnes sur n'importe quoi, tous les
jours, sans préparation. Je n'ai rien à y mettre,
mais je les écris. Et vous voyez, je suis supérieur à
ma besogne, je la domine et je la blague, je suis
fort, je suis étourdissant!.. »

Eh ! malheureux ! tu ne comprends donc pas qu'au
lieu de te gonfler et de faire le paon, tu devrais
t'abîmer de confusion et demander pardon aux
hommes, ou, plutôt, te taire, et leur cacher des
misères qu'ils doivent ignorer ? Tu ne comprends
donc pas que, d'écrire périodiquement sur n'importe
quoi un nombre déterminé de lignes, même quand

on n'a rien à dire, c'est là un métier pour le moins
bizarre, et qu'en tout cas le mieux est de ne pas s'en
vanter ? Tu ne comprends donc pas que, lorsqu'il
y a dans une profession des nécessités mesquines et
un peu honteuses, on ne va pas les étaler comme tu
fais, devant des femmes galantes; que tu as l'air de
chasser à l'article comme elles chassent à l'homme ;
qu'écrire indistinctement sur toutes choses pour
l'amusement du public, c'est t'exposer forcément à
écrire souvent sans probité; qu'en dévoilant ainsi à
des filles la façon dont tu gagnes ton pain, tu te
ravales, peu s'en faut, à leur rang, et qu'il y a enfin,
dans tes vantardises mêmes, l'aveu d'une sorte de
prostitution ?

Oui, j'en veux à Desgenais. Il a troublé ma sécurité morale. Par le dégoût que m'a inspiré son inconsciente effronterie, il m'a fait rougir de la
« copie » forcée, de la production à heure fixe, que
l'on ait ou non quelque chose à dire. Je me suis
rappelé mes faiblesses, et qu'il m'était arrivé d'écrire
sans compétence, sans conviction, sans souci de la
verité, et de songer, moi aussi : « J'ai trois colonnes
au moins ». J'ai senti ce qu'il y a souvent, dans nos
besognes, de contraire aux délicatesses d'une conscience un peu fière. Et, comme vingt excuses me
venaient ensuite à l'esprit, je me suis demandé si ce
gentilhomme du dernier siècle, à qui Fréron objec-
tait : « Mais il faut vivre! » n'avait pas eu raison de
répondre : « Je n'en vois pas la nécessité ».

Mais j'ai encore contre Desgenais d'autres griefs.
Dépourvu de vergogne et tout gonflé de vanité, il
m'apparaît encore comme un insupportable pédant.
Il a la rage de ne rien dire comme tout le monde.
Il fait du style, le pauvre diable ; et quel style ! (Ici,
je vous renvoie à la pièce.) Il a l'affirmation extraordinairement imperturbable et prompte. Je suis sûr
qu'il affiche, en littérature, les opinions les plus
« audacieuses », qu'il flagelle les normaliens ; qu'il
parle de « conventions abolies », d' « enquête psychologique », de « vérité superbement brutale »,
etc., et qu'il est pour le théâtre et le roman d'après-
demain. Oh ! que j'aime mieux le pédantisme innocent des régents et des professeurs, de ceux que Desgenais appelle sans doute des « pions » !

Ce pédantisme-là, ce n'est, après tout, que le con-
tentement naïf de savoir certaines choses ; et c'est
un peu d'entêtement sur certaines règles et certaines
traditions. Mais cet entêtement même, s'il ne va pas
sans quelque suffisance, implique aussi de la modestie et des habitudes de respect : il n'est donc jamais
bien choquant. Au contraire, le pédantisme de Desgenais et de ses pareils m'irrite, en ce qu'il prend, en
somme, l'ignorance pour liberté d'esprit, et se sait
un gré infini de « hardiesses » faciles et qu'il crie bien
haut, mais qu'il serait fort incapable d'expliquer et
de justifier. Car les pédants traditionnels pouvaient
du moins donner les raisons de leurs timidités obs-
tinées : au lieu que je sens, à chaque instant, sous

les superbes assertions d'un Desgenais, la plus complète inanité de pensée.

Desgenais est, d'ailleurs, un échauffé romantique
Il a l'emballement chronique et puéril des gens de
son époque, l'emballement pour rien. Et il y joint la
manie d'hyperbole qui est ordinaire à sa profession.
Car, pour accrocher tous les jours l'attention d'un
public paresseux et qui a autre chose à faire que de
nous lire, il faut tout mettre à l'effet, tout forcer,
tout fausser, tout simplifier et dramatiser. (De là,
parfois, la rhétorique la plus grossière : « ... Ah ! si
j'étais père de famille... je le serai peut-être un jour,
on ne sait pas ce qui peut arriver... eh bien ! je dirais
à mon fils, naïf collégien très fort en thème : Tu vois
bien ces demoiselles qui ont des diamants, ce sont
des diables... elles ont des cornes... on ne les voit
pas... mais elles en ont, etc., etc... » Voilà le ton.)
Il ne s'agit que de frapper fort. Nul soin de la vérité
dans les pensées, de la justice dans les sentiments,
ni de la justesse dans le discours. Au reste, le temps
manque pour réfléchir. On ne saura jamais le mal
effroyable qu'a fait le journalisme à la littérature du
dix-neuvième siècle... Hélas ! je le sais trop par moi-
même ; si l'on m'accusait en ce moment de simplifier
et d'outrer les choses, que pourrais-je bien répondre ?
et serait-ce une excuse que de dire : « Ce que j'en
fais, c'est pour être mieux et plus rapidement entendu » ?

Une conséquence de ces habitudes d'esprit, c'est

une espèce d'insincérité générale et parfois d'hypocrisie. Desgenais moraliste aura toujours, et avant
tout examen, les opinions qui lui permettront d'être
le plus cinglant, de faire le mieux siffler ou sonner sa
phrase, de prendre l'attitude la plus avantageuse,
celle du psychologue amer et clairvoyant, du misan-
thrope qui n'est pas dupe, de l' « homme fort » qui
« la connaît dans les coins ». Cet homme qui passe
ses nuits et ses jours sur le boulevard, dans les théâtres, dans les cabarets à la mode, que nous voyons,
d'un bout à l'autre du drame de Barrière, mêlé aux
filles, qui vit avec elles et un peu comme elles, et
qui sans doute se sert, à l'occasion, de son journal
pour s'en faire bien venir ; cet homme affichera pour
ses compagnes le mépris le plus absolu, le plus in-
exorable... Sur toutes les questions de morale que
soulèvent, presque chaque jour, les événements
grands ou petits de la vie parisienne, soyez tranquilles ! Il émettra bruyamment et avec assurance
les avis les plus généreux, les plus stoïques, les plus
chevaleresques et les plus juvénaliens. Et, plus les
questions seront délicates, plus ses arrêts seront
imperturbables.

Par là, Desgenais vous paraîtra tout à fait comique,
si vous remarquez qu'en dépit de ses prétentions il
sait peu la vie et ne connaît que superficiellement les
hommes. Le pli professionnel est peut-être plus
marqué dans le journalisme que dans aucun autre
métier. De là, souvent, un très sensible rétrécisse-

ment. Desgenais se figure évidemment que Paris est
tout dans le monde, et que le journalisme est tout
dans Paris. Le boulevard est pour lui l'univers. C'est
là une fâcheuse condition pour juger ce qui se passe
hors du boulevard. D'ailleurs, le métier de Desgenais
ne lui permet guère la réflexion ; le journalisme est
peu favorable au développement de la vie intérieure,
par qui seule la pensée peut devenir originale et
forte. Enfin, à ne jamais considérer la réalité que
comme une matière à article, à transformer ainsi en
chronique toute sa vie et celle des autres, on risque
fort de perdre le sens même de la vie. Desgenais n'est
pas seulement un détestable rhéteur, j'ai peur qu'il
ne soit un sot par-dessus le marché.

Tel m'apparaît, dans la pièce de Théodore Barrière, le journaliste idéal d'il y a quarante ans. J'avais,
en commençant, la ferme intention de lui opposer le
journaliste de l'an 1889. Mais que de distinctions il
faudrait faire ! D'abord, Desgenais ne représente
que la chronique, non le journalisme politique. C'est
donc le chroniqueur d'aujourd'hui que je devrais lui
comparer. Mais « le chroniqueur », qu'est-ce que
cela ? Il y a des chroniqueurs. J'en sais qui sont de
vrais moralistes et de vrais écrivains, — qui sont
seulement des écrivains et des moralistes un peu
pressés. J'en sais aussi qui, avec un style différent,
mais non moins odieux, étalent encore les prétentions et les ridicules de Desgenais. Je n'irai pas vous
les nommer. J'ajoute d'ailleurs que je ne me sépare

^oint de mes confrères et qu'en ces jours de péni-
lence je suis tout disposé à prendre ma part des
péchés de la corporation. Tout en traitant Desgenais
sans charité, je faisais tout bas mon examen de
conscience.

Ce qu'on pourrait dire, en élargissant la question,
c'est que peut-être, à ne prendre que les principales
feuilles et les mieux réputées, le journaliste d'aujour-
d'hui ressemble de plus en plus à un employé ou à
un notaire ; que c'est un bourgeois comme les autres,
qui travaille beaucoup et qui vit régulièrement ; que
les bohèmes et les mousquetaires se sont faits chez
nous beaucoup plus rares ; c'est qu'on a vu, dans
notre petit monde, presque la même transformation
des habitudes et des mœurs que chez les plus sérieux
des comédiens... Mais ce sont là des impressions si
générales. que je serais fort empêché d'en démontrer l'exactitude. Donc je me récuse, je me dérobe,
et j'ai une fois de plus le chagrin de ne point faire ce
que je m'étais proposé.

VAUDEVILLE : reprise des *Faux Bonshommes*, comédie en quatre actes, de Barrière et Capendu.

13 mai 1889.

La comédie de Barrière, peu serrée de composition, très vieillie en maint endroit, — gâtée par d'incroyables niaiseries, — et en même temps soutenue d'un grand souffle comique et pleine d'une âpre vérité, est, tout compte fait, une fort belle œuvre ; mais il me semble qu'elle l'est un peu autrement que l'auteur ne l'a voulu et pour des raisons auxquelles, peut-être, il n'avait pas songé.

Elle m'a paru, à moi, doublement effrayante : 1º parce que la plupart des personnages que Barrière a eu l'intention de flétrir sont comme nous, absolument comme nous ; et 2º parce que les personnages vertueux et sympathiques sont si bêtes que nous ne voudrions jamais être comme eux.

Passons en revue les sentiments et les actions de Péponet. Il est fier de sa fortune : c'est qu'il s'est donné beaucoup de mal pour la gagner et que, d'ailleurs, la fortune attire aux hommes beaucoup de considération. Il se fait peindre en capitaine de

la garde nationale ; il voudrait que l'artiste le repré-
sentât dans une attitude héroïque, bien qu'il ne
soit pas un héros : c'est donc qu'il a l'estime et
l'admiration des vertus qu'il n'a pas. Il veut que le
peintre qui fait le portrait de sa fille Eugénie n'oublie pas de mettre dans son tableau la maison et les
arbres du parc : c'est qu'il est content d'avoir un
château et de beaux arbres, et qu'il n'est pas fâché
qu'on le sache. Il dédaigne les artistes : c'est qu'il
n'entend rien à l'art. Le contraire serait surprenant
chez un homme qui a anné de la toile pendant quarante ans. Il veut marier richement ses deux filles :
c'est qu'il ne conçoit pas le bonheur sans argent et
qu'il est bon père. Il a promis la main d'Emmeline à
Anatole, la retire à Anatole pour la donner à Octave,
puis à Octave pour la rendre à Anatole, et ainsi de
suite, c'est qu'il croit successivement Octave plus
riche qu'Anatole et Anatole plus riche qu'Octave Il
confie ses capitaux à Lecardonel, espérant doubler sa
fortune : c'est que, quand on a de l'argent, on en
désire toujours davantage. Il ne veut pas savoir si
la spéculation où l'engage son ami est parfaitement
honnête : c'est qu'il n'est pas curieux ; c'est aussi
que les responsabilités s'atténuent en se divisant ;
c'est enfin qu'il y a, dans les affaires, une morale
particulière qui n'est pas celle des stoïciens. C'est
aux autres à ne pas se laisser duper ; on ne force
personne. Il y a, dans les façons de gagner de l'argent qui ne sont pas le vol proprement dit, des

nuances infinies. Péponet est furieux que le jeune et brillant Octave Delcroix, après être entré dans les affaires pour épouser Eugénie, soit retourné à la peinture : c'est qu'en effet cet Octave lui a joué là un tour bien mortifiant. Riche, il eût refusé à Edgar la main d'Eugénie ; ruiné, il la lui accorde tout de suite : c'est que les choses sont en effet bien changées. Il n'est que vaniteux, intéressé et sot. Brave homme du reste. Il est dans la bonne moyenne de l'humanité.

Le père Dufouré n'est pas non plus un bien grand scélérat. Il attend qu'il y ait du monde pour donner quelques sous à une mendiante : cela vaut mieux que s'il ne donnait rien du tout. Il est furieux quand son fils Raoul lui fait des lettres de change : mettez-vous à sa place. Il voudrait garder le plus longtemps possible les cent cinquante mille francs qui reviennent à Raoul de sa tante Anastasie : c'est que ce Raoul est un mange-tout et qu'il sera bien aise de retrouver cela un jour. Dufouré n'aime pas sa femme : c'est qu'en vérité Mme Dufouré n'a rien de séduisant. Il la querelle dans le tête à tête, et redevient tout miel dès qu'on peut les voir : c'est qu'il a le respect des convenances. Lorsque sa femme est malade, il va se promener parce qu' « il ne peut pas voir ça » : c'est qu'il est sensible. Quand on lui demande ce qu'il ferait si elle venait à mourir, il répond qu'il s'installerait à la campagne, dans une jolie maison, qu'il aurait une voiture et un

petit cheval... et, peu à peu, son visage s'éclaircit,
il sourit à son rêve : cela veut dire simplement qu'il
est opprimé par sa femme depuis trente ou quarante ans et qu'il en a assez. Mais, tout à coup, il
se ressouvient de la réalité et reprend son air de circonstance : c'est qu'il sait qu'il y a des choses qu'on
ne dit pas et qu'on n'a même pas le droit de penser. Qu'est-ce à dire, sinon qu'il a le respect le
plus profond et le plus sincère des préjugés
publics ?

Quant à Mme Dufouré, que voyez-vous de ré-
préhensible dans sa conduite? J'en appelle à toutes
les mères ! Elle veut marier son Raoul. Pour cela,
elle n'hésite point à jouer la comédie. Elle cache
les vices du pauvre garçon et lui prête des vertus.
Elle le dit follement amoureux de Mlle Emmeline,
puis de Mlle Eugénie. Cette comédie, elle la joue
avec une constance merveilleuse, sans se laisser
décourager par les affronts ni par les déboires.
C'est qu'elle adore son fils, à sa façon. Cette odieuse
et doucereuse bourgeoise est une héroïne de l'amour
maternel.

Et Bassecourt? Eh bien, mais Bassecourt est
charmant. Après avoir dit du bien des gens, il
arrive insensiblement à en dire du mal ; il déprécie
ce qu'il a loué, il dit blanc et noir sur le même
objet (avec cette particularité, que c'est toujours
par « noir » qu'il finit). C'est que Bassecourt est un
esprit souple et compréhensif, un homme qui sait

voir les côtés opposés des choses. Si je ne tenais
beaucoup à paraître modeste, je dirais que Bassecourt fait inconsciemment ce qu'il m'est arrivé
plus d'une fois de faire ici en m'en rendant un peu
mieux compte... *Seulement* (comme il dirait lui-
même), il juge des individus, et je ne juge, moi, que
des œuvres ; et surtout il a, dans son inconscience,
une malice que je n'ai pas dans mes lucidités mo-
mentanées. Mais enfin Bassecourt n'est point un
homme si abominable. Il faudrait n'avoir jamais
mis le pied dans un salon ou dans un bureau de
journal (ou même ailleurs — et peut-être n'importe
où) pour le juger sévèrement. Tout le monde sait
que ce qu'on appelait au dix-huitième siècle le
« persiflage », et ce qu'on appelle le « débinage »
aujourd'hui, n'a jamais été plus à la mode dans
tous les endroits où l'on se réunit pour causer. Le
monde est de plus en plus une jolie forêt de Bondy,
— parfois très amusante. Celui qui aurait l'im-
prudence de se reposer sur d'autres affections que
celles de son père et de sa mère, de sa femme quelquefois, et de deux ou trois amis *qui ne sont pas de
sa partie*, celui-là serait une bien bonne dupe. Il faut
ajouter que, dans bien des cas, ce « débinage »
n'est qu'un jeu d'esprit, qui ne tire pas à conséquence et qui même n'exclut pas toujours une sorte
de sympathie superficielle pour ceux sur qui il
s'exerce. Au fond, Bassecourt est un monsieur qui
a de la conversation, voilà tout.

Ça, des« faux bonshommes » ? Croyez-vous ? Oh!
des hommes, tout simplement.

(Je ne parle pas de Vertillac, d'Anatole, ni de Lecardonel, qui sont certes de vilains bonshommes,
mais qui ne sont, eux, à aucun degré, des « faux
bonshommes » (en dépit du titre de la pièce), puisqu'ils se donnent pour ce qu'ils sont et ne dissimulent pas un instant leur égoisme ou leur rapa-
cité.)

Passons à l'autre camp. Si j'ai reconnu dans
Péponet, Bassecourt et le ménage Dufouré mes
pauvres semblables, je reste un peu déconcerté
devant Edgar, Octave, Emmeline et Eugénie.

Car ils sont stupides. Et sottise pour sottise, j'aime
encore mieux celle de Péponet que la sottise tra-
vaillée et prétentieuse de cet Octave et de cet Edgar.
Vous me direz qu'il ne faut pas prendre garde à leur
langage, que chaque époque a sa façon de « faire
de l'esprit » ; examinons-les donc en eux-mêmes,
ces vertueux et ces désintéressés que Barrière oppose
aux hypocrites et aux cupides et qu'il nous présente comme les types d'une humanité idéale.

Edgar se conduit certes fort honnêtement. Il aime
Eugénie Péponet et n'ose le lui dire, d'abord parce
qu'il n'est pas sûr de ses sentiments, puis parce
qu'elle est riche et qu'il est pauvre. Lorsque Péponet
est ruiné, il demande la main de la jeune fille. Tout
cela est à merveille... *Seulement...* (toujours comme
dirait Bassecourt), il ne prononce pas une seule

phrase qui n'exprime la conviction où il est de l'imbécillité de Péponet, de sa propre supériorité intellectuelle et morale, et la joie immense que lui
cause cette triple conviction. Donc il est payé
d'avance de tout ce qu'il peut faire de bien ; il se
paye lui-même, et largement ; il se prodigue sa
propre estime. Et, comme il est persuadé (on le
sent, cela éclate à chacun de ses mots) qu'il a fait
quelque chose de méritoire et de quasi héroïque en
aimant l'art plus que l'argent et en aimant Eugénie
plus que tout (deux sentiments qui pourtant ne
dépendaient pas de sa volonté), il s'attribue donc
des vertus qu'il n'a pas, et est à sa manière, lui
aussi, un faux bonhomme.

Son ami Octave Delcroix est plus bête que nature.
Il est tellement innocent que, après avoir révélé à
Péponet sa parenté avec l'agent de change Vertillac, il est tout surpris que Péponet lui accorde
subitement la main de sa fille, et il attribue ce
revirement à la bonté d'âme dudit Péponet. Il est
amoureux de la façon dont on l'est au théâtre, —
avec le désintéressement le plus saugrenu et avec
cette idée, que la plus petite préoccupation d'argent
est chose absolument déshonorante. Il se laisse donc
voler deux cent mille francs par Péponet, et il s'en
sait un gré infini. Puis, tout à coup, cet étonnant
benêt par amour se transforme, par amour encore,
et pour conquérir son Emmeline, en un homme
d'affaires si retors et si hardi, si prodigieusement

actif et si génial, qu'il éblouit et stupéfie Vertillac
lui-même. Et, après avoir montré aux bourgeois ce
que sait faire un artiste quand il daigne se mêler
d'affaires, souriant et dédaigneux, il revient à sa
chère peinture. Bien entendu, à peine sait-il son
beau-père ruiné, il ne fait qu'un bond chez le
notaire et rapporte à Péponet la dot d'Emmeline,
sans même se demander si le cher homme est
aussi radicalement ruiné qu'il le dit et s'il ne lui
reste pas, après tout, quelques petites choses. Et
tout cela avec ce même air de satisfaction intime
et cette espèce de béatitude dans le mépris des
bourgeois que nous avons déjà relevée chez Edgar,
Ah ! que cet Octave serait déplaisant s'il pouvait
exister, s'il était autre chose qu'un masque de
théâtre !

La jeune Emmeline est bien de la même race.
Vous trouverez d'abord chez elle cette même affectation de désintéressement, cette superbe insouciance de l'argent et ce mépris secret pour l'auteur
de ses jours, bref, tous les sentiments que nos auteurs dramatiques ne manquent guère de prêter
aux enfants qui ont l'affreux malheur d'avoir des
parents très riches (sentiments que vous ne rencon-
trerez guère dans la réalité, j'en ai peur, et qui, au
surplus, y paraîtraient choquants par plus d'un
côté). Cette jeune dinde, qui, grâce à l'argent pa-
ternel, est fort bien vêtue, habite un fort beau
château et ne fait œuvre de ses dix doigts, a pour le

commerce et les affaires un dédain si transcendant, elle est si persuadée qu'il n'y a pas de noblesse d'âme possible en dehors de la peinture à l'huile que, lorsque l'homme qu'elle aimait quitte la peinture pour la finance, elle le méprise instantanément et se considère comme indignement trahie.

J'aimerais encore mieux, quoiqu'un peu « sosotte », sa petite sœur Eugénie. Au commencement, du moins, elle est vraie. Elle est contente d'être riche, elle ne voit dans le mariage que des toilettes, des voitures et une loge à l'Opéra. C'est bien une petite Péponette. Mais la bienveillance de l'auteur veille sur elle. Il lui inspire, vers la fin (suivant une des plus vieilles coutumes du théâtre), un irrésistible amour pour l'homme qu'elle devrait le moins aimer, et il a l'air de croire que, du moment qu'elle aime, elle n'est plus une Péponette ; comme si de chercher le bonheur dans l'amour, ou de le chercher dans l'argent et dans la puissance que l'argent procure, cela ne supposait pas, au fond, deux états d'âme également involontaires et aussi peu méritoires l'un que l'autre. Mais voilà ! il est entendu, dans la plupart des romans et des drames, que l'amour confère à ceux qui en sont possédés une dignité, une supériorité morale, et que c'est une façon plus honorable que les autres d'être égoïste et d'aller fatalement à son plaisir. Je n'ai jamais su pourquoi.

Ainsi, tous les personnages que Barrière oppose à

ses « faux bonshommes », tous ceux pour qui il a
tendresse de cœur et qu'il recommande à notre
sympathie, sont si niais, ou si conscients de leur
vertu, qu'on les trouve beaucoup plus insuppor-
tables que ceux à qui ils font la leçon, et que, si l'on
pouvait prendre au sérieux ces figures toutes con-
ventionnelles, l'esprit du drame en serait profondément altéré. On aurait la douleur de se sentir
contre l'égoïsme et l'inconsciente hypocrisie des
bourgeois très peu d'indignation, et, en même
temps, quelque mauvaise humeur contre le désintéressement trop fertile en phrases des « artisses »
et des nobles jeunes filles.

Ce qu'il fallait opposer aux « faux bonshommes »,
ce n'étaient point des rapins généreux, qui font des
mots et qui raillent et s'indignent en style de
chroniqueurs, mais d'autres « bonshommes », des
« vrais », des êtres simples qui seraient vertueux
sans trop le savoir, qui n'auraient pas la vertu
cinglante, sifflante et lettrée, et qui ne se compa-
reraient pas continuellement aux autres. Bref, en
face des faux bonshommes, il fallait mettre de
braves gens, tout bonnement. Et alors nous les
aurions aimés, et Péponet, Dufouré et Bassecourt
nous eussent paru affreux.

Mais sans doute le pauvre Barrière, qui fut, je le
soupçonne, une intelligence un peu superficielle et
qui manqua tout à fait de « vie intérieure », ne
pouvait guère concevoir la vertu sans attitudes ni

gestes. Invinciblement, en bon boulevardier qu'il
était, il lui prêtait l'allure cravachante, l'amertume
et l'esprit (hélas !) de Desgenais : pauvre « faux
bonhomme » qu'il était lui-même, noblement in-
surgé, et à tout propos, contre les vices du siècle,—
et vivant pourtant comme le siècle, à ce que j'imagine.

C'est ce même esprit boulevardier et théâtral qui
lui a fait considérer, dans son for intérieur, ses
Péponet et ses Dufouré comme des bonshommes
beaucoup plus « faux » et plus odieux qu'ils ne
le sont en réalité. Car, il n'y a pas à dire, sa comédie
ne répond qu'à moitié à son titre. Il eût été beau de
nous montrer une collection de faux bonshommes
vraiment dignes de ce nom, de rassembler dans un
drame les principales espèces d'hypocrisie (et Dieu
sait s'il y en a ! hypocrisie politique, hypocrisie
mondaine, hypocrisie littéraire, etc.) et d'écrire
les Tartuffes après le *Tartuffe* Mais par malheur son
échauffement de satiriste ennemi des Philistins a
fait croire à Barrière qu'il peignait des monstres,
alors qu'il peignait des bourgeois d'immoralité moyenne. Les cas d'hypocrisie humaine qu'il a réunis
sont, en effet, très ordinaires, assez inoffensifs au
fond, et ce ne sont pas de très méchants hommes
que ces faux bonshommes-là.

Que dis-je ? Ce que Barrière leur reproche, ce
par quoi ils lui paraissent être de faux bonshommes,
c'est peut-être ce qu'ils ont de meilleur, car ce sont

leurs illusions et leur respect de certains préjugés,
de certaines conventions sociales. Dufouré n'est
nullement affligé de la maladie de sa femme, mais
il *croit* l'être, et cela parce qu'il *croit* qu'il est convenable qu'il le soit. Péponet offre sa fille à Octave
parce qu'Octave est neveu d'un agent de change ;
mais il est persuadé que ce qu'il en fait, c'est par
sympathie pour ce jeune homme et par tendresse
pour sa fille ; il sait quels sont les devoirs d'un bon
père, et *croit* les remplir... Ces gens-là sont pareils
à nous : ils sont égoïstes sans le savoir. Notez bien
que, s'ils le savaient, s'ils perdaient leurs illusions,
s'ils n'étaient pas innocemment hypocrites, s'ils
étaient plus intelligents, s'ils voyaient les choses
comme elles sont, s'ils acceptaient leur propre
égoïsme, s'ils le raisonnaient et le systématisaient,
c'est-à-dire, en somme, s'ils valaient encore moins
qu'ils ne valent, nous aurions pour eux beaucoup
plus d'indulgence. Leur morale et leur façon de
prendre la vie seraient alors toutes proches de celles
de ce délicieux Desforges de *Mensonges* ; mais
justement parce qu'ils seraient plus conscients,
plus renseignés sur eux-mêmes et sur les autres,
et plus cyniques (à condition que leur cynisme s'en-
veloppât de quelque élégance), on les jugerait très
forts, on trouverait de la grâce ou de la grandeur
dans leur immoralité. Cela n'est-il pas injuste ? —
Oui et non. C'est que l'égoïsme intelligent et conscient se limite lui-même. On sait mieux à quoi s'at-

tendre de la part de Desforges. Et puis pourquoi
ne haïrions-nous pas la sottise autant que le vice, et
n'aimerions-nous pas l'esprit autant que la vertu ?
Il y en aurait long à dire là-dessus...

Au fond, le seul personnage vraiment sympathique de la pièce, vous l'avez deviné, n'est-ce pas?
c'est le jeune Raoul Dufouré.

Pour finir, et bien que j aie toujours cette impression que l'auteur n'a pas vu ses bonshommes comme
je les vois (car il les a jugés avec sa conscience de
boulevardier rigoriste et rhéteur), il faut reconnaître que, pris en eux-mêmes, ils sont merveilleusement vivants, et c'est l'essentiel. Même, s'ils sont
plus innocents que Barrière ne l'a cru, sa comédie
prend par là plus de portée. Bassecourt, Péponet et
Dufouré sont hypocrites et faux, à peu près dans
la mesure où nous le sommes tous involontairement.
Si l'on osait s'interroger, quels abimes on découvrirait entre ce qu'on fait et ce qu'on professe,
entre ce qu'on professe et ce qu'on croit ! et quelles
illusions sur les mobiles et sur la qualité morale
de nos actes ! et cela continuellement. Oui, *les Faux
Bonshommes, ou les Hommes*, tel serait le titre complet de la comédie de Barrière.

EMILE AUGIER

COMÉDIE-FRANÇAISE : *Maître Guérin*, en cinq actes, de M. Emile Augier (reprise).

23 avril 1889.

Après tant de « reprises » que nous a fait subir la Comédie-Française, reprises inutiles et parfois comiquement inattendues, en voici une enfin du plus vif intérêt et à laquelle nous ne pouvons qu'applaudir. *Maître Guérin* n'avait pas paru sur les planches depuis vingt-cinq ans. Nous avons vu, l'autre soir, qu'il y faisait encore bonne et solide figure.

La pièce a des défauts : qui le nie ? Vous vous rappelez le fond de l'histoire. Un notaire de petite ville « roule » un vieux fou d'inventeur et, par des moyens obliques et légaux le réduit à lui vendre son château pour pas grand'chose : ce qui doit permettre au fils du tabellion d'épouser une très riche veuve, et du meilleur monde. Mais il se trouve qu'en fin de compte ce fils trop vertueux épouse la fille du vieux fou, que la riche veuve épouse un Arthur qui lui faisait la cour et que Maitre Guérin,

abandonné même de sa femme (une bête à bon Dieu
qui s'insurge au dernier acte), reste seul « avec son
déshonneur ». On a jugé que les amours procédu-
rières et intermittentes de la veuve et de son neveu
tenaient dans le drame une place un peu excessive
et que certains personnages n'y vivaient que d'une
vie un peu effacée et conventionnelle... Mais qu'importe ? Si vous y songez un peu, vous soupçonnerez
qu'il ne peut y avoir de « chef-d'œuvre » absolu et
irréprochable, que dans la musique, la poésie lyrique, et peut-être la statuaire et la peinture... Pourquoi ? Sans doute parce que la beauté d'un sentiment et d'une forme peut être perçue universel-
lement et dans tous les âges. Si l'art est toujours en
dernière analyse une « imitation de la nature »,
l'entente est assez facile, en musique, en poésie et
dans les arts plastiques, sur la fidélité de cette imitation. Car d'abord une belle mélodie traduit ce
que nous voulons : il suffit qu'elle soit délicieuse,
c'est sa façon d'être « vraie ». Quant à la poésie
lyrique, elle n'a, pour être « vraie », qu'à être « sincère », à exprimer ce que le poète a profondément
senti. Enfin, la vérité des formes extérieures est ce
qu'il y a de plus aisément contrôlable ; et lorsque
cette vérité apparait vêtue de splendeur à la majorité des hommes, nous sommes sûrs du « chef-
d'œuvre ». Il n'en va plus de même quand il s'agit
pour l'artiste de traduire, non plus des sentiments
personnels, mais les caractères des autres hommes ;

non plus des formes permanentes, mais les conflits, en
partie invisibles, des idées et des passions, et la vie
humaine, dans sa mobilité et dans sa complexité.
La matière d'art est ici changeante et fuyante. Là,
plus que partout ailleurs, il faut que l'écrivain
devine, suppose, choisisse et combine. Il est guidé
dans ce travail par son expérience propre, par la
connaissance qu'il a du monde. Mais cette connaissance ne saurait être identique sur tous les points
à celle que nous en croyons avoir. Nous avons
chacun notre nature, chacun notre vie, chacun
notre passé ; et, à cause de cela, la vérité ou la
vraisemblance morale ne peut être la même pour
nous tous. Il s'ensuit qu'au théâtre et dans le
roman, il n'y a guère de « chefs-d'œuvre » à proprement parler, c'est-à-dire d'œuvres sur la vérité et la
beauté desquelles nous puissions être tous complètement d'accord. Du moins cet accord ne se forme
que peu à peu, par l'autorité de certains hommes et
par la docilité des autres... Aujourd'hui encore, il
est aussi facile de déprécier *Hamlet*, le *Cid* ou *Athalie* que de les glorifier, — et pour des raisons presque aussi bonnes. Rien ne prête à des jugements
plus contraires qu'un ouvrage dramatique ; rien ne
peut être considéré sous des angles plus différents,
parce que la matière même d'un tel ouvrage est ce
qu'il y a de plus inégalement et diversement connu
et senti par les fugitives créatures que nous sommes... Bref, un chef-d'œuvre de théâtre n'est pas et

ne saurait être une pièce où rien ne nous choque
ni ne nous inquiète, où rien ne nous paraît invrai-
semblable ou faux, ou inutile, ou insignifiant, mais
une pièce qui, dans son ensemble, offre, de l'aveu
de tous, une somme considérable d'observation et
de vérité, l'image animée et fidèle d'échantillons
importants de notre espèce. Or cela peut se dire, à
coup sûr, de *Maître Guérin*.

Une chose curieuse — et un peu effrayante, —
c'est que, dans cette robuste comédie, plus les personnages valent moralement et moins ils nous inté-
ressent ; et que, plus ils sont vertueux, et moins ils
nous paraissent vivants.

Maitre Guérin est admirable. Fin, sournois, retors,
avec des allures, parfois, de large bonhomie ; âpre,
énergique, ambitieux, tyran à son foyer ; jovial, un
peu libertin, prudhommesque, garde national philosophe du Caveau et citateur d'Horace... il est bien
lui d'abord, Maître Guérin, mari d'une bonne
femme bornée et timidé, millionnaire par quarante
ans de travail enragé et tortueux, père d'un fils qui
est lieutenant-colonel à trente-trois ans, et qu'il
respecte vaguement, tout en le méprisant un peu
pour son manque de sens pratique... et, en même
temps, il représente des milliers de notaires et de
bourgeois du bon pays de France et, par delà, si
vous voulez, la race des mangeurs voraces et en-
vahissants en face de celle des rêveurs éternellement
dupés et mangés, dont cet innocent Desroncerets

est le type. Maître Guérin est donc bien vivant ; il l'est avec ampleur, carrure, plénitude, éclat. Il est beau à voir. Il vit à tel point qu'on ne peut plus dire qu'il soit odieux ; car tout ce qu'il fait, nous avons continuellement cette impression qu'il le fait en vertu de sa constitution physique et morale, et qu'il ne pourrait point ne pas le faire. Quand il se voit condamné par sa femme et son fils, il s'étonne et s'indigne de bonne foi : *il ne comprend pas.* Car après tout quel crime a-t-il commis ? Il a profité de la sottise d'un voisin qui avait certes l'âge de se conduire (et à qui il restera encore de quoi vivoter) pour avoir un fort beau château à très bon compte. Mais c'est la vie, cela. Chacun pour soi ! Il ne l'a pas forcé, ce vieux monsieur. Et ce château, n'est-ce pas par le plus légitime des sentiments, par ambition paternelle, qu'il l'a convoité ? N'est-ce pas ainsi, d'ailleurs, que grandissent et montent les familles ; et qu'un paysan ou un manouvrier se trouve avoir pour petit-fils un maréchal de France ou un comte du pape ? Et cette ascension des classes inférieures, n'est-ce pas la vie même et la force de la patrie ? Maître Guérin remplit une mission sociale. C'est quelqu'un, songez-y, que ce petit notaire qui, dans sa petite ville, avec de petites affaires, a su gagner son million. — Il n'a pas dû y mettre beaucoup de délicatesse ? — Allons ! est-ce que vous ne savez pas de quelle façon commencent toutes les grandes fortunes ? L'honnêteté de Maître

Guérin n'est nullement au-dessous de la moyenne.
Si vous le rencontriez dans le monde réel, qui de
vous, même sachant ce qu'il est, lui refuserait la
main ? Et s'il avait une fille, — jolie et bien élevée
dans quelque Sacré-Cœur, — jurez-moi que vous ne
la demanderiez pas en mariage ou que, la deman-
dant, vous repousseriez sa dot ! C'est un des plus
beaux efforts de l'art et c'est la gloire de l'écrivain
dramatique ou du romancier, de savoir nous présenter des coquins semblables à nous, et dont la
coquinerie est si naturelle, si tranquille, si inconsciente, si pleine de sécurité, qu'ils ont tout à fait
l'air d'honnêtes gens. Là est la marque de la vie.

Auprès de Guérin, les autres, les vertueux paraissent un peu pâles. Mais il est à remarquer qu'ils ne
sont plus intéressants que dans les moments où leur
vertu, leur générosité, leur noblesse morale s'accompagne de passion, tombe dans quelque excès.
Le beau en art, ce n'est pas la vertu, c'est la vie, et
la vie n'est jamais pure. Polyeucte est une des
grandes figures du théâtre, non parce qu'il est un
saint, mais parce qu'il est un fou.

Pendant les trois premiers actes, le vieux Desroncerets nous laisse assez indifférents. C'est un
bonhomme à l'esprit enthousiaste, obscur et faible,
qui a dépensé toute sa fortune à des inventions sau-
grenues, dont l'intérêt nous échappe un peu trop,
et qui, du reste, ne nous sont point expliquées.
Passe s'il s'agissait du vaccin de la rage ou de l'em-

magasinement de la force des marées ! mais ce que Desroncerets a trouvé, c'est une méthode pour apprendre à lire en huit jours. Or, je crois d'abord que c'est impossible : quelle que soit l'ingéniosité des méthodes, il faut à la mémoire le temps de faire son travail, et ce temps ne saurait être réduit à ce point. Et, quand cela serait possible, je ne vois pas clairement l'immense avantage d'une telle rapidité dans l'enseignement de la lecture. Il y a, si je puis dire, dans les idées de l'inventeur Desroncerets, quelque chose d'un peu puéril, d'un peu niaisement humanitaire. Cela ne nous dit rien, cela nous est parfaitement égal. Mais tout à coup, ce vieux toqué inoffensif devient féroce. Sa fille lui ayant refusé l'argent qu'il lui demande pour de nouveaux essais, il s'indigne, il lève la main pour la maudire. Et, sans doute, lorsqu'il apprend qu'il n'a plus rien à lui, que depuis des années il vit sur la dot de Francine et que c'est pour cela qu'elle ne s'est point mariée, il a honte de lui-même, il implore son pardon : mais tout de suite après, sa fille lui ayant dit, pour le consoler, qu'elle croit à son génie, sa foi orgueilleuse, aveugle et entêtée lui revient : « Alors, ma fille, prête-moi ces cent mille francs. » Certes, on peut se demander à ce moment-là si l'égoïsme de Desroncerets n'est pas, tout compte fait, aussi détestable que celui de maître Guérin, car l'égoïsme du vieil inventeur est plus funeste aux siens sans qu'on soit sûr qu'il soit plus profitable à l'humanité.

Et pourtant c'est à cette minute-là que nous applaudissons Desroncerets, parce que c'est à cette minute-
là qu'il vit. Même la scène est superbe, et il n'y en
a point de plus belle dans *la Recherche de l'absolu.*

Jusqu'au troisième acte, Mme Guérin n'est qu'une
bonne femme qui adore son fils et qui craint son
mari, simple, douce, honnête, un peu molle, très
effacée Elle sait que son fils aime Mme Lecoutellier,
et qu'une des raisons qui font que la brillante veuve
hésite à épouser le colonel, c'est qu'elle deviendrait
la bru de Mme Guérin, une belle-mère à ne pas
montrer dans un salon. La passive Mme Guérin fait
alors quelque chose d'extraordinaire. Elle va trouver Mme Lecoutellier et lui promet de disparaître
après le mariage : elle se retirera, s'il le faut, dans
une ferme qui est à vingt lieues de là, et elle ne
verra son fils et sa bru que quand ils le voudront
bien... J'ai presque envie de dire qu'il y a dans la
sublimité de ce sacrifice une sorte de bassesse, et,
dans cette folie d'abnégation maternelle, une
manière d'outrage à celui qui en est l'objet. A-
t-elle le droit de faire pour son fils une démarche
qu'il condamnerait hautement s'il la connaissait,
qui le blesserait et l'humilierait, qui l'atteindrait
non seulement dans sa piété filiale, mais dans sa
fierté d'homme? Et ce fils (qu'elle vénère pourtant)
quelle idée se fait-elle donc de lui si elle croit ou
qu'il ne souffrira pas de l'éloignement de sa mère,
ou qu'il ne s'apercevra pas qu'elle souffre elle-

même de cet éloignement, ou qu'il n'en devinera
pas les causes ? La démarche de Mme Guérin est
un acte de passion maternelle, vraiment absurde et,
en un sens, coupable, puisque l'excellente femme
accepte d'avance la possibilité d'une diminution
morale de son fils, pourvu que ce fils soit maté-
riellement heureux. (Voilà une chose, soit dit en
passant, que la vanité de Maître Guérin n'accep-
terait pas, et cette vanité ferait ici office de dignité.)
Et cependant nous applaudissons Mme Guérin ; elle
nous touche, elle nous remue ; car à cette minute
où elle est si parfaitement déraisonnable, elle vit,
elle est entièrement elle-même, et avec intensité.

Et le colonel Guérin ? Il représente, lui, le désintéressement absolu et particulièrement ce rigorisme
dans les questions d'argent qui est comme l'âme du
théâtre d'Emile Augier, — ce théâtre où trois fois
(dans *Ceinture dorée*, *les Effrontés* et *Maître Guérin*)
les enfants s'indignent de la fortune mal acquise
des pères, et deux fois les obligent à restituer.
Donc, le colonel, qui aimait Francine Desroncerets,
s'est détourné d'elle du jour où il l'a soupçonnée
d'être une ménagère regardante et de connaitre
quelque chose aux placements d'argent et au cours
de la Bourse. Puis, quand il a appris la vérité, et
par quels moyens Maitre Guérin s'est assuré la
propriété du château de Valtaneuse, il lui dit son
fait, endosse son uniforme, coiffe son boisseau à
plumet et emmène sa mère. Cela, sans ombre d'hé-

citation ni de faiblesse. Et cela sans doute est fort beau ; mais enfin ce guerrier intègre ne songe pas un moment que, si maitre Guérin a manqué de scrupules dans sa petite opération, c'est un peú pour son fils qu'il travaillait ; que, si le digne tabellion avait raffiné davantage sur la probité, il n'aurait pas fait, lui, d'excellentes études et ne serait pas entré à l'Ecole polytechnique ; que c'est à l'argent du bonhomme et, par conséquent, à ses façons d'entendre les affaires qu'il doit d'avoir un si beau grade et de pouvoir sentir avec tant de noblesse ; et que c'est, en somme, parce que le père a eu une conscience de qualité moyenne que le fils a pu se payer une conscience de luxe. Cela devrait le rendre indulgent, ou du moins l'empêcher de brusquer les choses, lui conseiller l'attente, la patience, l'emploi de la persuasion. Mais point : tout de suite il soufflette son père de son orgueilleuse probité, — lui qui a eu la vie aisée et qui n'a jamais pâti... Il s'en faut donc que ce parfait soldat soit un fils irréprochable. Or, si ce froid personnage pouvait vivre, c'est, à coup sûr, dans ce moment où il est passionné et injuste (étant juste sans nuances et, si j'ose le dire, sans intelligence) qu'il vivrait et que nous l'applaudirions... Je crois même que nous l'avons applaudi.

Et Francine ? Elle a, sans le lui dire, sacrifié sa fortune personnelle aux turlutaines de son vieux toqué de père ; elle a pour lui renoncé au mariage

et·découragé l'homme qui l'aimait. Notez qu'on ne
sait pas trop si elle croit ou non au génie de Desroncerets. Et cette incertitude nous gêne un peu ;
car son sacrifice, sublime dans le premier cas, est,
dans le second, plus sublime encore... A moins
qu'on ne trouve, au contraire, que son véritable
devoir de fille, et le plus évident, était de lutter de
toutes ses forces contre la folie paternelle et de
défendre le vieil enfant contre lui-même. Quoi qu'il
en soit, et j'ignore pour quelle cause, Francine nous
est à peu près indifférente. Ce n'est que l'ange lointain d'un dévouement bizarre. Mais tout à coup, ne
pouvant plus supporter le mépris du beau colonel,
qui la croit sèche et intéressée, elle crie son secret.
Qu'est-ce à dire ? Elle cesse d'être héroïque, elle
redevient comme nous. Et c'est à cet instant précis
qu'elle nous touche, qu'elle nous enlève et que
nous l'aimons...

— Enfin, me dira-t-on, que voulez-vous démontrer ? Que Maître Guérin est le plus honnête homme
de la pièce et que les autres sont des lâches et des
misérables ? Vous·avez déjà tenté quelque chose de
pareil à propos de *Monsieur Alphonse* (1). C'est un
exercice facile, et peu original malgré son impertinence. — Oui, je l'avoue, c'est un jeu ; et je n'ai
pas besoin de vous signaler, dans tout ceci, mes
oublis ni mes exagérations volontaires. Mais, du

(I) Voir l'article suivant.

moins, ce n'est pas un jeu tout à fait stérile. C'est comme la preuve empirique de la vérité d'une œuvre. Montrer, en étudiant les personnages d'un drame, ce qu'il y a de fatalités dans les vices des méchants et ce qui se mêle de faiblesse à la vertu des bons, rapprocher de nous-mêmes ceux qui sont pires que nous et aussi ceux qui sont meilleurs, c'est montrer que ce drame ne nous offre pas seulement des mannequins à figure humaine ; mais que, tout en les simplifiant un peu par une nécessité d'art il respecte néanmoins la complexité de la vie et des hommes et les réfléchit loyalement. Et c'est un des mérites de *Maître Guérin*.

ALEXANDRE DUMAS FILS

GYMNASE : Reprise de *Monsieur Alphonse*, pièce en trois actes de M. Alexandre Dumas fils.

11 février 1889.

Deux types (M. Alphonse et Mme Guichard), peut-être égaux aux plus célèbres qui aient jamais paru sur la scène comique ; non seulement vrais dans leur fond, mais si vivants d'allure, et d'un relief si juste et si fort que l'un des deux a déjà donné son nom, dans le langage familier, à toute l'espèce qu'il représente... (je ne serais pas étonné que, l'autre soir, quelque spectateur du Paradis ait fait cette réflexion en voyant M. Alphonse : « Ah ben ! en v'là un qui n'a pas volé son nom ! ») — un sujet simple et hardi ; un drame qui fait beaucoup penser sans que rien y tourne à la « thèse » ; je ne sais quoi de franc, de robuste et d'imperturbable dans l'exécution : voilà ce que nous avons retrouvé intact, après seize ans, dans la pièce de M. Alexandre Dumas. Et *Monsieur Alphonse*, je suis tenté de le croire, serait un absolu chef-d'œuvre, si l'on ne nous y demandait d'abord

un véritable acte de foi ; en d'autres termes, si toute
une partie de l'action ne reposait sur un des plus sin-
guliers *postulats* que jamais dramaturge ait prétendu
nous faire admettre sans discussion. Nous sommes
obligés de croire qu'une jeune fille, qui s'est laissé
faire un enfant et qui épouse ensuite un autre homme
que son séducteur, a pu cacher sa faute à son mari
et, tranchons le mot, le tromper sur la qualité de la
marchandise livrée, et rester néanmoins une créature
intéressante, vertueuse même et digne de sympathie
et de respect ; car c'est bien ainsi que M. Dumas la
juge et nous la présente. Or, il n'y a pas à dire et
toute la casuistique du monde n'y fera rien, cela est
dur à avaler. Que cela soit complètement impossible,
je ne le prétends point ; mais, tandis que nous cherchons comment cela s'est pu faire, tandis que nous
imaginons les raisons multiples et délicates que l'auteur ne nous a point données (sinon dans sa préface),
nous oublions un peu d'être émus par le drame.

Et, sans doute, nous finissons par nous réfugier,
pareils à des femmes troublées, dans le sein de
M. Francisque Sarcey, qui nous rassure en nous
affirmant « que ce qui est antérieur à l'action ne
compte pas, que nous devons l'accepter les yeux
fermés, que c'est un pacte entre l'auteur et nous » :
tout de même, nous ne sommes pas parfaitement
tranquilles ; *Monsieur Alphonse* nous semble un chef-
d'œuvre un peu inquiétant, qui nous laisse trop à
faire, qui exige de nous, sur un point important, un

trop grand effort, soit de collaboration active, soit de docile connivence, et qui, par suite, mêle à notre admiration, çà et là, un sentiment d'insécurité et une légère peur de duperie.

Je n'ai point d'autre objection à faire. Au reste, — et en mettant à part le commandant Montaiglin, qui est une exception morale, un phénomène, — il est bien peu d'œuvres où la nature humaine soit mieux prise dans son vif, avec son éternel et nécessaire mélange de bien et de mal ; il en est peu où l'humanité moyenne soit plus loyalement décrite, où les vicieux paraissent plus rapprochés des bourgeois de probité courante que nous coudoyons tous les jours, et où la vertu de ceux qu'il faut, après tout, appeler « les bons » soit plus relative, laisse plus transparaitre d'inconscient égoisme et d'instincts assez pareils, dans leur fonds et leur origine, à ceux des coquins corrects et bien élevés Joseph de Maistre a écrit cette belle parole chrétienne : « Je ne sais pas ce qu'est la conscience d'un scélérat. Mais je sais ce qu'est la conscience d'un honnête homme ; c'est affreux ! » Je dirais volontiers : « Il est évident que l'âme de M. Alphonse est un joli marécage. Mais étudiez, pour voir, l'âme de Mme Guichard et de Raymonde, qui sont pourtant de braves femmes ; vous verrez que ça n'est pas très frais non plus. »

Un mien ami me dit à ce propos :

— « Vous ne savez pas à quel point vous avez raison. Assurément, M. Alphonse est un être mépri-

sable. Il n'a d'autre morale, j'imagine, que le respect
forcé du Code et le respect héréditaire de certaines
règles ou convenances mondaines, — édictées presque toutes par l'égoïsme ou l'hypocrisie bourgeoise.
— Il ne cherche d'ailleurs que son plaisir ou son
intérêt. C'est un animal de joie et de ruse. Nullement violent, il faut le reconnaître. Il a séduit une
jeune fille, parce qu'elle lui plaisait et qu'elle se laissait faire ; il l'a abandonnée, parce qu'elle était pauvre. Puis il a été l'amant intéressé d'une ancienne
servante d'auberge, plus âgée que lui de quatre ou
cinq ans. Il n'a pas compris un seul moment que
cette posture était infâme, — plus infâme qu'elle
n'eût été il y a cent ans, à cause de l'avènement défi-
nitif de l'argent comme puissance souveraine, et vu
les variations de la morale publique. Il ne voit là
qu'un troc, un trafic, une opération commerciale.
Mme Guichard lui donne de l'argent, et il lui donne
du plaisir. Quoi de plus légitime que cet échange ?
Qui vous dit enfin qu'il n'ait pas quelque affection
pour cette bonne dame qui l'admire tant, ou même,
parfois, quelque semblant d'amour ; car, après tout,
la commère est encore fraîche. Notez qu'en l'épousant il n'accomplira pas seulement un acte profitable, mais un acte moral, du moins selon les idées
de la société où il vit. Il « régularisera une situation ».
Il ne demande pas mieux, lui, que de régulariser les
situations quand il y trouve son compte. Il ne tient
pas du tout à être « hors de la règle » quand il peut

faire autrement sans se gêner. Ce n'est point un
réfractaire, oh ! non. Il est mauvais père ? C'est vrai.
Pourtant, il est allé voir six fois sa petite fille en
onze ans : il pouvait s'en dispenser. Il a confusément
conscience d'un vague devoir, et il le remplit dans
la mesure où il en a conscience. Il est très probable
qu'il sera un père très suffisamment dévoué et affec-
tueux pour ses enfants légitimes. Il est comme tout
le monde : il aimerait mieux ne jamais faire souffrir
les autres. Il est, je suppose, de probité moyenne :
il ne commettrait pas un vol qualifié parce que c'est
dangereux, et peut-être même par une répugnance
qu'il tient de son éducation : les vols déguisés, ana-
logues à ceux que nos mœurs tolèrent soit dans le
commerce, soit dans les affaires de Bourse, et où
l'on préfère ne pas regarder de trop près, lui suf-
firont toujours, croyez-le bien. Il n'est pas incapable
de rendre gratuitement quelque petit service à un
ami, ni de donner deux sous à un pauvre. Quand il
sera marié, il y a apparence qu'il professera les meilleurs principes, et de très bonne foi. Il goûtera les
romans de M. Georges Ohnet et flétrira ceux de
M. Emile Zola. Et si la pièce de Dumas s'appelait
Monsieur Arthur, et que notre homme allât au Gymnase, à coup sûr il ne s'y reconnaîtrait point. Que
dis-je ? elle peut garder son titre, il ne s'y reconnaîtra
pas davantage. Je vous jure que tous les jours nous
serrons la main à des gens dont la valeur morale
est exactement celle de l'amant de Mme Guichard...

« Allons, bon ! fit tout à coup mon ami, je viens de
me déshonorer. On dira que j'ai fait l'apologie de
M. Alphonse. »

Il reprit :

— « Voyons les autres. Oh ! Mme Guichard n'est
certes pas une mauvaise créature. Elle est gaie, cau-
sante, sans façon, toute ronde, pas bête ; et il devait
y avoir plaisir à loger au *Lion d'Or*, quand elle y
faisait les chambres et, plus tard, quand elle trônait
au bureau. Je ne doute pas qu'elle n'ait soigné de son
mieux Guichard, toujours malade et beaucoup plus
vieux qu'elle. Mais enfin elle l'a trompé tout son
soûl, et si elle est devenue sa maîtresse et si elle
s'est fait épouser par lui, il est bien clair que ce
n'était point par amour. Même, si j'ai bien compris,
il a pu lui arriver de donner à Alphonse l'argent de
Guichard. En somme, elle a fait avec Guichard à peu
près ce que M. Alphonse fait avec elle. — Mais elle
l'aime, direz-vous, ce joli garçon. — Soit : Comment l'aime-t-elle ? Elle n'a aucune illusion sur lui,
elle le connaît mieux que personne ; elle le méprise
absolument et ne lui envoie pas dire. Seulement, elle
ne peut se passer de lui : «... Ah ! que tu me connais
bien ! que tu sais bien que je ne puis pas me passer
de toi ! Malheureuse que je suis ! Quel empire as-tu
donc sur ma volonté, et que me sert d'être forte
comme un cheval ? Tu me mènes comme tu veux.
C'est que, en effet, tu es d'une autre race que moi ;
tu as des petits pieds ; tu as des petites mains ; c'est

tci la femme. Et tes yeux, et a voix ! Je t'adore et
j'ai envie de t'étouffer ; ce ne serait pas difficile, et je
te suis soumise comme un chien .. Ah ! ah ! je t'aime
trop ! » (Au fait, j'ai tort de citer cela, du moins
maintenant, car il y a, dans ce couplet, un accent
qui dérange ma démonstration, et qui différencie
Mme Guichard de son amant, alors que je cherche à
la rapprocher de lui. Ma loyauté me joue souvent de
ces mauvais tours.) Continuons. Ce qu'aime Mme Guichard, ce sont donc les sensations que lui donne
M. Alphonse, rien de plus, comme il aime et cherche,
lui, les sensations que lui procurent les jolies femmes
rencontrées, la bonne chère, la paresse jouisseuse
et les commodités matérielles de la vie. Mme Gui
chard aime comme une brute, avec une jalousie
toute animale. Quand elle sait que son Alphonse a
été l'amant d'une autre femme, elle hait cette femme,
elle l'étranglerait si elle pouvait la tenir. Lorsqu'elle
veut emmener la petite Adrienne, ne vous y trompez
pas, ce n'est point par pitié, c'est encore pour l'amour
de son Alphonse ; c'est pour avoir auprès d'elle et
chez elle ce qui est sorti de lui ; et c'est aussi en
haine de la mère : «... Va chercher cette enfant... Je
me charge d'elle... Oui, de l'enfant d'une autre. *Tu
ne diras plus que je ne t'aime pas* ; du reste, c'est à
prendre ou à laisser ; je t'en donne ma parole d'honneur de commerçante ; tu sais, celles-là sont bon
teint ; je ne t'épouse qu'avec ta fille dans ma maison.
Et, si la mère vit, qu'elle s'adresse à moi, *elle trouvera*

à qui parler. » Et lorsque, à la fin, tout à coup, et par
un revirement un peu brusque à la vérité, elle cesse
d'aimer M. Alphonse... («... Quand on pense que
j'allais épouser ce pierrot-là! »), c'est bien sans doute
parce qu'il lui est apparu plus infâme encore qu'elle
ne le soupçonnait (quoique, après tout, un peu plus
de mépris mêlé à son amour ne soit pas une affaire) ;
c'est bien aussi parce qu'elle a subi l'autorité du
commandant Montaiglin et l'ascendant de son grand
cœur, et parce que, d'autre part, elle a été remuée
malgré elle par la grâce et la douleur de Raymonde :
mais c'est peut-être surtout parce qu'elle est inca-
pahle de supporter cette idée, que quelque chose de
son amant restera aux mains d'une autre femme, et
parce qu'elle sent bien qu'elle ne vivrait plus... C'est
un instinct de bête désespérée, beaucoup plus que le
mépris, qui tue l'amour chez elle. Ne le croyez-vous
pas ? Pour moi, je le crois presque.

« Et Raymonde ? Jeune fille, elle s'est donnée à un
homme. Oh ! je sais bien, elle l'aimait ; et puis..... le
printemps, l'énervement des soirs d'orage, les troubles secrets de son corps et, enfin, la grande excuse :
son « ignorance » ! Mais enfin nous savons bien
comment se passent les choses, et que la chute proprement dite a été nécessairement précédée de caresses assez hardies et significatives pour qu'elle n'en
pût « ignorer » l'impureté. Et si elle « ignorait »
avant, elle savait après ; et elle a recommencé, puisqu'elle est devenue mère. Et, si vous me dites qu'elle

ne prenait pas à ces jeux le même plaisir que son complice, je vous prierai de ne pas vous moquer de moi. D'ailleurs, si M. Alphonse est un fin matois, Raymonde n'est pas non plus dénuée de prudence. Elle a fort bien su laisser sa petite fille grandir à la campagne, à seule fin de pouvoir garder, à Paris, l'estime de ses voisins et de ses connaissances.

« Vient à passer un brave officier de marine. Il a vingt-cinq ans de plus qu'elle. Il la voit triste, il la croit sage ; il lui demande sa main. Elle ne peut avoir pour lui que de l'amitié. Elle l'épouse, parce que « cela lui fera une situation ». Voilà un mariage qui ressemble diablement à celui de Victoire avec Guichard, et à celui d'Alphonse avec la veuve de l'aubergiste. Mais Raymonde est infiniment plus coupahle que les deux autres. Elle oublie de dire à son mari qu'elle a un enfant. Rien que cela. (Il est vrai qu'il ne le lui a pas demandé ! » Acte II, sc. IX.) M. Dumas nous explique, dans sa préface, que Raymonde n'avait point d'aveu à faire au commandant, et qu'un bon prêtre lui aurait certainement conseillé de ne rien dire : car une faute, confessée, absoute, expiée par le repentir, est réellement effacée, n'existe plus. Aussi bien le commandant, « du moment qu'il prétend aimer Raymonde, doit savoir d'avance à quoi l'engage implicitement l'amour chrétien ». Je vous renvoie à cet extraordinaire morceau de casuistique. Il ne convaincra point les esprits un peu simples. Car, d'abord, si la faute est effacée, les effets de

la faute subsistent, et ces effets sont de ceux auxquels un mari est généralement‚fort sensible. Notez
que Mme Guichard, en se faisant épouser par son
vieux, et M. Alphonse, en épousant la veuve Guichard, ne déshonorent qu'eux-mêmes : Raymonde
se met dans le cas de déshonorer son mari le jour où
la vérité sera connue, ce qui peut arriver (je sais
bien qu'il ne sera « déshonoré » qu' « au jugement
absurde de l'aimable société où nous vivons ». Mais
quoi ? nous y vivons, et non pas dans la lune) Puis,
ce premier et monstrueux mensonge en entraine une
infinité d'autres. Et ce n'est pas tout : ce mariage,
après ce mensonge, condamne Raymonde, ou à
n'être jamais une bonne mère, ou à souhaiter la
mort de son vieux mari, — ou enfin, si elle veut
sortir de cette vilaine alternative, à confesser un
jour au commandant ce qu'elle a eu la lâcheté de
lui cacher. — mais à ne le lui confesser que lorsque le mal qu'elle lui a fait est irréparable, et que le
pauvre homme en peut mourir.

« Il n'y a pas à dire mon « Bel-Ami » : Raymonde
est une misérable. Elle ment plus impudemment que
M. Alphonse. Et M Dumas est un singulier moraliste,
avec sa théorie des fautes qui, « une fois révélées
dans le confessionnal, perdent, pour ainsi dire, tout
leur caractère social et ne sont plus sous la juridiction de ceux qu'elles pourraient léser... et qui, dès
lors, n'auraient plus, pour les juger, l'indépendance
d'esprit nécessaire ». Comprenez-vous ? Moi, pas très

bien. Car enfin, si nos fautes, une fois confessées au prêtre (je dirai même confessées ou non), ne sont point « sous la juridiction » de ceux à qui elles font du mal, s'ensuit-il que nous ne soyons pas responsables de celles de leurs conséquences qu'il dépendait de nous de conjurer ? Ce serait trop commode, en vérité, si nous n'avions à répondre que de la faute elle-même, et jamais de ses suites mauvaises, même de celles qu'un sacrifice de nous pouvait atténuer ou prévenir ! C'est ce qu'il y a de terrible dans le péché. Quand nous faisons le mal, nous ne savons pas au juste dans quelle mesure nous le faisons, quels lointains et meurtriers prolongements il peut avoir, ni jusqu'où nous sommes coupables. — Au reste, j'en appelle de M. Dumas à Raymonde elle-même : « Tromper, je ne saurai pas... Tu te vantes, malheureuse ! voilà six ans que tu trompes le cœur le plus loyal et le plus confiant. Une fois de plus, qu'est-ce que ça te coûtera ? C'était la première fois qu'il ne fallait pas mentir ! » Elle a tout à fait raison, bien qu'elle se traite encore un peu doucement. De tous les personnages du drame, c'est elle qui a le plus gravement manqué au devoir. Est-ce à dire que je l'accable ? que je ne lui reconnais nulle excuse ? que je ne lui accorde aucune pitié ? Point. Je lui refuse l'honnêteté paradoxale que M. Dumas semble lui accorder, voilà tout.

« Et la petite Adrienne ?... Elle a onze ans. Tâchez de la rencontrer dans cinq ou six ans ; frôlez-lui le

genou sous la table quand vous dinerez chez le commandant, regardez-la d'une certaine façon, et don-
nez-lui rendez-vous, à minuit, dans la ruelle qui
passe derrière le jardin de son père légal ; et je vous
promets que vous ne vous ennuierez pas... Autrefois,
je trouvais que cette petite était vraiment bien avan-
cée pour son âge. Elle m'agaçait avec ses mots d'enfant qui ressemblent à des mots d'auteur. Vous vous
rappelez ? « ... Je t'aimerai d'autant plus que je
t'embrasserai moins... Mon père !... Ma mère !...
Maman !... » Je m'imaginais qu'une enfant nourrie
à la campagne et tout à coup enlevée sans y rien
comprendre devait être timide et farouche comme
une petite bête et ne savoir que mettre les doigts
dans son nez et répondre : « Oui, Madame ; non,
Madame. » Mais, cette fois, j'ai mieux saisi la pensée de l'auteur ; et dans cette gamine rouée comme
une potence, qui, soudainement engagée dans la
plus obscure et la plus difficile des situations, fait
des phrases, mais ne fait pas une « gaffe », ne perd
pas un instant son sang-froid, et a même des roueries
de femme et des raffinements de ruse presque superflus, — j'ai clairement reconnu la fille du subtil et
glissant M. Alphonse.

« Ah ! le joli monde ! Il n'y a que le commandant
d'un peu propre. Seulement il n'existe pas. »

Ainsi parla mon ami. J'étais un peu ébranlé par
son assurance. Je répondis pourtant.

— Vous voilà bien fier. Vous croyez avoir fait

quelque chose de merveilleux et de rare en démon-
trant que M. Alphonse est, après Montaiglin, le personnage le plus vertueux de la pièce. C'est une
plaisanterie qui peut se soutenir à la rigueur. Et,
en effet, si l'on fait abstraction des personnes pour
ne considérer que les actes (ce qui est d'ailleurs un
artifice d'une pratique assez difficile), M. Alphonse
ne paraîtra peut-être pas plus coupable que Victoire
et que Raymonde. Et cependant (il n'y a pas à aller
là contre) nous méprisons M. Alphonse et nous aimons Mme de Montaiglin et M^{mo} Guichard. Comment
donc cela se fait-il ?

C'est là, comme je l'indiquais au commencement,
que gît la vérité profonde du drame de M. Dumas.
Les théologiens, si j'ai bonne mémoire, distinguent,
dans le péché, la matière (c'est-à-dire ce que le péché est extérieurement) et la forme (c'est-à-dire ce
que le péché est en nous). Eh bien ! la matière des
péchés de Victoire, de Raymonde et d'Alphonse
peut être la même, ou à peu près ; la forme, non.
Raymonde et M^{mo} Guichard ont été impures et
déloyales, comme M. Alphonse, mais non pas de la
même façon. Elles aiment ; ce n'est rien, et cela
suffit pour qu'elles soient d'une autre race que lui.
Mme Guichard porte le bel Alphonse dans ses moelles.
Raymonde l'a aimé ; Raymonde, en dépit de ses
lâchetés et de sa trahison, aime sa fille, et elle aime
aussi son vieux mari. M. Alphonse n'aime rien que
lui-même, il s'aime directement, sans ce détour et

cette espèce de crochet qui est l'altruisme. Puis les deux femmes ont la bonté ; elles souffrent de la souffrance des autres. Et j'oubliais une toute petite chose : elles sont capables de remords. M. Alphonse ne saura jamais ce que c'est. Quant au commandant, s'il n'existe pas, c'est tant pis ; et peut-être bien qu'il existe après tout. Il est, lui, la charité absolue ; et c'est à son approche que s'épure et se dégage, par contagion, ce que les deux pauvres femmes ont de bon en elles... *Monsieur Alphonse* devrait avoir pour épigraphe : « Il sera beaucoup pardonné à qui a beaucoup aimé. » Nul drame d'une humanité plus vraie, ni où M. Dumas ait mis plus de large intelligence, de pitié et de larmes.

AUGUSTE VACQUERIE

GYMNASE : *Jalousie*, drame en quatre actes, de M. Auguste Vacquerie.

10 décembre 1888.

Permettez-moi de vous rappeler ce que j'écrivais ici même, il y a un an, sur les procédés d'invention et de composition de M. Auguste Vacquerie. Cela rendra plus clair ce que j'ai à vous dire de son dernier drame.

« ..... Don Jorge, Jean Baudry, Louis Berteau sont conçus comme des personnages de Corneille ; ce sont des Idées qui parlent avec éloquence et subtilité. Et quand le poète réussit à faire vivre les personnages où il a incarné ces idées, ils semblent alors plus grands que nature, comme les héros comédiens. On dirait que tous ont été conçus *à priori*. Don Jorge, c'est l'honneur absolu ; Jean Baudry c'est la charité absolue ; Louis Berteau, c'est la probité absolue. M. Vacquerie s'est demandé : — Dans quelles circonstances un gentilhomme, pour qui l'honneur est réellement une religion, souffrira-

6**

t-il le plus ? Et cette religion, quelle est la marque
la plus éclatante, la plus inattendue, la plus saisis-
sante qu'il en pourra donner ? Et il a écrit *les Funé-
railles de l'honneur.* — Dans quelles conditions la
bonté paraîtra-t-elle le plus désintéressée et le plus
héroïque? Il faut, pour cela, qu'elle s'épanche sur
des étrangers : il faut qu'elle soit sans salaire : il
faut qu'elle souffre , et que cette souffrance lui
vienne de ceux à qui elle s'est dévouée, etc. Et
M. Vacquerie a écrit *Jean Baudry* — Dans quelles
conditions la probité pourra-t-elle être sublime? Il
faut pour cela qu'elle soit douloureuse ; il faut, par
exemple, qu'elle exige le sacrifice du plus ardent et
du plus bel amour et que, ce sacrifice, elle soit
obligée de le cacher et qu'elle ne puisse donner ses
raisons sans déshonorer une mère... et M. Vacquerie a écrit *le Fils.* Et tout, dans la construction de ces
trois pièces, est subordonné à ce dessein de nous
montrer, dans le plus haut degré de pureté et
d'éclat qui se puisse concevoir, les trois vertus que
j'ai dites... »

La dernière œuvre de M. Auguste Vacquerie,
Jalousie, — qui, on ne saurait le nier, a déplu à la
majorité du public, — a été conçue exactement de
la même façon.

M. Vacquerie a dû se poser ces deux questions :

— Dans quelles conditions un jaloux souffrira-
t-il le plus de sa jalousie' ?

— Quelle est la vengeance la plus cruelle qu'il
puisse tirer de l'homme dont il est jaloux?

Cherchons avec lui les réponses.

Premier point.

Remarquons tout d'abord qu'il y a au moins deux
grandes espèces de jalousie, celle du mari, et celle
de l'amant.

Subdivisons donc ce premier point.

I. — La jalousie du mari sera particulièrement
douloureuse s'il est beaucoup plus âgé que sa
femme ; s'il l'a épousée par amour ; si elle ne l'aime
pas et ne l'a jamais aimé ; si elle se refuse à lui ; si,
par un arrangement auquel il a dû se soumettre,
elle a cessé de partager son lit sans qu'il ait cessé
de la désirer ; si elle est douce avec lui, et bonne et
loyale sur tout le reste, et s'il n'a pas autre chose à
lui reprocher que sa faute ; enfin si l'amant présumé est vraiment digne d'amour, s'il a sur le mari
l'avantage de la jeunesse et de la beauté, et s'il lui
est, en outre, supérieur par le caractère et par les
sentiments.

II. — Passons à la jalousie de l'amant. Dans quelles
conditions l'amant sera-t-il le plus torturé ? Deux
cas se présentent : il peut être jaloux, soit du mari
de sa maîtresse, soit d'un autre homme.

Nous pouvons presque négliger le premier cas.

En général, l'amant n'est que très modérément
jaloux du mari, parce qu'il sait que le mari n'est pas
aimé, et parce que les femmes qui ont un amant ont
l'habitude de lui raconter et l'art de lui faire croire
qu'elles se dérobent au devoir conjugal. Mais au
surplus, et en supposant même que la femme continue à subir les caresses du mari, s'il peut arriver
que l'amant en conçoive de l'amertume, de la colère
et de la haine, et que certaines images l'assiègent,
le poursuivent et le torturent (comme dans *Fanny*),
l y aura toujours un supplice plus atroce encore :
C'est quand l'amant d'une femme mariée est
jaloux d'un autre amant.

La souffrance de l'amant doit alors, à tout le
moins, égaler celle de l'époux, puisqu'il est trompé
comme lui. Et elle peut même la dépasser si l'amant
a quelque imagination, puisqu'il a pu se croire, lui,
librement aimé. Il est plus dur, en effet, pour
l'amour-propre de se voir retirer ce qui nous avait
été gracieusement offert que de perdre ce qu'on rete-
nait par force ou en vertu d'un droit écrit. Car seule,
la première de ces mésaventures implique un changement des sentiments de la femme à votre égard.
Dans ce premier cas, la femme est réellement coupahle envers vous de trahison ; dans l'autre, elle
n'est coupable, si je puis dire, que d'évasion.

Ainsi, la passion étant supposée égale des deux
parts, l'amant trahi souffrira plus que le mari
trompé. Mais ce n'est pas tout. On peut imaginer

une situation telle que la jalousie de l'amant attei-
gne au paroxysme de la rage et de la douleur. C'est
si cet amant, par obéissance à sa maîtresse, par
respect pour elle, et parce qu'il croyait absolument
à sa vertu, est resté un amoureux platonique L'idée
qu'il n'est pas seulement trahi, mais ridicule; l'idée
que ce que cette femme lui refusait avec de grandes
phrases, ce qu'il avait la sottise de s'interdire (et
par quels efforts sur lui-même !), elle le prodigue
maintenant à un autre, et que sans doute tous deux
se moquent de lui; et surtout l'image précise,
lancinante, de ce qu'elle prodigue à cet « autre » ·
cette triple torture du cœur, de l'orgueil et de
la chair..., non, voyez-vous, après cela il n'y a
rien.

Tout ce que nous venons de dire entraîne naturellement la création de quatre personnages principaux.
Le mari : ce sera M. Jorgan ; il aura passé la
cinquantaine; il sera banquier, et d'humeur sombre,
impérieuse et maussade. La femme : nous l'appel
lerons Marcelle; on l'aura livrée, toute jeune et
sans la consulter, à ce vieux mari; ce sera une
honnête femme. Le premier amant, — platonique
nous le nommerons Gérard Bréhal ; il sera beau,
généreux, passionné, et il aura trente ans. Le
second amant, présumé non platonique : nous le
nommerons Philippe ; même âge ; ami du premier,
très brave garçon.

La pièce n'est pas encore faite. Ce sera la solu

6***

tion du second point qui nous permettra d'imaginer
la « fable ».

Deuxième point.

A savoir, je vous le rappelle : comment un jaloux
se vengera-t-il le plus cruellement de son rival ?

Mais, puisque le mari est le premier personnage
que nous avons conçu et puisque, selon l'ordre
naturel des faits, le mari doit être trompé avant ·
l'amant, précisons ainsi la question :

— Quelle est la plus atroce vengeance qu'un mari
puisse tirer de l'amant de sa femme ?

Nous écartons d'abord (comme le fait Jorgan lui-
même) le duel et le divorce, et je n'ai pas besoin de
vous en dire les raisons.

Trois autres moyens se présentent : tuer la femme,
— tuer l'amant, — tuer les deux.

Le premier moyen, c'est celui d'Othello. Il est un
peu naïf, et se tourne contre les gens qui l'emploient.
Le jaloux, au moment où il tue sa femme, l'aime
encore, l'aime furieusement, puisqu'il la déteste et
l'adore à la fois. La mort de cette femme lui sera
donc aussi douloureuse qu'elle peut l'être à l'amant.
Il ne fera souffrir son rival qu'à la condition de
souffrir tout autant que lui : cela est un médiocre cal-
cul. Même si Othello, ayant tué Desdémone, persis-
tait à la croire coupable, il ne pourrait pas se con-

soler. Vous vous rappelez ce que fait le grand Frisé
dans *la Chanson des gueux*, après avoir suriné Margot :

> Ah ! Ah! dit l'Frisé, te v'là moite,
> Et l'grand niq'doul' s'mit à pleurer.

Cela, c'est la vérité même. Et, si les Maures et les
Frisés étaient capables de raisonner, ils se diraient :
— Je veux, s'il se peut, infliger à mon rival une
souffrance égale à celle qui m'est venue par lui. Or,
ce n'est point en tuant cette femme que j'y parvien-
drai, puisque, justement, le mal que me fera cette
mort me parait inférieur à celui que me faisait ma
jalousie. Il faut donc chercher autre chose.

Tuer l'amant est encore un plus mauvais moyen ;
car alors votre femme le pleurera devant vous, elle
vous haira, vous maudira ; elle ne se gênera plus ;
et ainsi ce meurtre n'aura fait qu'exaspérer son
amour et, par suite, votre jalousie. Et, tandis
qu'auparavant vous pouviez espérer, à la rigueur,
que cette femme vous reviendrait un jour, vous êtes
maintenant à peu près certain que c'est fini, qu'elle
ne vous reviendra jamais, — et que, si elle trompe
le défunt dans quelques années, ce ne sera pas ‹ ve ›
vous. Il est vrai que vous aurez eu le plaisir de tuer
l'homme que vous haïssïez (plaisir d'une minute) et
que vous êtes du moins bien sûr qu'il ne possédera
plus le corps de votre femme. C'est quelque chose
que cette assurance. Mais enfin, tout compensé, votre

ngeance est fort imparfaite. Car c'est toujours vous qui êtes le plus torturé des trois. Ou bien, si c'est la femme . eh bien, ce sera encore vous tout de même. puisque vous la verrez souffrir.

Tuer la femme et l'amant ? Oh ! cela c'est la solu tion la moins intelligente de toutes. Elle vous pro cure une satisfaction assez vive, mais très passagère, et qui n'est qu'une détente, un soulagement des nerfs. Et il est probable qu'au bout de très peu de temps les remords viendront, peut-être même le désespoir Vous serez épouvanté de votre solitude. Vous serez supplicié par l'idée de ce que votre action a d'irréparable, et furieux en même temps de son inefficacité Car eux, les deux amants, ils ne souffrent plus, ils dorment dans la divine paix de la mort. Les autres solutions, quoique médiocres, étaient cependant un peu plus satisfaisantes : vous étiez sûr, du moins, de la douleur du survivant.

Cherchons encore, et tâchons de bien raisonner notre affaire. D'abord, auquel des deux coupables vous en prendrez-vous ? Evidemment à celui que vous haïssez le plus. Mais quel est-il ? C'est l'amant, ce n'est pas la femme. *Jaloux* a deux sens ; quand vous dites : « Je suis jaloux d'elle » et : « Je suis jaloux de lui », ce n'est pas tout à fait la même chose. La femme, vous ne la haïssez qu'en tant qu'elle lui appartient et que vous vous la repré-sentez possédée par lui. Autrement, vous l'aimez (oh ! comme on aime quand on aime passion-

nément, c'est-à-dire avec le plus entier et le plus
implacable égoïsme). Bref, vous êtes jaloux *à cause
d'elle* ; mais c'est bien *de lui* que vous êtes jaloux.
C'est lui, le voleur, c'est toute sa personne, qui
vous inspire une haine sans mélange: c'est donc lui
que vous devez viser.

Il s'agit de lui infliger la plus dure souffrance qui
soit au monde. Quelle est-elle ? Ce n'est point la
mort, puisque la mort est la fin de toutes les souffrances. Mais, justement, la pire des douleurs, c'est
celle que vous ressentez vous-même, c'est la jalousie, cette forme suprême du délicieux et abominable,
du divin et diabolique et méchant amour (Amour
tyran des hommes ! dit le poète grec)... Ne cherchons
plus ; nous avons trouvé.

Rendez jaloux, comme vous, l'amant de votre
femme. Vous pouvez même espérer le rendre encore
plus malheureux que vous ne l'êtes. Car votre
douleur, à vous, n'a été l'œuvre que des mauvais
hasards : la sienne sera l'œuvre d'une volonté, d'une
volonté ingénieuse et acharnée. Vous savez, par
expérience, ce qui fait souffrir, et tous vos coups
porteront.

Othello jouant auprès de Cassio le rôle que Iago
a joué auprès de lui-même, voilà la pièce. Elle est
faite maintenant.

(Je dois vous avertir que, dans tout ce qui pré-
cède, il n'y a, en réalité, pas un mot de moi ; que
j'ai simplement fait, sous une forme indirecte,

l'analyse de la pièce de M. Vacquerie. Il y a déjà
des chances sérieuses pour qu'un drame de tant de
suc — et d'où l'on peut tirer ainsi, sans y rien
ajouter, toute la théorie d'une passion, — ne soit ni
banal, ni ennuyeux, ni médiocre.)

Nous savons à présent quels devront être les rôles
des quatre personnages nécessaires dont j'ai dit les
noms plus haut. Jorgan se vengera de Gérard, qu'il
sait aimé de Marcelle, en le rendant jaloux de
Philippe. Mais, pour que la chose soit facile, il sera
bon que Philippe ait une raison de faire sa cour à
Marcelle. Nous supposerons donc que Philippe veut
par là se venger d'une autre femme, Céline, qui lui
avait promis sa main et qui, pendant qu'il voyageait,
a épousé par intérêt un fils naturel de Jorgan. (Et
ainsi, à côté des deux jaloux par passion, nous
avons le jaloux par dépit et la jalouse par vanité.)
Ce fils naturel que Jorgan loge chez lui fournira à
Marcelle un grief de plus contre son mari. Ajoutez un
subalterne, un commis, Sergent, qui déteste Philippe,
et qui sera utile au mari pour combiner ses guet-apens.

L'action se déroule, simplement et largement. Je
la résume en quelques mots. Au premier acte,
Céline, piquée, essaye de reprendre Philippe et ne
réussit qu'à l'envoyer à son amie Marcelle. Puis,
nous assistons à une très belle, très gracieuse et
très noble scène d'amour entre Marcelle et Gérard.
Sur quoi Jorgan sort d'une cachette et nous apprend
qu'il se vengera.

Au second acte, Jorgan commence d'attiser la jalousie de Gérard. Il veut que Philippe accompagne Marcelle dans la voiture qui doit, à une heure du matin, la reconduire à Paris (nous sommes à Villeneuve-Saint-Georges). Marcelle jure à Gérard qu'elle ne le permettra point. Mais elle est ensuite obligée de céder aux violences et aux menaces de son mari, — et cela sans pouvoir prévenir Gérard, qui se croit alors trahi par elle.

Au troisième acte, scène d'explication entre les deux amoureux. Ils vont retomber dans les bras l'un de l'autre, quand une lettre anonyme prévient Gérard d'un rendez-vous nocturne que se sont donné Marcelle et Philippe.

Au dernier acte, Gérard vient au rendez-vous et y trouve Jorgan. Celui-ci lui raconte qu'il attend Philippe et qu'ils se battront à mort : il a apporté, pour cela, deux pistolets. Philippe arrive, en effet (je ne sais plus par quel moyen il a été attiré, lui aussi, dans le piège). Je passe les détails. Jorgan laisse les deux hommes aux prises, pendant que Marcelle apparaît au balcon... Gérard tire le premier et blesse Philippe au bras. Marcelle se précipite, enlace Gérard... et Philippe, comprenant enfin quel rôle on lui a fait jouer, décharge son pistolet sur Jorgan, qui s'est caché dans un fourré voisin...

Dans chaque acte, des scènes d'une grande beauté, prises en elles-mêmes ; dans tout le drame, quelque chose de sombre, d'énergique, d'un peu

tendu ; un style presque trop travaillé, et tantôt
d'une robuste nudité, tantôt relevé de *concetti* romantiques ; partout une impression de force, — et
aussi d'effort ; l'intérêt le plus poignant : on se sent
vraiment en présence de passions fatales, aveugles,
que nul ne pourra arrêter dans leur chemin, et dont
on prévoit avec certitude et avec angoisse le choc
inévitable et meurtrier... C'est une fort belle *tragédie*, si vous voulez le savoir.

Pourquoi donc n'a-t-elle pas réussi ?

C'est que les défauts en sautent aux yeux, et que
ces défauts sont de ceux que le public supporte le
plus mal, — à moins qu'il ne les rencontre dans une
œuvre consacrée par le temps et dont il sait d'avance
qu'il doit la trouver belle. Les personnages ne sont
peut-être pas assez expliqués : nous ne connaissons
pas leur passé, — ou nous ne le connaissons pas au
moment où il faudrait. A cause de cela, ils gardent
quelque chose d'un peu abstrait, Jorgan surtout :
sa jalousie n'a ni répit, ni défaillance, ni retour :
Jorgan, c'est la Jalousie absolue, la jalousie en soi ;
et c'est un peu, par suite, le Croquemitaine de la
jalousie. Puis, les détails de l'action ne sont pas
tous parfaitement clairs. J'avoue n'avoir compris
que tout en gros le rôle de Sergent. Il y a quelque
gaucherie dans l'emploi des moyens matériels. Enfin,
une chose a égayé le public beaucoup plus que de
raison, mais non pourtant sans raison : Jorgan
passe son temps à écouter aux portes. M. Vacquerie

nous dira que c'est bien le fait d'un jaloux, et qu'il
l'a voulu ainsi. Mais nous avons beau faire : rien, ni
vérité, ni justice, ni respect, ne prévaut contre ce
qu'il y a de forcément comique dans ces répétitions.

Bref, M. Vacquerie a joué de malheur : car il a
mis dans son drame le genre de beautés auquel le
public des premières, à la fois gouailleur et ronti-
nier, est le moins sensible, et le genre de défauts
auquel il l'est le plus. Pour moi, je le dis, parce
que c'est la vérité : j'ai beaucoup aimé, en somme,
la nouvelle œuvre de M. Vacquerie : peut-être parce
que, ayant voulu y retrouver ce que j'admirais dans
ses autres drames, je l'ai retrouvé en effet. J'en suis
bien fâché ; mais si c'est une mauvaise pièce que
Jalousie, c'est donc la plus intéressante mauvaise
pièce que j'ai entendue depuis longtemps.

Peut-être le sujet, qui est excellent, eût-il gagné
à être transporté dans un milieu héroïque et lointain, par exemple, dans l'Espagne du seizième
siècle, — ou, au contraire, dans un milieu parisien
et mondain, et à être traité sur le ton de la comédie
de genre.... Mais où vais-je m'engager là ?

EDMOND DE GONCOURT

ODÉON : *Germinie Lacerteux*, pièce en dix tableaux, de
M. Edmond de Goncourt.

24 décembre 1888.

Encore qu'il soit, ici-bas, de pires misères et des
souffrances plus dignes de pitié, je trouve assez
mélancolique, au fond, la destinée de M. Edmond
de Goncourt.

Qu'on pense ce qu'on voudra des romans des
deux frères, il me paraît que ces romans furent, en
leur temps, d'une incontestable nouveauté ; que
M. Emile Zola et M. Alphonse Daudet leur doivent
beaucoup ; que, sans *Germinie* et *Sœur Philomène*,
sans *Renée* et *Charles Demailly*, l'auteur de *l'Assom-
moir* et l'auteur du *Nabab* n'eussent pas si aisément
ni si vite trouvé leur voie.

Or, après une vie de travail acharné, d'absorption
douloureuse dans la chose écrite, d'une sorte d'as-
cétisme littéraire dont il n'y a peut-être pas de plus
parfait exemple, et qui, tout en aiguisant en eux la
faculté de sentir et de rendre leurs sensations, les a

peut-être spécialisés outre mesure, a fini par leur
enlever une certaine liberté aisée du jugement et la
vue sereine et indulgente des choses de ce monde,
Jules de Goncourt, — le. plus heureux des deux
pourtant, — est mort sans avoir connu la gloire.
Et sans doute elle est venue au survivant, mais res-
treinte encore et contestée. Elle ne lui est venue,
en quelque façon, que par contre-coup, et comme à
l'occasion de renommées plus jeunes et plus reten-
tissantes. Il semble que l'œuvre de Goncourt n'ait
été révélée au public que par le succès inouï des
romans de MM. Daudet et Zola, c'est-à-dire de romans
qui procédaient justement de ceux des deux frères.
Il y a là une espèce de renversement et quelque
chose qui ressemble à une injustice. Car M. Edmond
de Goncourt a bien pu passer chef d'école et dieu
de chapelle et, presque seul parmi les anciens,
obtenir le respect des jeunes ahuris de l'impressionnisme et du symbolisme : les gros tirages, le
gros bruit, les visites des barnums, les traductions
en anglais, en allemand et en javanais ont été pour
d'autres. Et, vraiment, cela n'est pas tout à fait
équitable: *Sic vos non vobis.*

Je vous dis tout cela parce que je le crois. Mais
M. Edmond de Goncourt doit le croire encore plus
fort que moi. Et alors jugez!...

Si M. Edmond de Goncourt avait été un sage, il en
eût pris son parti ; il en eût appelé, une fois pour
toutes, à l'équitable (?) postérité; et se fût enseveli

dans son veuvage silencieux. Mais qui de nous est un sage? Et de qui, je vous prie, avons-nous le droit d'exiger qu'il en soit un ?

M. Edmond de Goncourt a écrit quatre romans tout seul. Ils étaient infiniment curieux, mais d'un impressionnisme de plus en plus étroit, spécial et tourmenté. Il y manquait quelque chose. Quoi ? Sans doute le génie plus clair, plus libre, plus alerte et plus sensé du frère disparu. Ces romans plurent à Bourget, fanatisèrent des adolescents d'esprit trouble et inquiet, mais ne parvinrent pas, ou presque pas, jusqu'au grand public, jusqu'à cette foule nécessairement composée d'imbéciles et dont les artistes les plus raffinés et les plus dédaigueux mendient, — non moins nécessairement, — les grossiers suffrages.

Dans la préface du dernier de ses romans, l'auteur disait, comme le vieil athlète de Virgile : *Artem cestumque repono...* Et c'est pourquoi, le lendemain du jour où il nous faisait ce serment d'homme de lettres, plus fragile qu'un serment d'ivrogne, M. Edmond de Goncourt commençait pour nous l'inventaire de ses tiroirs.

Il en extrayait d'abord des biographies d'actrices du dix-huitième siècle: la Saint-Huberty, Sophie Arnould. Il les appuyait d'une quantité de documents : actes de naissance, actes de mariage et de décès, notes de fournisseurs et mémoires d'huissiers. Il y alignait un nombre prodigieux de détails super-

flus. Ces pauvres filles, qui n'ont été que d'aimables
comédiennes et de gentilles courtisanes, — c'est-à-
dire dont le charme a été, par essence, viager et
fugitif, étant étroitement attaché à leur enveloppe
mortelle, et dont la vie, en dehors de ce charme
qui ne peut nous être rendu, est totalement dépour-
vue d'intérêt et semblable à la vie de toutes leurs
pareilles, — ces cabotines qui ont été exactement
ce que sont les plus piquantes de celles d'aujour-
d'hui, — rien de plus, rien de moins, — et qui ne
sont plus rien du tout, puisqu'elles sont mortes, il
les traitait comme un historien ferait Richelieu ou
Napoléon, et consacrait des trois cents pages à ces
ombres vaines et à leur grâce irrévocable. Et les plus
épris des fantômes d'antan trouvaient que c'était
beaucoup, en vérité.

Puis M. de Goncourt continuait ses fouilles dans
les tiroirs fraternels. Il en extrayait de ces choses
qu'on n'a coutume de livrer au public que quelques
années après la mort des grands écrivains. Il semblait qu'il réalisât je ne sais quelle imagination mélancolique et macabre d'Edgar Poë ou de Baudelaire,
et qu'il publiât lui-même ses œuvres posthumes.
C'étaient les *Pages retrouvées,* essais de jeunesse,
brouillons, broutilles, copeaux précieux, — mais
copeaux. C'étaient, — chose inouïe, — les lettres
de son frère et les siennes ; je dis les siennes, puisque, d'après la *Préface,* si Jules a tenu la plume, il
n'a jamais exprimé que la pensée des deux Goncourt.

C'est la première fois, je suppose, qu'un écrivain ait
publié de son vivant sa propre correspondance. —
C'était enfin le *Journal des Goncourt*, en trois volumes, très amusant, tout plein d'impressions origi-
nales et où je ne m'indigne pas outre mesure que
les deux frères aient consigné, sur quelques écrivains célèbres du second empire, des remarques
évidemment sincères. Non : ce qui m'étonne ici, c'est
que M. de Goncourt ait poussé le culte de la vérité
et le renoncement à certaines convenances jusqu'à
divulguer sur des personnages encore vivants des
notes du caractère le plus intime, et jusqu'à vio-
ler — héroïquement — le secret de ce qui fut dit
sub rosâ et, par suite, en tout abandon et toute
sécurité. Et ce qui m'étonne un peu plus encore,
c'est qu'ils aient eu cette constance enragée d'ins-
crire ainsi chaque nuit, en rentrant chez eux, les
moindres choses vues et entendues. Il y a là je ne
sais quelle manie de notation, un affreux pli professionnel, une obsédante et déprimante habitude
de métier, peu compatible, j'en ai peur, avec la
liberté et la largeur de l'esprit, avec la netteté et
l'équité de l'observation. Et ce qui m'étonne tout à
fait, du moins au premier abord (car je ne le comprends que trop à la réflexion), c'est que les écrivains que les deux frères traitent avec le moins de
bienveillance sont justement ceux qui ont le plus
d'idées générales, et sur le plus grand nombre d'objets ; ceux qui m'inspirent à moi, s'il faut le dire,

le plus de respect, de reconnaissance et d'amour, et
que j'avoue, tout en sentant mon indignité, pour
mes maitres et mes directeurs spirituels : Sainte-
Beuve, M. Taine, M. Renan. Tandis qu'ils résumaient
à la hâte, en une page, les libres propos d'une
soirée, les frères de Goncourt arrivaient à ce prodigieux résultat de transformer les entretiens de ces
nobles esprits en conversations d'imbéciles. Et personne n'y a cru, et l'on s'est demandé (juste retour)
si les deux frères ayaient bien compris.

Enfin, les tiroirs étant vides, je pense, et ne sachant plus où déterrer les trois cents pages du volume annuel, M. de Goncourt a eu dernièrement
une idée plus étonnante encore que celle de la pu-
blication de ses lettres. Il a ingénument réuni en
volume, pour notre édification et notre commodité,
ses *Préfaces* et *Manifestes*, c'est-à-dire des morceaux *déjà parus*, soit en tête de ses romans, soit
dans le *Journal* ou dans les *Pages retrouvées*. A
quand les notes de sa blanchisseuse ? Une des choses
auxquelles il tient le plus, c'est qu'il soit bien entendu que les deux frères *ont fait du neuf.* Il peut
être tranquille : c'est du neuf, assurément, que ce
dernier procédé.

Entre temps, M. de Goncourt a eu soin de nous
répéter, afin que nul n'en ignorât, que les deux
frères ont inventé quatre choses : dans le roman, le
naturalisme ; au théâtre, « la langue littéraire parlée » ; plus, le Japon, — et l'art et le bibelot du

dix-huitième siècle. Et certes il y a du vrai dans cette revendication, du moins en ce qui regarde le roman et l'histoire. Mais pourquoi M. de Goncourt nous a-t-il envié le plaisir de nous en aviser nous-mêmes ?

Est-ce qu'en ce moment je dresse un réquisitoire ? Point du tout. Je n'aurai jamais une parole vraiment dure pour aucun des hommes qui ont vu le monde avec des regards plus ingénieux et plus créateurs que les miens, et à qui je dois l'inestimable joie d'une impression de beauté un peu nouvelle. M. Edmond de Goncourt, — avec ou sans Jules, — est de ceux-là. Je constate et je regrette les effets étranges et les involontaires manifestations d'une souffrance imméritée, accrue ici par une sensibilité dont il ne faut point dire de mal, puisqu'elle fut la condition même du merveilleux talent des deux frères. Mais je m'incline respectueusement devant cette souffrance. Il faudrait la plume des Goncourt, celle qui a conté *Charles Demailly*, pour dire le triste roman de la survivance du frère aîné.

Nous devons passer beaucoup de choses à qui a su écrire *Germinie Lacerteux*. C'est un beau livre, et qui paraît tout à fait original si l'on se reporte au temps où il a été écrit. Toute l'histoire de Mlle de Varandeuil est un pur chef-d'œuvre. Et celle de Germinie est d'une vérité et d'une humanité poignantes. On nous rebat les oreilles des romans

russes et de leur réalisme compatissant ; on a l'air
de croire que les écrivains de là-bas ont inventé la
pitié. Me suis-je trompé lorsque j'ai cru sentir,
dans *Germinie Lacerteux*, une pitié profonde, plus
que cérébrale et plus que littéraire ? Pourquoi l' « é-
criture artiste » serait-elle imcompatible avec la
religion de la souffrance humaine ? On vante beaucoup le mysticisme de ces Slaves, leur souci de morale évangélique, et leurs histoires de rédemptions ;
on croit à l'âme sainte de Sonia, la prostituée-mar
tyre ; on se récrie sur la confession et le repentir de
cette horrible brute de Nikita... Eh bien ? mais la
pauvre Germinie, à la fois héroïque et infâme, et
qui parmi ses hontes et la folie de son corps
garde un si grand cœur et, dans ses « ténèbres », —
pour parler comme Tolstoï, — la pure flamme d'un
absolu dévouement... n'est-ce point là un cas de
moralité paradoxale assez semblable à quelques-uns
de ceux que nous admirons chez les romanciers
russes ?... Et suis-je dupe, enfin, si tel passage de
Germinie Lacerteux (et j'en dis autant des cinquante
dernières pages de *Madame Bovary*) me trouble
jusqu'aux entrailles d'une compassion si forte et si
prolongée, que, par delà les souffrances partieu-
lières qui me sont décrites, elle va à la grande misère
humaine et prend ainsi un caractère religieux, —
tout comme si le texte était traduit du russe ?...

Maintenant, je sais, il y a, dans *Germinie*, une
espèce particulière de « rhétorique », un goût d'a-

ristocrates pour les tableaux de crapule populacière, une complaisance de stylistes à extraire surtout du pittoresque de toute cette misère et de
tout ce vice ; une coquetterie dans la brutalité ; une
trop visible attitude de lettrés, l'ironique disposition d'esprit qui fait noter ou imaginer les « légendes » à la Gavarni ou à la Grévin ; un souci trop
constant, et presque maladif, de l'invention du
style. Autant de causes de froideur. *Germinie*,
comme les autres romans des deux frères, est un
livre de mandarins créateurs, — mais de mandarins.
Bref, l' « écriture » des Goncourt fait parfois douter
de leurs larmes.... Mais, enfin, si elles y sont pourtant !

.Il est donc évident qu'on pouvait tirer de *Germinie* un drame fort émouvant. Seulement il fallait,
pour cela, « repenser » tout le livre en vue du
théâtre. M. de Goncourt n'en a pas eu le courage.
Il paraît qu'il a prétendu faire une révolution, nous
apporter d'un coup, et dans toute sa pureté, la
forme nouvelle que cherche le théâtre (notez qu'il
la cherche depuis Thespis). Du moins, c'est ce que
M. de Goncourt a laissé dire. Il aurait donc péché
par présomption. Mais je crois qu'il a surtout péché
par paresse Ce qu'il nous a donné n'est ni un roman ni un drame ; ce sont des images découpées
dans un roman, et découpées au hasard. En sorte
que la pièce est restée peu intelligible pour ceux
qui n'avaient pas lu le roman ou qui ne l'avaient pas

très présent à la mémoire ; et que, d'autre part,
les bonnes gens qui avaient été choqués déjà par
les brutalités tristes du roman, l'ont été encore plus
par celles de la pièce ; car, toute la partie d'analyse psychologique en ayant été retranchée ou ne
s'y retrouvant que par lambeaux maladroitement
cousus, ces brutalités y demeuraient presque seules ;
et alors il semblait qu'on les y étalât pour elles-
mêmes, dans leur insolence facile et monotone...

J'ai dit que ces découpages avaient été faits au
petit bonheur. Jugez plutôt. (J'indique seulement
les tableaux, supposant que le roman vous est
connu.)

1er tableau. — Germinie part pour le bal.

2e tableau. — Germinie et Jupillon se promènent
sur les fortifications.

3e tableau. — Germinie vient chercher Jupillon
à la Boule-Noire.

4e tableau. — Germinie installe Jupillon dans le
petit magasin qu'elle a loué pour lui, et lui apprend
qu'elle est enceinte.

5e tableau. — Dînette de petites filles chez Mlle de
Varandeuil. Jupillon vient emprunter à Germinie les
quarante francs qu'elle avait gardés pour faire ses
couches.

6e tableau. — Germinie apporte à Jupillon, qui a
tiré un mauvais numéro, les deux mille trois cents
francs dont il a besoin pour acheter un homme.

7e tableau. — Germinie rompt avec Gautruche,

rencontre Jupillon qui sort de chez le marchand de vin, lui dit son fait et est empoignée par un sergent de ville.

8ᵉ tableau. — Mˡˡᵉ de Varandeuil vient voir Germinie à l'hôpital.

9ᵉ tableau. — Mˡˡᵉ de Varandeuil apprend comment a vécu Germinie.

10ᵉ tableau. — Mˡˡᵉ de Varandeuil au cimetière.

Quel dessein, quelle pensée directrice a présidé au choix de ces tableaux ? Pourquoi ceux-là plutôt que d'autres ? Je cherche en vain... Quelques-uns de ces tableaux n'ont qu'un très léger rapport avec l'histoire de Germinie, ont une valeur uniquement pittoresque : et, d'autre part, certaines scènes très importantes, essentielles même, ou manquent tout à fait ou sont mises en récit : par exemple, la scène, — très cruelle et très belle, — où Germinie avoue son état à la mère Jupillon et où la grosse femme joue l'affreuse comédie que vous vous rappelez ; ou bien celle où Jupillon, après avoir lâché Germinie, la rencontre au moment où il vient de tomber au sort et reprend possession de la pauvre fille ; ou encore la première rencontre de Germinie et de Gautruche. Même une de ces trois scènes (la première) est mise en récit *anticipé,* ce qui est d'un effet bizarre et glacial.

Je prends ma tête dans mes mains et je me demande encore : Pourquoi ? Pourquoi ? Et je ne trouve pas... Il y a quelques années, frappé de ce

que je croyais voir de trous dans quelques-uns
des personnages d'Edmond et Jules de Goncourt,
j'écrivais : « .. Cette impression tient peut-être à
ce caprice de composition qui découpe un livre en
courts tableaux presque toujours indépendants les
uns des autres : les vides qui séparent ces tableaux
se répètent dans le *processus* des caractères. Ainsi un
homme qui marche à l'intérieur d'une maison, si
nous regardons du dehors, apparait successivement
à chaque fenêtre, et dans les intervalles nous échappe.
Ces fenêtres, ce sont les chapitres de MM. de Goncourt. Encore y a-t-il plusieurs de ces fenêtres où
l'homme que nous attendions ne passe point. »

Eh bien, M. Edmond de Goncourt, dans sa pièce,
a encore bouché la moitié de ces fenêtres et, de
préférence, celles où Germinie passait !

L'œuvre est comme invertébrée Cette totale absence de liaison, de plan, de composition, c'est
peut-être un art nouveau ; mais alors cet art nouveau n'est donc qu'un retour aux essais amorphes
des littératures enfantines. Les procédés sont ceux
du plus ancien théâtre japonais ou chinois. *Germinie*
est toute en récits et en monologues, comme *la
Marchande de sourires.* Ce n'est pas, du reste, la
première fois que je constate que les plus orgueil-
lenses tentatives de notre littérature finissante,
celles dont on fait le plus de mystère, rejoignent
par le plus long, et avec beaucoup de cérémonies,
non point même l'art primitif, mais l'art barbare et

rudimentaire. Et je ne dis pas que ce mélange de raffinement et de candeur, de sénilité et d'enfance ne soit infiniment curieux.

— Et le style ? — Très singulier aussi. Dans les morceaux écrits, vous constaterez, entre la langue du faubourg et la langue littéraire, un compromis analogue à celui que George Sand avait cherché et trouvé entre la langue littéraire et le parler des paysans du Berry. Mais il y a beaucoup plus d' « écriture » chez M. de Goncourt. Vous savez que les faubouriens de Paris inventent peu d'images : ils vivent sur un vieux fonds hérité de métaphores et de tropes. M. de Goncourt prête à Germinie, à Jupillon, à Gautruche, des façons de dire pittoresques qui, sans doute, sont conformes à leur tour d'esprit et qu'ils pourraient imaginer à la rigueur : seulement il leur en prête plus, en cinq minutes, qu'un ouvrier de Paris n'en emploie dans une année : et alors cela redevient de la littérature et de la plus savante. Sans compter les morceaux de style transportés du livre (et presque sans changement) dans la bouche de Germinie ou de Mlle de Varandeuil.

Tout cela réuni constitue une erreur amusante par son excès même et par toutes les illusions distinguées qu'elle suppose, à mon avis, chez son auteur. Aussi ne vous ai-je point dit que je me sois ennuyé à la pièce de M. de Goncourt, ni que j'aie partagé sur tous les points le sentiment du public.

EDMOND ET JULES DE GONCOURT

THÉATRE-LIBRE : *la Patrie en danger,* drame en cinq actes, d'Edmond et Jules de Goncourt.

25 mars 1889.

Le Théâtre-Libre nous a donné un « drame » écrit il y a vingt ans par MM. de Goncourt : *la Patrie en danger.*

Nous ne faisons pas toujours ce que nous voulons, ni ce que nous croyons faire. Si jamais artistes ont eu la généreuse inquiétude et l'enragé désir du nouveau, le goût de la vie, de la réalité concrète, l'horreur d'une certaine littérature conventionnelle et, en général, de tout ce qui ressemble à de la rhétorique, ce sont assurément les frères de Goncourt. Et pourtant, voyez !

La Patrie en danger n'est pas tout à fait du théâtre et n'est pas tout à fait de l'histoire. C'est plutôt un « exercice » dialogué sur la Révolution française, exercice très ingénieux, soigneusement et savamment écrit par des gens qui ont la curiosité et l'intelligence du passé ; mais quelque peu artificiel, je dirais presque scolaire.

Dans un travail de ce genre, l'invention se réduit presque à rien. Il ne s'agit que de trier et de classer les notions qu'on a sur l'époque dont on veut faire la peinture. Les personnages ne seront que les représentants des diverses classes sociales et de leurs divers états d'esprit. Ils sont donc tout indiqués d'avance, ils s'imposent, ils sont inévitables. Et c'est pourquoi ceux de *la Patrie en danger* sont à peu près les mêmes que ceux du *Lion amoureux*.

Côté de l'ancien régime. C'est la jeune première, héroïque et mélancolique : Blanche de Valjuzon ; c'est la vieille fille noble, entêtée des préjugés de sa race, intraitable et d'énergie toute virile : la chanoinesse de Valjuzon ; c'est le gentilhomme sceptique et libertin, qui combat avec insouciance pour une cause perdue et meurt sur une facétie : le comte de Valjuzon.

Côté de la Révolution. C'est le jeune premier, héroïque et enthousiaste, qui prend la Bastille et qui est général des armées de la république à vingt-quatre ans : Perrin ; et c'est le jacobin fanatique, disciple de Jean-Jacques, délateur et bourreau par amour de l'humanité : Boussanel, qui fait pendant à la chanoinesse, comme le général Perrin à Blanche de Valjuzon. (Il manque un pendant au jovial comte ; ce pourrait être quelque vieux sergent lonstic, révolutionnaire avec bonhomie.)

Il va sans dire que le beau plébéien et la belle demoiselle noble s'aimeront. Ils se le diront avant d'aller ensemble à la guillotine. Sans doute, cela n'est pas d'une invention fort originale, et les auteurs le savent parfaitement. Je crois aussi que les amours de cette sorte ont dû être infiniment rares pendant la Révolution et je me demande même s'ils ont été possibles. N'importe ! les deux frères n'ont voulu voir là qu'un moyen commode, un fil pour relier entre elles les différentes parties de leur étude.

Quant à ces tableaux eux-mêmes, je ne sais pas d'avance quels ils seront, car l'histoire en offre un choix énorme. Mais je sais tout au moins que les uns se rapporteront aux débuts de la Révolution, les autres aux exploits des armées révolutionnaires, et les derniers à la Terreur ; et que cela commencera par la prise de la Bastille, et que cela finira par l'échafaud. Et, en effet, les cinq actes de MM. de Goncourt s'intitulent : Le 14 juillet 1789 ; — la Nuit du 9 août 1792 ; — Verdun ; — Fontaine, près Lyon ; — le Préau de Port-Libre.

Voyons maintenant comment sont composés les personnages, puis les tableaux.

Les personnages sont vrais comme types. Mais, chacun d'eux devant représenter une classe ou un groupe considérable, il s'ensuit que, ce qu'ils sont, ils ont trop l'air de s'appliquer à l'être. Ils le sont trop exclusivement, d'une façon presque trop suivie et trop immuable ; ils le sont avec excès. Il y a des moments où on a envie de leur crier : « Très bien ! On sent qu'il y a derrière vous toute une file d'âmes

semblables à la vôtre, et que vous les résumez.
Mais, prenez garde ; vous vous donnez trop de mal
pour réaliser votre type, et alors vous le dépassez.
On dirait que vous faites du zèle. »

Par exemple, il est entendu que la chanoinesse
représente dans toute sa force, dans ses ridicules et
aussi dans sa grandeur, le préjugé nobiliaire. Mais
je me demande si une vraie grande dame a jamais
parlé aussi abondamment et aussi continûment de
sa noblesse, de ses titres et de ses privilèges. Lorsqu'elle dit, au premier acte : « Savez-vous, mon
frère, que c'est à périr, cette terre qui n'en finit pas,
et où passe, avec les vaches, *ce vilain prochain de
rustres et de pécores* », je me demande si ce mépris
du paysan est d'une véritable aristocrate, et je crois
entendre la chanoinesse d'Escarbagnas. Je conçois
qu'elle haïsse le jeune révolutionnaire Perrin (bien
que son père se soit fait tuer jadis pour le père de
Blanche) ; je conçois même qu'elle ne veuille pas
être sauvée par lui ; mais lorsqu'elle ajoute : « Oui,
Monsieur, nous conspirons ; allez le dire à votre dis-
trict. Ce sera un beau trait de vertu révolutionnaire
et qu'applaudiront vos amis, de dénoncer ces deux
mains qui vous ont nourri ! » je ne comprends plus
bien que l'on soit chanoinesse à ce point-là, et je
trouve dans cet outrage une férocité d'ingratitude
et presque une bassesse que j'ai peine à concilier
avec ce qu'il y a, après tout, de beauté morale et de
générosité dans cette vieille amazone.

Perrin, c'est l'enthousiasme républicain. Oserai-je
dire qu'il est généreux et sublime avec quelque monotonie ? Mais il y a plus. Nous l'avons entendu, au
quatrième acte, parler avec horreur des massacres
et des mitraillades de Lyon. Or, quand il est jeté en
prison comme suspect, il n'a pas un mot de révolte :
« La république, dit-il, m'a tout donné. Elle me
demande aujourd'hui tout mon sang : il est à elle. »
Eh ! il sait pourtant bien que ce n'est pas la république, mais une bande de sanglants coquins, qui
« lui demande tout son sang ». Moi, cette résignation
me suffoque ; je jure que cela n'est pas humain,
que cela n'est pas vrai ; que Hoche, arrêté,
n'a point pensé ni parlé ainsi... Mais, au reste,
chacun dans ce drame a la rage d'exagérer le
type dont il est le représentant. Le comte pousse
la gaieté insouciante jusqu'à se dénoncer lui-même
pour rien, pour le plaisir. Blanche, qu'on a oublié
d'appeler pour l'échafaud, réclame avec fureur, veut
absolument mourir. Pas un des condamnés (au dernier acte) qui n'ait pour la mort le mépris le plus
tranquille et le plus détaché... (Oh ! je sais, il est
convenu qu'on s'amusait énormément dans les
prisons de la Terreur, en attendant la guillotine...
Mais, je vous prie, sur quels témoignages repose
cette aimable tradition ? Le compte, j'imagine, en
serait bientôt fait. Avez-vous interrogé toutes les
victimes ? Connaissez-vous les songes de leurs
nuits ?... Les condamnés faisaient bonne conte-

nance dans la charrette : mais les assassins qu'on mène aujourd'hui place de la Roquette, et qui, j'imagine, ne sont pas des âmes héroïques, se tiennent en général fort convenablement. C'est que l'inertie de la bête devant l'*irrévocable* a presque toujours l'aspect du courage... Enfin, je ne doute point que, dans le drame de MM. de Goncourt, l'attitude de chacun des condamnés ne puisse être justifiée par des documents précis ; mais alors, ce qu'ils nous présentent, c'est donc un faisceau d'exceptions. Et si chacune d'elles est authentique, c'est donc leur assemblage qui trahit la vérité. On a, presque tout le long de la pièce, cette impression, que la Révolution a été faite uniquement par des âmes sublimes contre d'autres âmes sublimes. Et, comme on soupçonne que cela n'est pas tout à fait exact, on est un peu gêné.)

Boussanel, c'est, comme j'ai dit, le type du fanatique révolutionnaire. La composition de ce type me paraît sentir aussi l'artifice et l'hyperbole. Il a été d'abord un fanatique de la religion. Il est au premier acte un fanatique de la « nature ». Comment s'est opérée cette transformation, cela ne nous est pas dit, et je ne trouve point, cependant, que cela aille de soi. Il habite une hutte de bûcherons, entre le Lyonnais et l'Auvergne ; il y fait des expériences de chimie, et surtout il se promène dans les bois et sur la montagne... « Je revenais avec des pleines brassées d'herbes et de fleurs, de ces fleurs qui

poussent toutes seules, de ces bouquets que font les
champs ; j'en emplissais ma cabane, elles m'embar-
rassaient et me suffoquaient, et, peu à peu, j'éprou-
vais une sorte d'asphyxie divine qui me montait à
la tête, m'étourdissait le cœur et me l'emportait à
Dieu, comme dans l'encens fumant de la terre !...
Oh ! la nature ! vous ne vous y êtes jamais perdus,
vous les grands, les riches, les heureux ! vous ne
connaissez pas cette douceur de vous laisser couler
dans cette grande vie de paix, de sève et de fraîcheur, d'y frissonner, d'y palpiter... » Voilà qui est
bien. Mais, trois ans après, tout à coup, Boussanel
reparaît. Le doux rêveur n'est plus qu'un sinistre
maniaque de délation et de meurtre : «... Prends
garde, femme, voilà assez longtemps que la Révolution trouve dans ton sexe des larmes conspiratrices
et des apitoiements liberticides... Mais tu ne sais
donc pas, ma fille, que le premier devoir d'une répu-
blicaine est de dénoncer tous ceux qui conspirent
contre la liberté, de dénoncer les aristocrates,
de dénoncer les rolandistes, de dénoncer les modé-
rés, de dénoncer les égoïstes, de dénoncer les agio-
teurs, de dénoncer les accapareurs, de dénoncer la
caste fanatique ?... etc. » Et sans doute, c'est la
même main qui a écrit les *Lettres de la Montagne* et
le Contrat social, et l'âme de Robespierre est fille de
l'âme de Rousseau ; mais, tout de même, on a de
la peine à concevoir ici comment le Boussanel
inquisiteur est sorti du Boussanel amoureux de la

campagne. On ne sentait point, chez l'excellent bonhomme du premier acte, le plus petit germe de haine, et surtout il y avait, dans la façon dont il parlait de la nature (et qui rappelle Michelet beaucoup plus que Jean-Jacques), autre chose que l' « idyllisme » sensuel du dernier siècle ; il y avait une profondeur d'apaisement et de bonté, une joie d'abandon aux forces naturelles et de communion avec les choses, par suite une sorte d'indulgence universelle, de nihilisme tendre, qui devait le rendre à jamais impropre aux affirmations furieuses, aux fanatismes précis et méchants, aux haines qui se traduisent par des actes... Et enfin, Boussanel, troisième manière, est trop beau ; il parle trop bien ; son sanglant délire est splendide comme celui des martyrs et des apôtres : « Grand cœur fou de Chalier, sois mon cœur ! Sang de Chalier, coule dans mes veines ! Eloquence de Chalier, touche mes lèvres de ton charbon ardent ! etc... Ah ! gens de Fontaine, vous ne savez pas ce que c'est qu'un vrai républicain ; si mon bras conspirait, je me le ferais couper ! etc... » Et au cinquième acte : «... j'ai rempli ma tâche, une dure tâche, celle d'un faiseur de coupes sombres dans les vivants, etc... » Oh ! je n'ignore pas ce qu'on dit : que les grands tueurs de la Révolution croyaient absolument à la justice et à la bonté de leur œuvre, qu'ils avaient de ces extases et de ces explosions de foi. Mais d'abord ils parlaient, et j'en suis bien aise, un affreux charabia ; ils avaient une creuse et basse rhétorique, dont la fausseté n'était peut-être bien qu'une image de la fausseté de leurs âmes. Quand ils déliraient, c'était de haine, d'envie et d'orgueil ; et leur lyrisme n'était que l'ivresse physique, aiguillonnée de peur, d'hommes qui continuent à tuer, invinciblement, parce qu'ils ont commencé... Si Boussanel, dans ce drame, n'est pas un vain fantôme, ceux qu'il représente, c'est donc Marat, Saint-Just, Couthon, Carrier. Or, je me refuse absolument à reconnaître ces personnages, qui furent les plus méchants et les plus haïssables des hommes, dans cet apôtre et ce confesseur égaré, dont l'âme reste noble dans sa folie homicide, et qui est poète, et qui s'épanche en si magnifiques discours... Il me déplaît infiniment qu'on idéalise des gens qui ont versé tant de sang innocent, et du sang de femmes, et du sang de vieillards ; et il m'est extrêmement difficile de les considérer comme des espèces de saints qui se seraient trompés.

Ainsi, tous les acteurs de *la Patrie en danger* nous ont semblé hyperboliques par quelque endroit. Et cependant il n'est presque pas un seul de leurs propos, j'en suis sûr, qui ne soit emprunté à quelque document du temps, journaux, lettres, mémoires. Mais c'est justement pour cela qu'ils ont à la fois quelque chose de démesuré et d'immobile. Leurs caractères ont été dessinés, si je puis dire, comme des tableaux synoptiques, de façon qu'on y pût en-

clore le plus de « notes » possible. Ce sont des
casiers, des cartons qui marchent, — un peu. *La
Patrie en danger* est vraiment un drame à « tiroirs ».
J'entends que MM. de Goncourt y ont vidé les leurs.

Les tableaux sont composés de la même manière
que les figures. Prenons le premier acte. C'est une
merveille d'ingénieuse mosaïque. Je ne sais comment les auteurs s'y sont pris ; mais comptez ce
qu'ils ont trouvé moyen de nous apprendre, en trente
pages, dans le cours d'un dialogue qui paraît toujours naturel , — ou à peu près : le contenu d'un
numéro de la *Gazette de France* ; la cérémonie de la
réception d'une chanoinesse au chapitre noble d'Aix ;
vingt détails de toilette ou d'ameublement ; la vie
d'un disciple de Rousseau ; le couvent de la Visita-
tion le jour où les pensionnaires partent en vacances ;
un mariage noble en 1789, les clauses du contrat,
les devoirs de la jeune mariée, et sa présentation à
la cour. Tout cela et bien d'autres choses encore !
Chaque tableau ressemble un peu (style à part) aux
lettres que le bonhomme Dezobry prête à son jeune
Gaulois dans *Rome sous Auguste.* Mais voyez les inconvénients de ce système qui fait d'un acte de drame
une malle anglaise, une malle à documents. Les
auteurs ont voulu terminer leur premier acte par le
récit de la prise de la Bastille, et ils ont imaginé
ceci. Perrinet, qui ne peut ignorer les sentiments de
la famille de Valjuzon et, en particulier, de la chanoinesse, entre comme cela, tout de gô, dépoitraillé,

la chemise tachée de sang, dans le salon où est assise
la terrible demoiselle ; et là, se tournant vers Blanche, il raconte longuement, à son aise, et avec le
plus pur enthousiasme, la première des grandes
journées révolutionnaires, — et cela, sans que la
chanoinesse ait une seule fois l'idée de l'interrompre !

Il est, du reste, très beau ce récit. Ah ! comme ce
Perrinet sait écrire ! « ... Des gibernes sur des
habits, des couteaux de chasse dans des mains
noires... du peuple comme si la liberté sortait des
pavés !... Ah ! la journée superbe l le bleu du ciel
brûlait, il faisait chaud comme avant un orage,
quand le ciel attend le tonnerre ! On crie : A la Bastille ! et nous y voilà... » Et les autres, donc !
« ... Quand on s'en va de là, dit Blanche en racontant
sa sortie du couvent, c'est singulier... le premier moment... on est contente et on a le cœur gros... Tiens,
on a comme de la joie qui aurait envie de pleurer. » Et
le comte : « ... Je baissais, mon cher... Non, je
n'avais plus cette légèreté d'ironie... ces jolis coups
de fouet que je cinglais si lestement en pleine figure
des jacobins ; à la fin je perdais le sang-froid, mes
épigrammes tournaient au coup de bâton... *J'avais
l'air d'écrire avec ma canne.* » Et plus loin :
« ... Oui, le comité des recherches à mes trousses, les
motionnaires des sections aboyant sur mes talons,
*la menace et le péril qui sifflent à mon oreille, le rever-
bère qui me convoite,* je trouve que cela précipite

admirablement les pulsations du cœur et des idées !
etc... » Ces prouesses de style sont continuelles.
Chose singulière, ce drame écrit par deux artistes
dont la prétention la plus constante a été de nous
donner la sensation directe de la vie, ce drame sent
le cabinet de travail, la petite table et l'encrier du
bon mandarin de lettres épris des gentillesses de la
phrase , il est tout pourri de littérature, il est purement livresque. Et c'est pourquoi il est intére ssant
à la lecture ; et peut-être que, si on ne l'avait pas
joué, je n'en penserais encore que du bien et n'y
verrais point ce que les planches m'ont révélé.

Il y a pourtant trois ou quatre scènes dont l'effet
est assez dramatique : la fin du second acte, quand
la chanoinesse et Blanche de Valjuzon, restées seules,
entendent le canon et la fusillade du 10 août, et que
la vieille ne peut ni pleurer ni prier ; la scène où
Blanche, qui est venue demander à Perrin un passe-
port pour rejoindre les émigrés, n'ose pas le prendre, et sort sans s'être fait reconnaître ; la scène où
Perrin résiste tout seul à l'invasion de la populace
réclamant la capitulation de Verdun ; enfin, au
dénouement, l'appel des condamnés.

Au troisième acte, M. Antoine a cru faire merveille en jetant sur la scène cent cinquante ou deux
cents camelots qui représentent la population de la
ville assiégée. Mais, comme cette foule compacte, et
qui ressemble à un mur, après avoir poussé ses cris
et agité ses bras, fait régulièrement trêve à ses

fureurs et retombe docilement dans son immobilité
pour que nous puissions entendre les beaux discours
de Perrin, il se trouve, en somme, que M. Antoine
n'a fait que multiplier par deux cents têtes l'invraisemblance et l'imbécillité du figurant traditionnel.
L'innovation se réduit donc à un fort surcroît de
poussière et d'odeur.

CRIME ET CHATIMENT

ODÉON : *Crime et Châtiment,* drame en sept tableaux, tiré du roman de Dostoïewsky, par MM. Hugues Le Roux et Paul Ginisty.

24 septembre 1888.

Un très vieux drame, c'est la lutte du policier et de l'assassin, la victoire restant au policier.

Deux cas se présentent :

Ou l'assassin garde son sang-froid, et alors l'homme de police, soit par de fines enquêtes et d'audacieuses inductions, soit en dressant des pièges au meurtrier, arrive à le convaincre de son crime ;

Ou bien l'assassin a peur, — une peur toute physique, une peur sans remords, tout au plus des remords sans repentir. Et alors l'homme de police se contente de le suivre, de l'épier, de guetter le moment où l'angoisse, la terreur, peut-être quelque hallucination, lui arracheront des aveux.

(Et il va sans dire que ces deux cas peuvent être combinés.)

Mais, étant donné que tout l'intérêt est dans la lutte engagée entre le criminel et Monsieur Lecoq, il paraît évident, en bonne logique de théâtre, que, lorsque le criminel n'en pourra plus, c'est à Monsieur Lecoq qu'il se livrera, c'est devant lui qu'il laissera échapper l'aveu, et il n'ira pas chercher un tiers pour lui faire sa confesssion.

Voilà à peu près ce que nous exposait M. Sarcey, lundi dernier, à propos de *Crime et Châtiment* ; et, jusque-là, rien à dire.

Or, un étudiant de Pétersbourg, Rodion Romanowitch, épuisé par la misère, le cerveau hanté par les théories darwiniennes, tue, pour la voler, une vieille usurière. Il se croit très fort ; il est persuadé que, la chose faite, il ne sera nullement troublé et déjouera tout soupçon par la tranquillité de son attitude. Il se trompe. Son crime se dresse partout devant lui. Son allure devient bizarre. Il a, pour des riens, des sueurs froides, des tremblements, des colères inexpliquées. Un policier, Porphyre Pétrowitch, le soupçonne, l'observe, le suit pas à pas, l'affole par ses apparitions imprévues, par ses questions, par ses ironies, par la pensée muette que le meurtrier lit dans ses regards. Tant qu'à la fin, pour se délivrer, Rodion se confesse... A qui? — A Porphyre, évidemment. — Point : il se confesse à une pauvre fille, Sonia, une espèce de prostituée mystique, de sainte du trottoir, qui nourrit son père, sa marâtre et ses petites sœurs, et pour qui une communauté de souffrances a inspiré au meurtrier une tendresse bizarre...

— Et c'est pourquoi *Crime et Châtiment* est un drame mal bâti, conclut M. Sarcey, tout en rendant justice au talent des deux jeunes auteurs.

Mais c'est peut-être que ce drame est autre chose, en effet, que l'histoire d'une chasse à l'homme. Apparemment, s'il n'y avait qu'une histoire à la Gaboriau dans le roman de Dostoïewsky, il ne nous aurait pas si profondément troublé ; et lorsque M. de Vogüé nous a révélé ce beau livre, nous aurions dit : « Ce n'est pas mal, mais nous avons mieux chez nous. »

Crime et Châtiment n'est pas seulement un roman judiciaire ; c'est, avant tout, une histoire d'âme.

Car Rodion, ce n'est ni Lacenaire, ni Troppmann. C'est quelque chose de beaucoup plus complexe, de plus intéressant et de moins éloigné de notre humanité à nous qu'un assassin intelligent et qui aurait quelques idées générales. La philosophie d'un Lacenaire est purement négative. Ce n'est qu'un animal de proie qui raisonne, qui est tout juste capable de concevoir l'ensemble du monde comme une vaste et interminable bataille pour manger et pour jouir, et de se représenter à lui-même l'assouvissement de ses appétits comme l'exercice d'un droit. Nulle place, ici, pour la pitié, et nul souci d'un intérêt supérieur à l'intérêt particulier de l'assassin. — Au contraire, si étrange que cela paraisse au premier abord, il y a

quand même, dans les mobiles qui poussent Rodion
au meurtre et dans les conditions qu'il choisit lui-
même pour son crime, une sorte de désintéressement
et aussi de pitié profonde et vraie, une déformation
d'un sentiment moral et presque d'un sentiment
religieux, dans un cerveau malade, cerveau d'affamé,
de rêveur orgueilleux, d'idéologue guetté par la
folie...

Rodion est fort intelligent ; ses amis lui recon-
naissent presque du génie. Il sent une puissance en
lui, une puissance qui serait bienfaisante et qui
ferait honneur à l'humanité si elle pouvait se
déployer. Un seul obstacle, mais insurmontable : la
misère. Que ne ferait-il pas avec de l'argent, — cet
argent que détiennent souvent des êtres méchants et
nuisibles, par exemple l'usurière Aléna, vieille, horrible, et si impitoyable aux malheureux ! Quel mal
ferait-il en la supprimant ? Aucun. Son droit ? Il est
dans sa supériorité intellectuelle et morale. Un
homme comme Napoléon Ier en avait-il un autre?
(Rodion est obsédé par le souvenir du grand empe-
reur comme Julien Sorel, avec qui on lui pourrait
trouver quelque ressemblance.)

Rodion se sent d'autant plus rassuré sur son droit
non pas au meurtre, mais à ce meurtre-là, qu'il a
conscience de la tendresse de son propre cœur. Il a
grande pitié des souffrants, des misérables, de Sonia,
même de l'ivrogne Marmeladoff. Assurément, il ne
tuerait pas un moujick ; il ne tuerait même pas un

riche qui aurait de la bonté, ni un artiste ou un savant qui se trouverait être riche. Mais Aléna ! L'existence d'un pareil monstre est évidemment une erreur de la création. Rien ne défend de tuer Aléna, rien, sinon le précepte général: « Tu ne tueras point. » Mais ce précepte n'a pas prévu tous les cas; et d'ailleurs Rodion s'est placé dès longtemps au-dessus des religions positives et des morales enseignées. Tuer Aléna, ce n'est donc pour lui que corriger violemment, sur un point, le désordre et l'absurdité de l'univers. Ce n'est que substituer, dans un cas déterminé, son sens propre à l'aveugle prescription de l'obscure morale universelle...

Eh ! qui de nous n'a fait cela, du moins en pensée? Rodion, lui, passe à l'acte ; mais, encore une fois, il est malade ; il souffre de la faim ; il est poursuivi par une idée fixe qui, d'après une loi connue, tend à se réaliser sans que sa volonté y soit presque pour rien. Les circonstances, non seulement le servent, mais le sollicitent, le provoquent, semblent le tenter. Il tue à la façon d'un somnambule, mû par une force qu'il a sans doute créée, mais qu'il ne gouverne plus... Et c'est ainsi qu'on peut voir un assassin qui tue pour voler — et qui n'est pas odieux.

Ceci posé, ce qui se passe dans l'âme de Rodion après le meurtre ne saurait être tout à fait du même ordre que ce qui se pourrait passer chez un Pranzini un peu nerveux. Sans doute, Rodion s'aperçoit alors qu'il est moins fort et moins maître de lui qu'il ne croyait ; il a peur, et peur sans raison. Il revoit toujours l'horrible scène. Mais enfin il est des moments où il retrouve sa lucidité d'esprit ; et, même lorsqu'il est le plus agité, il se possède encore assez pour ne pas se couper dans ses explications, et pour ne lâcher aucun mot irréparable. Sa fièvre et son désordre mental ont une autre cause que la terreur, et plus profonde. C'est que, à peine l'acte par lequel il affirmait sa morale particulière était-il accompli, la morale universelle s'est vengée. Il lui est apparu dans un éclair, avec d'autant plus d'évidence qu'il n'aurait pu en donner les raisons, qu'en tuant cette vieille femme méchante il s'est très réellement rendu criminel et qu'il a violé une loi absolue, mystérieuse, plus générale et plus auguste que toutes nos éthiques personnelles. Ce qui s'est douloureusement éveillé en lui, c'est la conscience subite de son indignité, de sa déchéance, de sa souillure. Il a compris que l'homme ne se substitue pas impunément à Dieu. Il a senti en outre ce qu'il n'avait pas voulu apercevoir : l'ignominie cachée sous l'orgueil de son crime, et qu'un meurtre dont le meurtrier tire un profit matériel, quelle que soit du reste la sublimité de ses pensées, n'est rien de plus qu'un assassinat.

C'est cela qui le travaille, et beaucoup plus que la peur. La preuve, c'est qu'il se livrera au moment où il n'aura plus rien à craindre et après qu'un pauvre diable d'ouvrier (celui dont la hache a servi au crime), rendu fou par les émotions, sera venu se dénoncer lui-même.

Or, c'est sans doute à Porphyre que Rodion se livrera, *parce qu'il y est obligé* par sa conscience et qu'il *ne peut pas* laisser condamner un innocent. Mais, auparavant, il faut qu'il se confesse, *parce qu'il en a besoin.*

A qui donc se confessera-t-il? Sera-ce à ce Porphyre? Non, puisque se confesser à lui, ce serait déjà se livrer, et qu'il n'en a pas le courage encore, et que c'est cette confession même qui peut seule le lui donner. Et puis, se confesse-t-on (comprenez tout ce qu'il y a dans ce mot) se confesse-t-on à un homme de police? à un fonctionnaire? à un monsieur qui a une écharpe dans sa poche? à un ennemi?

Voici celle devant qui Rodion soulagera son cœur. Elle est fille publique, elle s'appelle Sonia. « ... Un jour qu'il ne nous restait plus rien, mais rien, raconte son ivrogne de père, Sonia a mis son burnous, et, sans rien dire, elle est sortie de notre logement. Le soir, elle **est revenue. En** entrant, elle va droit à Catherine et sans dire un **mot** dépose **trentre** roubles d'argent devant ma femme. Cela fait, elle prend' notre foulard vert en drap de dame, c'est un foulard qui sert pour toute la famille, elle **s'en enveloppe** la' tête **et** se couche sur le **lit des** enfants, **le** visage tourné du côté du mur. Mais **ses** épaules et son corps étaient agités d'un frisson... Depuis ce temps, Monsieur, ma fille a été inscrite à la police, ce qui l'a

obligée à nous quitter... » — Le bon ivrogne Marmeladoff et l'assassin Rodion considèrent Sonia
comme une sainte. A vrai dire, il est extraordinairement difficile de concevoir sa sainteté, pour peu
qu'on se représente avec quelque précision et dans
un détail un peu poussé le métier qu'elle fait. « Les
trottoirs de Pétersbourg doivent en rire », dit mon
spirituel confrère Hector Pessard. Ces Slaves se mo-
queraient-ils de nous? Pourtant soyons graves et
essayons de comprendre. Il faut d'abord admettre
que, dans le cours de ses immolations quotidiennes,
Sonia n'éprouve jamais pour son compte le plus petit
plaisir. Car, si la victime s'amuse, nous nous méfions.
Je veux aussi que Sonia soit profondément humble,
qu'elle ne se doute pas un instant que son histoire est
matière à littérature et qu'elle peut émouvoir des
journalistes et des romanciers ; je veux qu'elle soit
bien persuadée de son infamie ; car, si elle cesse d'en
être persuadée, c'est alors qu'elle n'est plus vénérable du tout. Ce n'est pas tout d'être en carte par
pitié filiale : « il faut encore être modeste », comme
dit l'autre. C'est du reste, à ce que je crois, la pensée
de Dostoïewsky. Sonia se résout à son infamie comme
à la pire des douleurs et comme au seul moyen
qu'elle ait d'être utile à ceux qu'elle aime. Elle manque à un devoir dont la violation n'atteint qu'elle-
même, afin d'accomplir un devoir d'ordre supérieur,
celui qui nous oblige envers les autres. Elle perd
son âme par le sentiment qui d'ordinaire sauve le

mieux les âmes et les élève le plus en dignité. Elle
se souille aux yeux de Dieu pour mieux obeir aux
fins divines. Elle songe : « J'accepte d'être infâme
pour être plus charitable et meilleure aux hommes »,
par une folie qui rappelle un peu celle de sainte Thé-
rèse disant à Dieu : « Que je sois damnée, pourvu
que je vous aime toujours ; car ainsi vous verrez bien
que je vous aime sans intérêt. » Mais au fond Sonia
agit surtout par un instinct sublime. Son état d'esprit
est si paradoxal qu'elle ne doit pas en avoir bien
clairement conscience. Elle vit dans un rêve, comme
Rodion,— et comme, paraît-il, beaucoup de Russes...
Le propre de l'âme russe, qui est, dit-on, éminemment idéaliste, c'est peut-être, qui sait ? de ne pas
apporter une attention trop soutenue à ce que fait
son corps, et de pouvoir se créer une vie morale profondément séparée de l'autre, qui va son train
comme elle peut.

Quoi qu'il en soit, Sonia est bien la créature à qui
Rodion doit se confesser. Cela, pour plusieurs raisons. Depuis longtemps, il voit dans Sonia un des
exemplaires les plus accomplis de la souffrance
humaine : et puisque, parmi les sentiments complexes
qui l'ont poussé au meurtre, il y avait une espèce de
pitié sophistique pour les misérables, on peut dire
que c'est un peu à cause de Sonia qu'il a tué l'usurière. Puis ils se trouvent tous deux dans une situation
morale absolument exceptionnelle : lui assassin par
orgueil spéculatif et (il le croit du moins) par huma-

nitarisme transcendant ; — elle, prostituée par
charité. Ils se sont fait — lui le savant et elle l'ignorante — une idée du devoir singulièrement personnelle et hardie. Cela n'est-il pas l'indice d'une
secrète conformité d'âmes ? Leur étrangeté doit les
rapprocher. Mais, outre la sympathie qu'il a besoin
d'éprouver pour ouvrir son cœur, elle lui inspire le
respect, même la vénération qui, seule, peut transformer l'aveu en confession véritable. Car si Sonia
s'est mise aussi hors de la règle, c'est en violant un
devoir qui ne l'obligeait qu'envers elle-même : elle
est, comme lui, dans l'exception ; mais elle y est
restée inoffensive, pure de tout crime envers autrui.
Extérieurement avilie, elle ne le méprisera pas ;
sainte par le dedans, elle saura le consoler et le
relever. C'est bien le confesseur qu'il lui faut ; il n'y
en a pas un autre au monde. Il y a du reste, dans la
condition sociale de Sonia, quelque chose qui ne
déplaît point à ce qui persiste en lui d'orgueilleux dé-
classement moral. C'est donc vers elle qu'il se réfu-
giera. Après, mais après seulement, il pourra se dénoncer à l'homme de police ; et c'est la prostituée
au cœur immaculé qui l'y enverra.

MM. Le Roux et Ginisty ont donc bien fait de con-
server l'étrange entretien de Sonia et de Rodion.
Ils le devaient. C'est là le vrai dénouement de cette
histoire d'âme. L'intervention de Porphyre ne sert
qu'à hâter chez Rodion le travail de sa conscience,
à préparer ce dénouement et à le rendre inévitable.

Maintenant, peut-être les auteurs de la pièce ont-ils eu tort de ne pas nous expliquer plus longuement, soit par les discours de l'étudiant Razoumikine qui eût alors rempli l'office de raisonneur, soit même par l'artifice classique du monologue, deux personnages aussi prodigieusement exceptionnels que Rodion et Sonia, et de ne pas nous rendre plus sensible et plus clair ce qui se passe dans l'âme de l'assassin après le crime. Enfin, il me déplaît qu'ils aient mis de l'amour et des baisers dans le suprême entretien de l'assassin philosophe et de la pierreuse mystique.

Mais ne nous plaignons pas. Il y a dans ce drame bien de l'adresse et de l'ingéniosité et un vrai sens du théâtre. Sans compter le style, qui porte la marque de deux vrais lettrés. D'un roman étranger, du plus russe des romans russes, d'un roman qui a paru étrange même là-bas, d'un roman presque purement psychologique, d'un roman qui a huit cents pages et qui, malgré cela, n'est pas encore trop clair, MM. Le Roux et Ginisty ont su tirer un drame, poignant par endroits, intéressant d'un bout à l'autre : c'est dire qu'ils ont fait l'impossible.

Sais-je moi-même si j'ai bien compris tout à l'heure la pensée de Dostoïewsky ? Il n'est déjà pas si facile, quand on lit le roman, de distinguer nettement, chez Rodion, le travail de la peur et le travail de la conscience, et de ne point rapporter à l'une ce qui appartient à l'autre... La Russie, depuis quelques années, nous a peut-être fait dire bien

des sottises. J'avoue que je reste un peu « baba »
devant cet assassin et devant cette fille. J'ai quelquefois envie de leur dire :

Je soupçonne, entre nous, que vous n'existez pas.

Tandis que se dévoilent laborieusement leurs
âmes contradictoires, plus artificielles et formées de
plus violentes antithèses que celles de Triboulet ou
de Lucrèce Borgia, un Parisien de Paris (ce n'est pas
moi) hésite entre l'admiration éperdue (car il est né
confiant, grand amateur des choses étrangères) et la
raillerie la plus irrévérencieuse quand par hasard
il ose se reprendre... Ce qu'on en peut dire de mieux,
c'est que ce sont des fous. Tout cela, c'est de la
psychologie profonde sans doute, mais rêvée. Où
diable avez-vous vu Sonia ? J'ai déjà bien de la peine
à croire à Marguerite Gautier. Et Rodion ? Est-ce
que Lebiez ou Pranzini ont eu de ces faiblesses d'enfant ? Il y a, très certainement, des hommes et des
femmes du monde, de ceux que vous rencontrez,
qui ont commis des crimes, et qui sourient, et qui
sont parfaitement tranquilles. A un certain degré de
culture intellectuelle, l'admirable nouvelle de Barbey d'Aurevilly : *le Bonheur dans le crime*, a mille
chances de plus d'être vraie que le roman de Dostoïewsky... Et puis, excusez-moi, je ne suis pas Slave
pour un sou.

C'est peut-être pour cela que j'ai extrêmement

goûté le rôle de Marmeladoff. En le jouant comme il
l'a fait, à contre-sens, en pochard des Batignolles,
M. Montbars en a fait une merveilleuse parodie de
ce qu'il y a — déjà ! — de convention et de snobisme
moral dans le tolstoïsme, qui n'est peut-être que
l'exagération kalmouke de certaines conceptions
chères aux romantiques. Ecoutez cet ivrogne affamé
d'expiation et qui entretient, avec une complaisance
si comique, la petite flamme de sa conscience sur le
bourbier de son ignominie, — comme une lanterne
dans un toit à porcs : «..... Et maintenant fixez les
yeux sur moi. Oserez-vous affirmer que je ne suis pas
un cochon ? » Et à Sonia : « ..... Ne me regarde pas
ainsi, avec ces yeux comme en ont les anges qui
pleurent sur les fautes humaines... Oui, je le boirai,
ton argent ; plus je bois, plus je me sens indigne, et
cela aussi est un châtiment. Ce sont les larmes que
je cherche au fond du verre et que je savoure. » Et
à sa femme qui lui tire les cheveux : «Ah ! tire, tire !
ne crois pas que je veuille me soustraire au châtiment... Aïe ! aïe ! Non ! tu ne me fais pas assez mal :
j'expie !... Tire, la douleur purifie... Mes enfants
soyez témoins de la résignation avec laquelle j'accepte la punition que j'ai méritée. Et quand vous
serez grands, vous vous direz : Notre père était un
ivrogne, un crapuleux ivrogne ; mais il avait si fort
le sentiment de son indignité qu'il aurait voulu avoir
toute la terre comme spectatrice de sa contrition. »
Il n'y a que les Marseillais pour « blaguer » les

Marseillais. De même, il n'y a que les Russes... Mais j'ai déjà trop parlé ; tout ceci n'est qu'une boutade, et je ne veux pas nuire à la fameuse alliance, à celle que nous mendions depuis si longtemps.

L'ORAGE

THÉÂTRE BEAUMARCHAIS : *L'Orage*, drame en cinq actes et six tableaux, d'Ostrowsky, traduit du russe par MM. Isaac Pavlovsky et Oscar Meténier.

11 mars 1889.

... Là-bas, là-bas, dans une petite ville de Russie, sur le bord du Volga. Des gens se promènent et causent dans un jardin public. Ils sont bizarres et lointains ; on sent d'ailleurs que leurs propos sont traduits d'une langue étrangère (et la traduction est telle, il faut le dire, qu'elle accroît encore l'étrangeté de ce langage). Nous sommes, dès le début, complètement dépaysés.

C'est le petit horloger **Kouliguine** et le petit commis **Koudriache**. **Kouliguine** est un rêveur et un moraliste. Il fait remarquer que le paysage est très beau. Puis il développe ce point « que les mœurs sont cruelles » dans la petite ville qu'il habite ; que les riches sont rapaces, de mauvaise foi et sans pitié. Il explique aussi qu'il est en train de découvrir le mouvement perpétuel. — **Koudriache** est employé chez Dikoï, un riche marchand connu pour sa vio-

lence et sa méchanceté. Dikoï n'étant pas là, Koudriache fait le brave. « Ah ! dit-il avec ingénuité,
c'est dommage qu'il n'ait que des filles mineures.
S'il en avait une bonne à marier, je lui ferais son
affaire. C'est que je suis très porté pour les filles ! »
Le terrible Dikoï paraît à son tour avec son neveu
Boris, qu'il brutalise et injurie pour rien, pour le
plaisir, et en crachant à chaque phrase... Ces gens-
là, et tous ceux que nous verrons, ont une façon
absolument naïve et tranquille d'être ce qu'ils sont.
Ce sont des primitifs. On se dit : « D'où sortent-ils ? »
puis on les trouve originaux. Boris, seul, paraît pâle
et insignifiant, justement parce qu'il est plus instruit
et plus civilisé que les autres...

Mais voici venir les principaux personnages du
drame : la belle Katerina, son mari Kabanov, sa
belle-mère Kabanova et sa belle-sœur Varvara.
Katerina est triste, Kabanov abruti, et la petite Varvara a des airs sournois. C'est que la vieille Kabanova,
dévote, formaliste, tout ce qu'il y a de plus « vieille
Russie », les opprime et les terrorise tous trois.
Cette imposante mégère déploie dans la contradiction des re-sources d'esprit bien remarquables.
Jugez plutôt :

« ... Eh bien, attendez, vous l'aurez la liberté,
quand je n'y serai plus. Alors vous pourrez faire ce
que vous voudrez... Peut-être me regretterez-vous.

KABANOV : Mais, maman, nous ne faisons que
supplier Dieu jour et nuit pour qu'il vous donne

santé, prospérité complète et réussite dans vos affaires.

KABANOVA : C'est bien ! Assez, je te prie ! Peut-être bien que tu aimais ta mère avant ton mariage. Maintenant tu n'as plus le temps de penser à moi, tu as une jeune femme.

KABANOV : Une chose n'empêche pas l'autre. La femme, c'est très bien, mais je respecte aussi ma mère.

KABANOVA : Alors tu donnerais ta femme pour ta mère ? Jamais de la vie je ne le croirai.

KABANOV : Je n'ai pas à donner l'une pour l'autre ; je les aime toutes les deux.

KABANOVA : Oui, oui, c'est cela, raconte des histoires ; je vois bien que je vous gêne.

KABANOV : Pensez ce que vous voudrez, vous en avez le droit. Seulement, je suis bien malheureux de ne pouvoir arriver à vous contenter.

KABANOVA : Ne te pose pas en victime ! Ne pleurniche pas ! Est-ce que tu es un mari ? Regarde-toi bien. Est-ce qu'une femme peut te craindre ?

KABANOV : Je n'ai pas à me faire craindre. Il me suffit qu'elle m'aime.

KABANOVA : Comment ! tu n'as pas à te faire craindre ? Es-tu devenu fou, par exemple ? Si elle ne te craint pas, elle ne me craindra pas non plus... etc. »

Mais lisez toute la scène. Elle est excellente. Entre cette belle-mère et ce mari, que voulez-vous que devienne Katerina ?... Depuis quelque temps Boris

tourne autour d'elle. Elle s'est mise à l'aimer, car
c'est le jeune homme le mieux élevé de la petite ville.
Elle-même est une créature assez fine et délicate,
d'une sensibilité maladive ; ce que nous appelons à
Paris une hystérique. Pendant que Kabanov est allé
boire au cabaret, Katerina raconte son enfance à
Varvara; combien elle aimait aller à l'église, qu'elle
croyait voir des anges voltiger dans la grande colonne
de lumière qui tombait de la voûte ; ou bien qu'elle
se levait la nuit et qu'elle priait jusqu'au matin devant
les images. « ... Pourquoi je priais alors, ce que je
demandais, je ne le sais pas, je n'avais besoin de rien.
Et quels rêves je faisais, Varia, quels rêves !... Je
rêve encore maintenant, mais rarement... et ce n'est
plus cela. » Et elle confie à Varvara qu'elle est malheureuse, hantée de pensées coupables, et qu'elle
voudrait s'enfuir, et qu'elle mourra bientôt, elle en
est sûre.

La petite Varvara... oh ! celle-là est toute simple.
C'est la coquine la plus innocente et la plus sereine.
Elle est la maîtresse du commis Koudriache, et trouve
tout naturel que sa belle-sœur ait aussi un amant.
Même elle est si bonne fille qu'elle lui propose de lui
ménager un rendez-vous avec Boris... Et là-dessus
passe une vieille dame avec un bâton, et suivie de
deux domestiques à tricornes. Elle aperçoit Katerina
et Varvara, et tout à coup l'antique sibylle se met à
crier :

« Eh bien ! mes belles, que faites-vous ici ? Vous

attendez vos chers amants, vous êtes contentes ! Votre
beauté vous réjouit. Mais voilà où mène la beauté !
(*Elle montre le Volga*). Là ! là ! dans ce tourbillon !
(*Varvara sourit*). Vous riez ! Ah ! vous riez ! Ne riez
pas ! (*Elle frappe la terre de son bâton*). Vous toutes,
vous brûlerez dans les flammes éternelles ! Vous
cuirez dans la poix bouillante ! Voilà où mène la
beauté ! »

Passons sur une assez longue conversation entre
la servante Glacha et la vieille « pèlerine » idiote
Fekloucha, qui exprime, sur les chemins de fer et
sur la civilisation en général, à peu près les mêmes
opinions que le vidangeur mystique de *la Puissance
des Ténèbres*. Kabanov va partir pour un voyage de
quinze jours. L'exquise petite Varvara continue à
tenter sa belle-sœur : « Sais-tu, Katia, tu n'aimes pas
ton mari. — Pourquoi ne l'aimerais-je pas ? Je le
plains beaucoup. — Non, tu ne l'aimes pas. Si tu le
plains, c'est que tu ne l'aimes pas. Et, à dire la vérité,
il n'en vaut pas la peine... » Katerina est de plus en
plus troublée... elle a peur d'elle-même et de tout ce
qu'elle sent s'agiter dans le mystère de son âme... On
dirait que tout conspire à la jeter dans les bras
de Boris. L'odieuse Kabanova force son fils à faire à
Katerina, avant son départ, les recommandations les
plus offensantes... Pourtant, restée seule avec lui,
Katerina, épouvantée, se jette dans ses bras, le
supplie de l'emmener. Il ne comprend rien, il répond
que c'est impossible. « Eh bien ! alors, s'écrie-t-elle,

demande-moi un serment solennel... — Quel serment ? — Voici : le serment de ne parler à aucun
étranger sans toi, de ne voir personne, de ne penser
jamais à personne qu'à toi ! — Pourquoi ça ? — Tran-
quillise mon âme ! accorde-moi cette grâce ! On ne
peut jamais répondre de soi. Tant d'idées peuvent
vous passer par la tète ! (*Elle se jette à ses genoux.*)
Que je ne voie ni mon père, ni ma mère, ·que je meure
sans contrition si je... » Alors l'imbécile, la relevant :
« Que fais-tu ? ah ! quel péché ! je ne veux pas
même t'écouter ! » Et, dès qu'il est parti, Varvara,
de force, met dans la main de Katerina la clef qui lui
permettra d'aller, la nuit, à l'endroit où Boris l'attend.

Ici, nouvelle interruption du drame. La vieille
Kabanova et la pèlerine Fekloucha échangent des
radotages sur la vanité du siècle. Dikoï étale de
nouveau sa méchanceté avec une complaisance saugrenue. Le doux Kouliguine rêve, récite des vers, et
raconte les abominations qui se commettent derrière
les portes closes des riches...

Mais soudain l'action repart. La nuit. Un ravin.
C'est fini. Katerina, vaincue, n'obéit plus qu'aux
forces obscures de son corps. Tandis que Varvara
rejoint son Koudriache, elle descend le sentier, d'un
pas de somnambule, un grand fichu blanc sur la
tête, les yeux baissés... « Ah ! Katerina, dit Boris, si
vous saviez comme je vous aime ! » Mais elle, sans
lever les yeux : « Ne me touche pas !... Ne me touche

pas !... Va-t-en... Jamais je ne pourrai me faire par-
donner ce péché !... Tu m'as perdue !... Tu vois bien
que tu m'as perdue, puisque laissant la maison, je viens
vers toi, la nuit ! — C'était votre volonté ! réplique le
pauvre garçon. — Je n'ai pas de volonté ! *Si j'avais une
volonté, je ne serais pas venue à toi.* » Et alors seulement elle lève les yeux et regarde Boris : « Maintenant, tu as pouvoir sur moi ! Est-ce que tu ne le vois
pas ? » Et elle se jette à son cou, furieusement.....
Vous pouvez ici, je crois, admirer en toute sécurité,
et non seulement parce que c'est russe, mais parce
que c'est fort beau. Je ne pense pas qu'on ait jamais
exprimé par des moyens ni des attitudes ni des mots
plus simples et plus forts la fatalité d'une passion, la
soudaine terreur de l'âme et du corps à l'heure irrévocable, et ce saut désespéré dans le paradis, qui
ressemble à un « saut dans les ténèbres »...

Troisième interruption du drame ; troisième entrée
du méchant Dikoï et du rêveur Kouliguine. Le petit
horloger explique au riche marchand que, pour dix
roubles, il se chargerait d'installer, au milieu de la
promenade, un beau cadran solaire. Et, comme un
orage menace, il se met à vanter les paratonnerres.
« Car, dit-il, l'orage, c'est de l'électricité. » — Alors
Dikoï : « L'électricité ? Des bêtises ! L'orage nous
est envoyé pour notre punition, pour que nous le
sentions, et toi, tu veux te défendre avec des tiges et
d'autres stupidités, que Dieu me pardonne ! Es-tu
donc un Tartare, hein ? Dis, es-tu un Tartare ? »

Cependant, les premières gouttes d'eau obligent les passants à se réfugier « dans une galerie étroite, sous les voûtes d'un vieil édifice tombant en ruines »; sur la muraille, on voit encore les traces d'une vieille peinture qui représentait l'enfer... Arrive Katerina avec sa belle-mère et son mari, revenu de voyage. Elle a peur. Un passant, auprès d'elle, dit que, pour sûr, l'orage tuera quelqu'un. « Ah ! dit-elle à Kabanov, je sais qui il tuera ! — Comment le sais-tu ? — C'est moi qu'il tuera ! Priez Dieu pour moi ! » A ce moment repasse la vieille dame du premier acte, toujours suivie des deux valets à tricornes. Elle voit Katerina qui tremble et qui se cache: « Pourquoi te caches-tu ? lui crie-t-elle... Tu as peur, tu ne veux pas mourir... Je crois bien ! Voyez donc comme elle est belle !... ah ! ah ! ah ! la beauté ! Prie donc Dieu qu'il t'enlève ta beauté. La beauté, c'est notre perte ! Tu te perdras ! Tu séduiras les hommes... Il vaudrait mieux, quand on est belle, se jeter dans les tourbillons, et vite, vite !... Où te caches-tu ? Sotte ! Tu n'échapperas pas à Dieu ! »

Enervée par l'orage, épouvantée par ces imprécations, Katerina s'agenouille devant le mur où sont peints les damnés, se relève brusquement et...

Je n'ai pas besoin de vous le dire, puisque vous l'avez deviné. En Russie, quand on a assassiné une vieille femme, quand on a enterré un enfant tout vif, ou simplement quand on a trompé son mari, on profite du moment où il y a beaucoup de monde

dans la rue, et alors on se met à genoux et on se
confesse tout haut. Il paraît que c'est l'habitude
du pays. Et cela fait qu'à Paris les psychologues
murmurent d'un air profond : « Oh ! cette âme
russe ! »

Donc, Katerina, n'en pouvant plus, se confesse,
comme Rodion dans *Crime et Châtiment* et comme
Nikita dans *la Puissance des Ténèbres*. Et ici, ce pauvre benêt de Kabanov (ô beauté des âmes simples !)
se révèle comme le meilleur homme du monde. Au
moment où sa femme commence sa confession, il la
tire, éperdu, par la manche : « Ne dis rien ! ne dis
rien ! La mère est là ! » et tandis que Katerina continue : « Pendant dix nuits j'ai péché », il veut l'embrasser, et, quand elle a fini, il la reçoit, évanouie,
dans ses bras.

Au cinquième acte, ce Charles Bovary des steppes
ouvre son cœur à l'excellent Kouliguine : « Ah !
comme ma femme a agi avec moi ! On ne peut imaginer rien de pire ! La tuer, ce n'est pas assez !
Maman dit qu'il faudrait l'enterrer toute vive pour
son châtiment. Et moi, je l'aime ! *Je l'ai battue un peu,
et encore parce que maman me l'a ordonné.* Ça me fait
pitié, rien que de la regarder. » L'excellent Kouliguine
lui conseille le pardon : « Vous-même vous n'êtes
pas sans péchés... Ne lui reprochez rien, même
quand vous êtes gris. Elle deviendra une excellente
femme et peut-être meilleure que n'importe quelle
autre. » Kabanov ne demanderait pas mieux que

d'étre indulgent, mais il a peur de sa mère... et il
boit de plus en plus pour oublier son chagrin...

Mais voici venir, sur le bord mélancolique du Volga,
la pauvre Katerina, qui a pu s'échapper de la maison.
Elle marche d'un pas d'hallucinée... Oh! le doulou-
reux monologue, où ces deux mots : « perdue ! »
et « mourir ! » reviennent sur ses lèvres pâles parmi
ses plaintes, avec une monotonie de glas... Si seulement elle pouvait *le* revoir ! Justement, le voici.
Elle court vers lui, pleure sur sa poitrine. Il lui
raconte qu'il va partir; que son oncle l'envoie très
loin, chez un marchand de ses amis, en Sibérie...
« Que Dieu t'accompagne ! dit-elle, ne t'afflige pas à
cause de moi ! Au commencement, tu t'ennuieras
peut-être, mon pauvre ami, et puis, tu oublieras... »
Elle lui recommande de ne pas laisser passer un
seul pauvre tout le long de la route sans lui donner
l'aumône et sans lui dire de prier Dieu pour son
âme de pécheresse, et enfin : « Laisse-moi te regarder
une dernière fois !... Assez ! maintenant, pars, avec
l'aide de Dieu. Va-t-en ! va-t-en vite. » Quand il
s'est éloigné, elle se jette dans le fleuve... Kabanov
et Kanabova, qui sont à sa recherche, arrivent alors
sur la scène. Kabanov veut aussi se jeter à l'eau :
« Se faire périr à cause d'elle ! Elle n'en vaut pas la
peine », dit la mère. Mais des passants ont repêché
le corps, sur lequel Kanabov se précipite en sanglotant : « Assez ! dit la vieille. C'est un péché même
de la pleurer. » — « Maman, dit le pauvre diable à

qui son désespoir donne du courage, c'est vous qui
l'avez perdue, vous, vous ! » Sur quoi la mère (il faut
avouer que cette antique figure de bois devient
admirable à force de dureté puritaine et qu'elle
atteint à la grandeur) : « Nous en causerons à la
maison, mon fils. » Puis, faisant un profond salut à
la foule : « Merci pour votre service, braves gens. »

Et Mlle Varvara, la petite belle-sœur, qu'est-elle
devenue pendant ce temps-là ? Ennuyée de vivre au
milieu de gens qui prennent les choses si fort au
sérieux, elle a tranquillement filé avec son Koudriache. Cette petite Varvara (Varia pour ses intimes) est le seul personnage du drame qui n'ait pas
paru trop dépaysé boulevard Beaumarchais. Elle
semblait être là pour servir de lien entre l'âme russe
et notre âme parisienne. Pas Slave pour un sou, Varvara. Le rôle était joué, d'ailleurs, par une jeune
comédienne sans façon, fort gentille, qui avait tout
à fait l'air d'être montée de la rue, et qui nous faisait
risette avec ses jolies dents.

J'ai fait beaucoup de citations. Il n'y avait pas
d'autre moyen de vous donner quelque idée du ton et
de la couleur du drame. On le sent à la fois très
étrange et, dans les scènes essentielles, d'une admirable vérité. Les scènes épisodiques (ce sont, parait-
il, les premières peintures qu'on ait faites au théâtre
de la petite bourgeoisie russe) ont ce mérite de reculer la pièce comme dans un lointain de tragédie
(l'exotisme et l'éloignement dans l'espace produisant

à peu près les mêmes effets que l'éloignement dans
le temps). Et, d'autre part, les personnages, qui sont
encore des primitifs, ont une profondeur, une violence
de sentiments, une spontanéité et une candeur de
langage qu'on ne trouve plus guère à ce degré dans
nos civilisations d'Occident. Ils n'ont point ce qu'on
a toujours chez nous autres, — plus ou moins, — ce
qui se rencontre même chez nos paysans : la peur du
ridicule. Ils parlent tous, comme on dit, « la bouche
ouverte », et cela déjà nous paraît extraordinaire et
nouveau. Et ils joignent à cette absolue naïveté un
tour d'imagination un peu lent et rêveur, comme il
sied à des gens dont les yeux sont habitués aux vastes
horizons déserts et qui, même quand ils n'y pensent
point, sentent autour d'eux des solitudes infinies...

De plus, ce sont tous de bons chrétiens, — même
les vicieux et les méchants. Et cela peut-être suffit à
mettre quelques milliers de lieues de plus entre ce
théâtre et le nôtre. Car voyez : notre théâtre, à nous,
n'est point chrétien. Il ne l'a jamais été (sauf de très
rares exceptions) depuis la Renaissance. On parle
sur notre scène de « vices », de « fautes », de
« chutes », de « crimes », jamais de « péché ». Ou,
si quelqu'un en parle, c'est Tartuffe. Il faut dire
aussi que l'idée de péché nous préoccupe peu dans
la vie réelle. Assurément nul auteur dramatique de
chez nous ne s'avisera de prêter ce souci aux bourgeois de nos petites villes ou aux paysans de l'Ile-de-
France. Mais ici, sur les bords du Volga, les gens

ont encore une vie intérieure et spirituelle. Ils songent
tous les jours à la rédemption, au ciel et à l'enfer.
Pour eux, se mettre en colère, se venger, voler, tuer,
séduire une femme, etc. — c'est-à-dire commettre
tous les actes qui forment nécessairement la trame
des pièces de théâtre, — cela s'appelle proprement
« pécher ». Et c'est pourquoi ce mot revient si souvent dans les drames russes que nous connaissons.
Je feuillette l'*Orage*. Kabanova, qui vient de s'emporter contre son fils, s'arrête tout à coup : « Ah !
quel péché ! Voyez combien il est facile de commettre des péchés avec vous. On entame une conversation qui vous tient au cœur, et on commet un
péché, car on se fâche ! » (Notez que, dans la pensée
d'Ostrowsky, Kabanova est moins une dévote qu'une
belle-mère jalouse et impérieuse et une gardienne
des vieux usages.) Je n'ai pas besoin de vous rappeler
que Katerina, cette Bovary ou cette Froufrou mystique, n'a que le mot « péché » à la bouche. Mais
Dikoï lui-même, cette brute, a parfois dans ses violences des arrêts subits : c'est l'angoisse du péché qui
le prend à la gorge, et un besoin de pénitence : « Pendant le grand carême, je me sanctifiais... » Il raconte
qu'il a battu un paysan qui venait lui réclamer de
l'argent, et il ajoute : « Après, je lui ai demandé
pardon, en m'inclinant jusqu'à terre ! Vrai !... Ici
même, au milieu de la cour, dans la boue, je me
suis incliné devant lui, devant tout le monde... » Il
n'est pas jusqu'à cette ingénue gourgandine de Var-

vara qui ne dise couramment : « J'ai aussi mes péchés. »

Cela est si continuel, que cela en devient presque comique pour nous. On le pourrait aisément tourner en plaisanterie, dire que ces Russes sont de jolis far-ceurs et que le trait essentiel de cette fameuse « âme slave », c'est de laisser aller son corps où il veut, — mais en se frappant la poitrine et en se répétant comme le Marmeladoff de *Crime et Châtiment* : « J'ai péché, je suis un cochon. » Car cette idée toujours présente du péché n'empêche nullement nos gens de le commettre... Qu'est-ce à dire ? C'est que ces hommes lointains sont, à très peu de chose près — et avec des façons russes, naturellement, — dans le même état d'âme que nos pères du moyen âge. Et, en effet, cette préoccupation du péché, jointe aux plus violents instincts, on la retrouverait souvent chez les personnages de nos *Mystères*. Et ce qui fait peut-être l'originalité des drames russes et leur donne tant de saveur, c'est que des états psychologiques qui, pour nous, ont quatre siècles de date, y sont exprimés, non plus par de pauvres clercs aussi naïfs que leurs contemporains, mais par des écrivains de culture raffinée et d'observation pénétrante...

MEILHAC ET HALÉVY

VARIÉTÉS : Reprise de *Barbe-Bleue*, opéra-bouffe en trois actes, de MM. Henri Meilhac et Ludovic Halévy, musique de Jacques Offenbach.

8 octobre 1888.

Tandis que les messieurs entre deux âges ou plus exactement (car on est toujours entre deux âges) les messieurs de troisième jeunesse, — en d'autres termes, les vieux messieurs, — disaient dans les couloirs : « Eh bien, oui, c'est gentil, mais il n'y a pas à se le dissimuler, ça date ! » (sans s'apercevoir que c'étaient eux qui dataient), — moi qui voyais *Barbe-Bleue* pour la première fois, je songeais tout le temps : « Seigneur ! comme nos pères ont dû s'amuser ! » Une ivresse irrésistible et légere, une ivresse de vin de Champagne me venait de cette musique et de ce dialogue ; je riais de tout (je vous confesse ma faiblesse), j'en riais d'avance, silencieusement ; et je dirais que je riais aux anges, s'il y avait quoi que ce soit d'angélique dans cette houffonnerie à la fois si insolente et si aisée.

Car *Barbe-Bleue* est bien de cette époque néfaste
et charmante où l'on prenait la vie si gaiement et
avec une philosophie si dégagée. *Barbe-Bleue* (comme
Orphée, comme *la Belle Helène* et *la Grande-Duchesse*)
est un surprenant tissu de parodies et d'irrévérences.
Voulez-vous que nous fassions le compte de ce qui
s'y trouve « blagué » (j'emploie ce mot disgracieux
parce qu'il est, ici, plus juste qu'aucun autre)? Nous
n'avons pour cela qu'à suivre la pièce pas à pas.
Vous verrez que c'est effrayant à la longue!

Dès la première scène, — mais doucement, gentiment, presque affectueusement, car ils sont poètes,
eux aussi, — MM. Meilhac et Halévy parodient un
des plus jolis rêves de la pauvre humanité, l'amour
pastoral tel qu'on l'entendait au dernier siècle, les
bergers et les bergères de Watteau et de Fragonard,
de Favart et de Florian, Daphnis et Chloé à Tria-
non... Voici le berger Saphir, en justaucorps de
satin : « La bergère que j'aime n'a pas encore paru...
(*Montrant la cabane de Fleurette*) : Elle est là... C'est
dans cette cabane qu'elle respire... Avertissons-la
de ma présence par quelques modulations. » (*Il se
prépare à jouer de la flûte. Pose à la Watteau. Il pré-
lude. Sa petite flûte rend le son d'un trombone. Le
berger s'arrête stupéfait, puis il en prend son parti en
disant*) : « Elle ne m'en entendra que mieux. » Fleurette arrive; le berger et la bergère dansent un pas
de deux; la bergère poursuit le berger; ils chantent
des vers comme ceux-ci.

Aimons-nous !
C est si doux !

et parlent d'un « bosquet discret ». Et la vieille
chose fanée redevient exquise. Pourquoi ? Parce que
nous en avons souri d'abord, — et à cause de l'éclat
de trombone de tout à l'heure, n'en doutez pas.
O bienfaits de l'ironie !

Secondement, ils raillent la Femme et l'Amour.
La rustique Boulotte est un adorable exemplaire
bouffon de l'absurdité et de l'inconscience féminines.
Elle aime le berger Saphir, parce qu'il est pour elle
« l'inconnu », parce qu'il a les mains blanches, et
aussi parce qu'il ne l'aime pas. Et elle le poursuit à
coups de sabots, comme Didon poursuivait Enée à
coups d'hexamètres. Elle aime à la fin Barbe-Bleue,
parce qu'il est Barbe-Bleue, parce qu'il a tué ses
cinq premières femmes, qu'il a voulu la tuer elle-
même, — et qu'il est bel homme, et qu'il a le crime
jovial : «... Peut-on savoir ce qu'il y a au fond du
cœur des femmes ?. . Il était superbe, le brigand !...
Il était superbe tout à l'heure , quand il chantait... »

Troisièmement, ils « blaguent » la virginité, cette
chose sainte ! Lorsque le roi Bobèche a envie de cou-
ronner une rosière, le comte Oscar rassemble un
certain nombre de jeunes filles et les fait tirer au
sort : « Comme cela, s'il n'y a pas de rosière, on en
trouve une tout de même... S'il y en a plusieurs, on

8**

en choisit une sans faire de jalouses. » Ce qui permet à Boulotte de chanter :

Mes titres valent bien les vôtres.
C't honneur qu' vous désirez si fort,
Pourquoi qu' j' l'aurions pas comm' les autres,
Puisque ça doit s'tirer au sort ?

Quatrièmement, ils « blaguent » la littérature
romanesque depuis les temps les plus reculés jusqu'à
nos jours. Vraiment la fable même de Barbe-Bleue,
très clairement et très habilement agencée, — avec
ses personnages mystérieux, ses meurtres, sa sor-
cellerie, ses morts qui ressuscitent, ses vengeances,
son duel, etc.... cette fable, prise à moitié au sérieux
et développée par les procédés connus, pourrait fort
bien être celle d'un roman du père Dumas en trois
volumes compacts... La scène où le comte Oscar
reconnaît dans Fleurette la fille du roi Bobèche, —
jadis livrée au courant du fleuve, dans une corbeille,
— est particulièrement remarquable. Toutes les
« reconnaissances », depuis celles des *Choéphores* et
de *Ion* jusqu'à celles de *Mignon* et de *la Marchande
de sourires*, y sont délicieusement parodiées... « Souvenez-vous, dit le comte à Fleurette ; remontez par
la pensée jusqu'aux premières années de votre enfance... un palais... un grand palais... des gardes
avec de l'or sur leurs cuirasses, des femmes aux
parures étincelantes... de jeunes seigneurs... et, au

milieu, avec une couronne sur la tête, un mari qui
se dispute avec sa femme... Luxe et splendeur,
misère et vanité, une cour... une cour enfin!... Souvenez-vous, souvenez-vous... — FLEURETTE, *frappée* :
Oui, oui, je me souviens. — LE COMTE : Et plus tard,
sans transition aucune, une grande sensation de
fraîcheur... de l'eau, de l'eau partout... une corbeille qui flotte... dans cette corbeille un enfant...
Souvenez-vous, souvenez-vous... — FLEURETTE : Oui,
oui, je me souviens. — LE COMTE : Pas un mot de
plus, vous êtes la princesse Hermia. » (Notez qu'on
blague ici par surcroît *Moïse sur le Nil* :

Mes sœurs, l'onde est plus pure aux premiers feux du jour...)

Cinquièmement... (« Horrible, horrible, très horrible! », comme dit Popolani blaguant Hamlet), ils
« blaguent » le donjuanisme, qui est, comme vous
savez, une des plus belles inventions de nos poètes.
Barbe-Bleue est un personnage immense, — et si
simple ! « ... Ce n'est pas une mauvaise nature...
mais c'est un homme qui a une manie. » Quelle est
cette manie ? La sublime manie de don Juan, ni
plus ni moins. Barbe-Bleue, c'est à la fois le don
Juan de Molière et celui de Musset. Rappelez-vous les
ahurissants sixains de *Namouna* :

Mais toi, spectre énervé, toi, que faisais-tu d'elles ?
Ah ! massacre et malheur ! tu les aimais aussi,

Toi! croyant toujours voir sur tes amours nouvelles
Se lever le soleil de tes nuits éternelles,
Te disant chaque jour : « Peut-être le voici »,
Et l'attendant toujours, et vieillissant ainsi!

. . . .

Tu mourus plein d'espoir dans ta route infinie,
Et te souciant peu de laisser ici-bas
Des larmes et du sang aux traces de tes pas...

Ainsi, Barbe-Bleue, qui a certainement lu ces stro-
phes : « Non, je ne rougis pas, et je t'avouerai même
que je trouve qu'il y a dans mon caractère quelque
chose de *poétique*. » (Il faut entendre Dupuis dire
cette phrase). — D'autre part, vous vous souvenez
de la petite théorie développée par le don Juan de
Molière : « Toutes les belles ont droit de nous char-
mer, et l'avantage d'être rencontrée la première ne
doit point dérober aux autres les justes prétentions
qu'elles ont toutes sur nos cœurs, etc. » De même,
Barbe-Bleue : « Je n'aime pas une femme, j'aime
toutes les femmes... *C'est gentil, ça!* En m'attachant
exclusivement à une d'elles, je croirais faire injure
aux autres. » En quoi donc Barbe-Bleue diffère-t-il
du don Juan classique et du don Juan romantique,
qu'il résume si puissamment l'un et l'autre? En un
seul point : Barbe-Bleue est plus moral. C'est pour
cela qu'il supprime ses femmes à mesure. « Ajoute à
cela, dit-il à Popolani, des scrupules qui ne me
permettent pas de croire qu'on ait le droit de prendre une femme autrement qu'en légitime mariage.

Tout te paraîtra clair dans ma conduite ; tu m'auras tout entier. » Oui, nous l'avons tout entier. Barbe-Bleue, c'est don Juan respectueux de la morale et de la légalité. Il se résigne à faire disparaître ses épouses, — oh ! par des moyens très doux et très propres, — parce qu'il tient avant tout à avoir de bonnes mœurs. C'est un homme qui pousse extrêmement loin le respect du sacrement de mariage. Son erreur est celle d'un tempérament fort uni à un cœur pur. C'est un admirable cas de « moralité individuelle » (vous savez qu'il y a à peu près autant de ces cas, soit dit entre nous, qu'il y a d'hommes sur la terre ; les décrire, c'est éminemment faire de la psychologie)... Seulement, si Barbe-Bleue est beaucoup don Juan, il s'ensuit peut-être que don Juan est un peu Barbe-Bleue ; et cela ne laisse pas de nuire, quand on y songe, au prestige de don Juan, particulièrement de celui de Musset. Ah ! cette opérette est bien dissolvante !

Avec quelle irrévérence (sixièmement), les auteurs de Barbe-Bleue ne traitent-ils pas la royauté, le vain cérémonial des cours, l'ancien régime et le nouveau, le principe monarchique, et les principes de 1889 pareillement ! Ecoutez ce bout de dialogue : « LE COMTE :.... Malheureusement, le jeune prince tourna mal. A peine l'eut-on fait sortir des mains des femmes pour faire de lui un homme, qu'il se hâta de s'y refourrer immédiatement, ce qui ne tarda pas à faire de lui un idiot... Impossible de songer à lui confier

les destinées de 120 millions d'hommes !... Autrefois,
je ne dis pas ; mais, aujourd'hui, avec les idées
nouvelles... — POPOLANI : L'esprit d'examen... » Ils
« blaguent » même la politique ! Ils n'ont pas l'air de
croire qu'il s'échange nécessairement des pensées
profondes dans les conseils des potentats, et, en faisant de leur roi Bobèche un idiot, ils nous insinuent
que, neuf fois sur dix et par la force des choses, les
hommes qui gouvernent les autres (et on ne sait
jamais bien pourquoi c'est eux) les gouvernent
avec des facultés de joueurs de dominos de force
moyenne... « BOBÈCHE : Et, maintenant, occupons-
nous des affaires de l'Etat. (*Il fait tourner une cré-
celle dorée qui est sur le guéridon ; un page paraît.*)
Qu'on m'apporte le monde !... (*Le page apporte une
mappemonde qu'il dépose sur le guéridon.*) Avez-vous
observé l'horizon politique ? — LE COMTE : Oui, sire.
— BOBÈCHE, *s'amusant à faire tourner la mappemonde :*
Moi aussi, Monsieur, et j'ai une opinion... » Oh ! cette
boule du monde, que d'imbéciles l'ont fait tourner,
quand ce n'étaient pas des méchants, et par quelles
mains, Seigneur, faites-vous l'histoire !

Septièmement, presque tout le dernier tableau de
Barbe-Bleue parodie le dialogue coupé, haché menu,
qui remplit de ses innombrables demi-lignes la moitié
des trois cents volumes de l'auteur de *Monte-Cristo*
et qui offre cet inestimable avantage de dire les
choses le plus longuement possible, tout en ayant
l'air de les dire avec une rapidité vertigineuse. Et,

par delà, il atteint les scènes monostiques d'Euripide
et, généralement, tous les artifices du dialogue de
théâtre... Ecoutez ce cliquetis d'épées de fer-blanc :
« LE COMTE : Un bohémien !... — POPOLANI : Non, un
suppliant. — Popolani ! — Monseigneur ! — C'est à
l'ami que tu parles. — C'est à l'ami que j'ai besoin
de parler. — Ça se trouve bien. — J'en ai assez ! j'en
ai assez ! — Explique-toi plus clairement. — Mais
cet homme peut nous entendre. — Je l'en défie ! —
Il est sourd ? — Non, il est mort. — Ah ! alors... Il y
a une heure, il est venu à ma tour. — Le sire de
Barbe-Bleue ? — Oui. — Avec sa femme ? — Avec
Boulotte, et il m'a dit... — Il faut qu'elle meure ! —
Vous le saviez ? — Je m'en doutais, car maintenant...
— Maintenant ? — A l'autel... — Il en épouse... —
Une autre ! — Horreur ! horreur ! (*Il agite son tam-
bour de basque.*) — Tais-toi donc ! — J'obéis. »
Etc...

Huitièmement, les auteurs de *Barbe-Bleue* blaguent la Science et, neuvièmement, la Mort. Ils
raillent quantité d'autres choses ou respectables ou
respectées. Il n'y a, je crois, que notre sainte religion
qui s'en tire les braies nettes ; et c'est sans doute
pour les récompenser de cette réserve, — et aussi
pour s'amuser, — que le Ciel les a fait académi-
ciens...

Je sais bien que MM. Meilhac et Halévy ne sont pas
les inventeurs de toutes ces irrévérences et qu'on
avait, bien avant eux, parodié le romanesque et le

tragique, raillé l'amour, la femme, la virginité, le
mariage, la politique, etc. Mais ce qu'il y a ici de
délicieux, je dirai presque d'unique, c'est la spontanéité, la continuité sans effort, la grâce souveraine
de l'ironie. C'est comme une veine de l'esprit du
dix-huitième siècle qui se serait continuée jusqu'à
nous. C'est un conte de Voltaire, avec plus d'imagination et moins d'âpreté; c'est un opéra-comique de
Favart, avec une fantaisie plus hardie et plus houf-
fonne. Certes, il faut aller entendre *Barbe-Bleue*,
mais surtout il faut en jouir dans le texte. Croyez-
moi, les opérettes de MM. Meilhac et Halévy sont
faites pour être lues. Elles y gagnent encore! Lisez-
les donc et vous y ferez des découvertes.

Je ne parle plus de l'abondance rapide et de l'imprévu des inventions burlesques; mais vous y ren-
contrerez, à chaque page, des « mots de nature »,
si vrais qu'il semble qu'on les aurait trouvés, et si
drôles qu'on en rit tout seul par ressouvenir. Ainsi
le berger Saphir, après la déclaration brûlante de
Boulotte : « *Il n'y a rien de blessant dans ce que vous
me dites...* mais je ne vous aime pas. » Ainsi Bobèche
au comte Oscar : « Je suis satisfait de vos services...
Je vous nomme gouverneur de nos provinces du
Sud, celles qui jusqu'à présent ont refusé de reconnaître notre autorité. » Ainsi Barbe-Bleue, quand il
annonce au roi la mort de sa sixième femme :

> C'est un coup bien rude,
> Rude à recevoir

Malgré l'habitude
Qu'on en peut avoir.
Je lui ferai faire
Un beau monument...
Mais sur cette affaire
Glissons à présent, etc...

Je n'ose pas dire qu'il y a souvent de la profondeur
dans ce comique. MM. Meilhac et Halévy ont tant
d'esprit qu'ils en ont peut-être assez pour se moquer
de moi si je le disais (et je vous assure qu'il en faut
diablement pour se moquer des gens qui vous trouvent de la profondeur). Mais, enfin, transposez le
ton; supposez... que cela est dans Shakespeare, et
dites si ce mot de la reine Clémentine ne vous ouvre
pas soudainement, et jusqu'au fond, tout un abîme :
l'égoïsme de la passion. Elle vient d'apprendre
qu'un homme a été tué à cause d'elle : « Et qui ça ?
s'écrie-t-elle avec déchirement. — Alvarez, Madame! »
Alors la reine, se remettant tout à coup : « *Alvarez!*
Ah! vous m'avez fait une peur! » Je ne vous parle
pas du monologue de Popolani au deuxième acte, et
du mot qui le termine : « Mon Dieu! mon Dieu!
qu'est-ce donc que la vertu ? Ne serait-ce que la
satiété ? Ce serait atterrant, atterrant, atterrant!... »
Mais ne pensez-vous pas que, pris au sérieux et
ramenés à des proportions humaines, le personnage
de Barbe-Bleue, tel qu'il se définit lui-même, et celui
de Boulotte finissant (ô ténèbres du cœur!) par
aimer Barbe-Bleue, pourraient devenir de superbes

et mystérieuses figures de drames, et de substance si riche qu'il y aurait de quoi raisonner et divaguer sur elles aussi longuement qu'on le peut faire sur Hamlet ou sur l'abbesse de Jouarre ? Barbe-Bleue et Boulotte sont tels qu'il resterait d'eux quelque chose, que même presque tout en resterait, les bouffonneries ôtées.

Enfin, il y a de la poésie dans *Barbe-Bleue.* Il y en a dans l'aventure de Fleurette et de Saphir, ces deux biscuits de Sèvres; il y en a dans le romanesque ironique dont toute cette bouffonnerie est pleine; il y en a, assurément, dans la fantastique apparition des cinq mortes vivantes, éblouissantes comme des fées et faisant la fête derrière la porte de bronze du mausolée... Cela m'a fait songer, je ne sais comment, à la légende de saint Nicolas, au saloir-paradis où vivaient mystérieusement les trois petits enfants et d'où ils sortent, lumineux, avec des auréoles d'anges .. et cela m'a fait songer aussi à Héro ressuscitée dans B*eaucoup de bruit pour rien,* et un peu à Perdita... Car la poésie, vous le savez, n'est point incompatible avec le burlesque; que dis-je ? elle n'est même pas incompatible avec l'ironie (voyez Henri Heine). Celle de MM. Meilhac et Halévy, tandis qu'elle parodie le romanesque, en sauve par là même toute la grâce extérieure et nous la fait mieux sentir. Quel est donc le métaphysicien allemand qui a fait de l'ironie le fondement même de l'esthétique ? Ce n'est ni Kant, ni Fichte, ni Hegel; mais il m'est impossible

de retrouver son nom... Je ne sais plus au juste ce
qu'il entendait par cet axiome. Peut-être a-t-il voulu
dire que, l'art consistant dans une certaine représentation des choses, représentation dont la valeur
est tout à fait indépendante du jugement que nous
pourrions porter sur elles au nom de la moralité,
l'artiste doit toujours commencer par écarter ce
souci proprement moral; et l'esprit critique (qu'il
agisse consciemment ou non) ou, si vous voulez,
l'*ironie* est nécessaire pour cela. Une œuvre d'art est
toujours ironique en ce sens qu'elle nous présente,
en dehors de toute préoccupation vertueuse, des
images du monde qui nous font au moins autant de
plaisir que la vertu même... Quoi qu'il en soit, ce
brave philosophe, que je comprends probablement
tout de travers, trouverait, s'il vivait encore et s'il
fréquentait les Variétés, de bien jolis exemples à l'ap-
pui de ses théories dans le théâtre essentiellement
ironique et indiciblement élégant de MM. Meilhac et
Halévy.

MEILHAC ET GANDERAX

COMÉDIE-FRANÇAISE : *Pepa*, comédie en trois actes, de MM. Henri Meilhac et Louis Ganderax.

5 novembre 1888.

Je ne sais plus à laquelle de ses tragédies cet amusant Voltaire, chez qui il y avait parfois du Tartarin, se pencha, dit-on, hors de sa loge **en** criant : « Peuple, applaudis : c'est du Sophocle ! »

Ainsi, l'autre soir, à *Pepa,* où je me sentais pour ma part entièrement heureux, j'avais envie de crier : « Bonnes gens, n'épiloguez **pas** tant, je vous prie. Ne vous laissez point déconcerter comme cela par les façons de l'excellent Ramiro Vasquez, et ne prenez point tant de souci de **la** dignité des planches de la Comédie-Française, de ces planches sur lesquelles on vient de jouer *le Mariage forcé.* Ne vous plaignez point que MM. Meilhac et Ganderax aient trop d'esprit, et ne leur demandez point plus de drame qu'ils n'ont voulu nous en donner. Attendiez-vous d'eux une tragédie ou une pièce à thèse ? Abandon-

9

nez-vous au charme comme moi, et applaudissez :
c'est du Marivaux. »

Du Marivaux transposé et modernisé, cela va sans
dire. Mais la donnée de *Pepa*, réduite à l'essentiel,
est bien la même que celle des trois quarts des comédies de Marivaux. La formule la plus générale
serait celle-ci : étant donné un cavalier et une dame
qui croient se détester ou qui, du moins, ne savent
pas qu'ils s'aiment, les amener d'abord à reconnaître
cet amour, puis à se le confesser mutuellement. Ce
résultat s'obtient souvent par l'introduction d'un
troisième personnage ; voici comment : « Le comte »
et « la marquise », je suppose, ne se doutent point
qu'ils s'adorent. Survient « le chevalier. » La marquise croit aimer le chevalier, ou fait semblant. Le
comte s'aperçoit, à son dépit et à sa jalousie, qu'il
aime la marquise ; il lui cherche une querelle et de
cette querelle sort l'aveu (*la Surprise de l'amour, les
Serments indiscrets*). D'autres fois, il y a quatre personnages, deux amoureux et deux amoureuses, victimes d'une quadruple erreur et qu'il s'agit d'en
faire revenir. A et B s'aiment sans le savoir ; C et D,
pareillement. Mais A croit aimer D, et réciproque-
ment. Alors B, pour se venger, fait semblant d'aimer
C, qui s'y prête. Un malaise général avertit A, B, C
et D qu'ils se sont tous trompés sur leurs sentiments ;
les deux couples artificiels se défont ; A reconnaît
que c'est B qu'il aime, et D se jette dans les bras de
C. C'est la formule algébrique de *l'Heureux Strata-*

gème, et c'est également celle de *Pepa*, comme vous l'allez voir.

Pepa Vasquez est une jeune Américaine du Sud, que son oncle a placée dans une sorte de couvent ou plutôt de maison de retraite à l'usage des femmes du monde. Là, Pepa s'est liée d'amitié avec Mᵐᵉ Yvonne de Chambreuil, dans le temps où Yvonne, en instance de divorce, avait son appartement dans la maison. Et comme Jacques de Guerches, un ancien soupirant de Mᵐᵉ de Chambreuil, venait souvent rendre visite à la jeune femme, Pepa s'est mise à aimer Jacques.

Or, voilà que Jacques et Yvonne viennent annoncer leur mariage à Pepa. La pauvre petite s'évanouit...

Mais nous, nous avons confiance, car de fines indications semées dans le dialogue nous ont appris que Jacques épouse Yvonne sans beaucoup d'élan et que Mᵐᵉ de Chambreuil n'a point gardé de haine pour son mari.

Au deuxième acte, Yvonne a demandé une entrevue à M. de Chambreuil. Elle lui annonce tranquillement qu'elle va se remarier avec Jacques; mais elle ne veut point se passer de la bénédiction de l'Eglise, et, pour l'obtenir, il faut que la cour de Rome annule sa première union. C'est bien simple : il y a un bon cardinal qui se charge d'arranger tout, à une petite condition : c'est que Chambreuil déclarera par écrit qu'il n'a point épousé librement Yvonne, qu'il a subi

une contrainte morale... Chambreuil finit par promettre, mais il est vexé ; il s'est aperçu durant l'entretien, à son dépit même, qu'il aimait encore sa
femme.

Arrive Pepa, également furieuse. Pepa et Chambreuil unissent leurs rancunes. La petite fille offre
rageusement sa main à Chambreuil, qui l'accepte.
(La chose va toute seule, car, justement, au premier
acte, l'oncle Ramiro Vasquez voulait marier Chambreuil à sa nièce.)

Heureusement Chambreuil, qui est un homme
délicieux et, du reste, le plus raisonnable de la bande,
s'avise que tout cela est stupide. Doucement, il met
la main de Pepa dans celle de Jacques ; gentiment et
tendrement, il demande pardon à sa femme, et c'est
ensemble qu'ils se remarieront.

Mais, si *Pepa* est bien du Marivaux pour le fond,
qui est un malentendu d'amour, et aussi par la
façon dont ce malentendu se complique, puis se
résout, et par la finesse et la grâce des mille nuances de sentiments qui naissent de ce malentendu
même, — *Pepa* est, comme j'ai dit, du Marivaux
d'aujourd'hui, par le dessin des personnages, par
la couleur, par les accessoires et les moyens dramatiques, par l'esprit, par le ton, — même par certaines
particularités de composition qui peuvent paraître
des défauts, mais que je m'obstine à aimer.

Pepa, c'est une comédie de Marivaux dans un
cadre amusant et curieux de comédie de mœurs, avec

un soupçon de caricature et un ragoût d'ironie presque continue. Je ne saurais dire le plaisir que me fait cette combinaison originale.

Chez Marivaux, toutes les femmes s'appellent la comtesse ou la marquise, et tous les hommes, le baron ou le chevalier. Ce sont les personnages que Watteau embarque pour Cythère dans le·tableau que vous savez : voilà tout leur état social. Quant au milieu matériel, c'est un vague salon ou un jardin qu'on se figure avec des arbres bleuâtres... Ici, au contraire, des silhouettes très précises, très spéciales, des silhouettes du monde parisien et cosmopolite, des silhouettes d'aujourd'hui, tout ce qu'il y a de plus d'aujourd'hui. Cette petite Pepa, née quelque part dans l'Amérique du Sud, nièce d'un Président de république de là-bas venu à Paris pour lancer une affaire et ami de banquiers juifs chez qui il rencontre des cardinaux ; cette jeune fille qui vit dans une maison pour femmes divorcées, qui passe son temps à se faire tirer les cartes par une femme de chambre indienne et à la bourrer de pastilles de chocolat après l'avoir battue, et qui parfois s'en va le soir, avec son oncle, dîner au café Anglais, puis au Palais-Royal ou à la Renaissance... voilà certes, si l'on rassemble ces traits et d'autres que j'oublie, la plus singulière petite fleur de cosmopolitisme que l'on pût imaginer dans les années bizarres où nous vivons. — Et l'oncle Ramiro Vasquez ! Ne dites point que c'est l'éternel rastaquouère de Labiche et de Meilhac, et qu'il faut

le renvoyer aux Variétés ; car justement c'est un
rastaquouère qui, pour avoir vu trop d'opérettes et
de vaudevilles, se sait rastaquouère et qui se sur-
veille. « N'oubliez pas, Messieurs, que l'opérette nous
guette ! » a-t-il coutume de dire à ses secrétaires. Et
cette demi-conscience et cette terreur de son propre
rastaquouérisme suffisent à rajeunir le type, à le distinguer de tous les autres Brésiliens qu'on nous a
montrés et à nous le faire étroitement contemporain,
puisqu'elles supposent, en effet, tout un long passé
de plaisanteries sur les rastaquouères... Les autres
personnages, Yvonne, Jacques et Chambreuil, n'ont
point de signes particuliers et ne sont de cette
année-ci (ou tout au plus de l'année dernière) que
par l'accent et par le ton. Mais ce ton et cet accent,
ah ! comme ils l'ont bien ! Et notez que les décors ne
sont ni moins spéciaux, ni moins modernes que les
gens. Le salon d'un appartement de jeune fille
millionnaire dans une maison de retraite à demi religieuse, un salon qui sent le couvent, l'hôtel garni,
l'Amérique du Sud et la vie parisienne, où la bana-
tité des meubles disparaît sous des japonaiseries et
où les bibelots se mêlent aux objets de piété...; le
cabinet de travail, meublé avec un éclat féroce, d'un
financier, président d'une république tropicale...
voilà les « milieux » où s'emmêle et se démêle la
marivauderie de MM. Meilhac et Ganderax.

D'aujourd'hui aussi, tout ce qu'il y a de plus
d'aujourd'hui, les moyens dramatiques. Chez Mari-

vaux, les amoureux qui se brouillent sont simplement brouillés. Ici, ils sont *divorcés*. C'est une mo-
dification toute récente de notre Code civil, et la
nécessité de mettre d'accord avec cette législation
nouvelle un préjugé bien plutôt mondain que religieux, qui amène cette rencontre d'Yvonne et de son
mari, où est tout le nœud de la pièce. Mais, au
reste, le divorce n'est employé ici que comme ressort de l'action. *Pepa* n'est point une pièce sur le
divorce. La difficulté soulevée n'en est pas une, puisque, pour la résoudre, Chambreuil n'a, parait-il,
qu'à écrire un tout petit mot à notre Saint-Père le
Pape... J'ai entendu des gens se plaindre que cette
difficulté ne fût pas plus réelle : ils auraient voulu
que le scrupule d'Yvonne ne pût être levé : ils atten-
daient une horrible lutte intérieure et tout ce qui
s'en suit... Quoi ? *Daniel Rochat* alors ? Que voulez-
vous ? MM. Meilhac et Ganderax n'ont pas l'âme
tragique.

D'aujourd'hui encore, — oh! oui, terriblement
d'aujourd'hui, — cette peur du drame, ce refus de
s'émouvoir et de nous émouvoir, et même de nous
attendrir. Toujours, dans les comédies de Marivaux
(je poursuis mon petit parallèle), un moment vient
où, sous les élégants et subtils discours des chevaliers
et des marquises, se trahit un sentiment profond, ou
même une vraie douleur. Il y a de petites larmes
secrètes, très brèves mais très chaudes, dans *l'E-
preuve, le Jeu de l'amour, les Fausses Confidences*. Or,

deux ou trois fois, dans *Pepa*, nous pressentons
l'approche d'une émotion... qui ne vient pas, dont
les auteurs se sont défiés, qu'ils ont écartée de parti
pris. Est-ce à dire que je m'én plains, moi? Non
point. Tout le second acte de *Pepa* est de l'observation la plus fine et du comique le plus naturel, d'un
comique qui sort des choses mêmes. Tout ce qu'il
peut y avoir de bizarre, d'imprévu, de drôle et de
piquant dans la rencontre de l'ancien mari avec la
femme divorcée et le futur épouseur, tout cela a été
indiqué par MM. Meilhac et Ganderax avec une sûreté et une légèreté merveilleuses. Rien de plaisant
comme l'attitude piteuse de Jacques devant son
ami Chambreuil. « Ce brave Jacques ! dit Chambreuil en riant dans sa moustache... Ah ! ça, pourquoi ne veux-tu plus me tutoyer ? » Et chacun de
ses mots et de ses gestes exprime clairement
l'énorme avantage de sa position. C'est comme s'il
disait : « Ah! tu épouses ma femme ! Mes compli-
ments ! Tu ne la connais pas... Moi, je la connais...
Tu verras, tu verras... Et enfin, quoi que tu fasses,
je l'aurai toujours connue avant toi... » Et le nouveau
mari, qui devine la pensée de son prédécesseur, a
beau s'en défendre, il se sent un peu ridicule, il est
pris d'une vague jalousie bête... Très comique aussi,
la conversation des deux époux divorcés : d'abord
grave et cérémonieuse d'intention, comme il convient, puis traversée et dérangée à chaque instant
par des ressouvenirs involontaires de la vie d'autre-

fois, des retours inattendus et irrésistibles d'anciennes familiarités, des oublis soudains de la situation... Mais, avec tout cela, Chambreuil et Yvonne se sont aimés, et nous savons qu'ils s'aiment encore. Lorsqu'il apprend que sa femme se remarie, il est étonné, profondément étonné, et blessé au plus profond du cœur. Il se rappelle les premiers temps de leur mariage. Et voilà maintenant où ils sont ! Un peu plus, et son dépit se changerait en vraie douleur ou en vraie colère... Et elle, toute surprise de l'effet que cette nouvelle a produit sur lui, touchée, au fond, de voir qu'il ne s'y attendait pas, qu'il en est presque scandalisé, qu'il trouve une pareille action indigne d'elle, elle aussi se souvient et songe... Un peu plus, et sa songerie se changerait en vraie tristesse, et sa tristesse en une angoisse de s'être engagée si légèrement... Et alors que se passerait-il ? Je ne sais ; mais nous ne ririons plus, nous aurions même peut-être une toute petite envie de pleurer... Oui, mais voilà : les auteurs se méfient. Ganderax a dit : « Prenons garde à l'opérette, ô Meilhac ! » et Meilhac a répondu : « Prenons garde au drame, ô Ganderax ! » Et c'est pourquoi Yvonne et Chambreuil se retiennent. Ce sont gens discrets, très sensibles au ridicule, qui ont coutume de donner à tous leurs propos un tour railleur, et qui n'osent jamais exprimer leurs émotions tout entières ou qui, peut-être, gâtés par une ironie chronique, les arrêtent à moitié chemin et comme au seuil de leur

cœur... Presque aucun des personnages de *Pepa*,
sauf Pepa elle-même, ne prend bien au sérieux ce
qui lui arrive. Ce sont des êtres fort spirituels : ce
sont aussi des chiffes, d'adorables chiffes. Oh ! qu'ils
sont détachés des choses ! Oh ! qu'ils sont de grands
philosophes et de bons nihilistes sans en avoir l'air !
C'est, je crois, ce qui a déconcerté le public çà et là.
On se disait : « Comprenez-vous que cet homme et
cette femme, qui ont du goût l'un pour l'autre, et qui,
quant au reste, appartiennent visiblement à la
catégorie des plus distingués « je m'en-fichistes »,
aient jamais pu en venir à une extrémité aussi brutale que le divorce? que cette femme si peu passion-
née ait assez vivement ressenti les infidélités toutes
superficielles de son mari pour exiger la séparation,
et que lui, si gentil, si souple et si bon garçon, n'ait
pas su l'apaiser et la désarmer ? » Je répondrai : —
C'est sans doute qu'ils n'ont pas pris le divorce
beaucoup plus au sérieux que les autres choses de
ce monde. Ce sont des êtres parfaitement distingués,
vous dis-je ! Et comme leur discrétion, leurs sentiments à fleur d'âme, leur tenue parfaite et leur ironie
eussent paru plus amusants encore en opposition
avec les vivacités équatoriales de Pepa et ses colé-
res d'oiseau des îles, si Mlle Reichemberg eût joué le
rôle autrement !

D'aujourd'hui enfin, — ah ! combien d'aujourd'hui
car cela ne s'explique et ne peut s'admettre que
tout à la fin d'une très vieille littérature dramatique);

— une certaine fantaisie insouciante dans la composition de la pièce, et une certaine négligence voulue ou, plutôt, des sortes d'abréviations dans l'expression des sentiments successifs que traversent les personnages. — Chez Marivaux (pour achever mon parallèle), la composition est toujours merveilleusement suivie et serrée ; jamais une scène inutile ou étrangère à l'action. Or, MM. Meilhac et Ganderax savent bien que la première scène, entre Pepa et l'Indienne Mosquita, et celle où Ramiro Vasquez dicte des lettres et des réclames à ses deux secrétaires, ne servent à rien — qu'à nous amuser. Mais, comme elles servent éminemment à cela, ils les ont laissées et ils ont eu raison. — Second point. Chez Marivaux, les nuances particulières de chaque état d'âme, puis les transitions d'un état d'âme à un autre sont marquées avec une minutie incroyable et comme par des étapes innombrables et extraordinairement rapprochées. MM. Meilhac et Ganderax abrègent tout cela. Ils notent seulement les étapes essentielles, se fiant à notre intelligence, à notre mémoire, à notre expérience pour suppléer au reste... Par exemple, le futur amour de Jacques de Guerches pour Pepa ne nous est indiqué, au premier acte, que par un mot et un geste. Puis, à l'acte suivant, nous revoyons Jacques encore plus transi auprès de Mme de Chambreuil. Et enfin, au dénouement, après quelques protestations forcées pour dégager sa conscience, il laisse mettre sa main dans celle de Pepa. Cela suffit ; nous avons compris, car les livres et le théâtre nous ont expliqué ce cas quelques milliers de fois. De même, après que nous avons deviné, au second acte, que Chambreuil va aimer sa femme, les auteurs ne perdent point leur temps à graduer, comme eût fait Marivaux, la marche secrète de ses sentiments. Chambreuil, par dépit, se rejette sur Pepa : nous savons ce que cela signifie, nous ne sommes pas du tout étonnés de le revoir, au dernier acte, sciemment amoureux de sa femme, et nous devinons sans peine ce qui s'est passé en lui dans l'intervalle. Les auteurs ont l'air de nous dire : « Voilà trois cents ans qu'on fait du théâtre chez nous. Tous les cas généraux de la vie passionnelle ont évidemment été présentés sur la scène avec beaucoup de soin et dans des œuvres innombrables. Rien de plus rebattu, en particulier, que l'histoire de ces passages de l'indifférence à l'amour, ou de l'amour qui s'ignore à l'amour qui prend conscience de lui-même et qui se confesse. Il y a comme une mécanique des passions, une mécanique traditionnelle et qui ne peut guère changer dans son fond. Nous la supposons connue, et nous ne la montrons dans notre pièce que là où elle se trouve renouvelée par la situation, les circonstances ou le milieu. Faites-nous la charité de croire que ce n'est pas impuissance. La scène entre Yvonne et Chambreuil, entièrement neuve celle-là, est peut-être assez proprement graduée et ménagée. Nous vous faisons grâce, ailleurs, de ce que vous savez aussi bien que nous. »

Pepa est donc du Marivaux simplifié ; nous avons vu que c'était aussi du Marivaux modernisé, pimenté, — et quelque peu desséché. En d'autres termes, c'est du Meilhac surveillé par Ganderax, et du Ganderax intimidé par Meilhac. On a peut-être, par endroits, l'impression de je ne sais quoi de latent et qui n'est pas sorti. C'est, en conscience, la seule critique que je puis hasarder. La pièce, malgré cela, et, qui sait ? à cause de cela même, m'a plu infiniment. Elle m'a paru très distinguée, et, si j'ose ajouter cette nuance, « très chic », même par ses lacunes préméditées.

MEILHAC ET HALÉVY

Variétés : *L'Ingénue*, comédie en un acte, de MM. Henri Meilhac et Ludovic Halévy.

29 janvier 1889.

Puisque les théâtres chôment, laissez-moi vous parler d'une petite pièce de MM. Meilhac et Halévy, qui fut donnée aux Variétés en 1874, sans grand succès, je crois, et qui vient d'être jouée, — mais, là, merveilleusement ! — dans un salon ami des lettres Cela s'appelle *l'Ingénue*, et c'est un pur bijou.

Voici l'action en deux mots. Le baron Hercule de La Roche-Bardière est devenu follement amoureux de Mme Léontine Dauberthier, pour l'avoir rencontrée dans le parloir du couvent où elle allait voir sa petite cousine Adèle. Pour se rapprocher de celle qu'il aime, il est entré chez les Dauberthier, sous le nom de Turquet, comme précepteur de leur petit cousin Octave. (Car vous savez qu'une des grâces du talent de MM. Meilhac et Halévy consiste à introduire, comme en souriant, les moyens traditionnels de l'ancienne comédie dans l'étude ironique et lé-

gère des mœurs contemporaines). Ah ! l'étonnant
précepteur que ce faux Turquet ! et quelles amusantes leçons il donne à son élève ! « Avant-hier,
nous avons parlé de chasse...; hier, nous avons
parlé de chevaux... Si nous parlions de femmes aujourd'hui », dit Octave. Et ils parlent de femmes.
Octave aussi est amoureux de Mme Dauberthier,
mais il ne veut pas la nommer. « Bien, jeune
homme, lui dit Turquet ; de la discrétion, ça vous
passera, mais c'est très bien. » Et il énonce quelques axiomes. Celui-ci entre autres : « Il vaut
mieux, en général, s'adresser à deux femmes à la
fois. — Oh! — Oui, vous vous adressez en même
temps à deux femmes et vous vous arrangez
de manière qu'elles s'en doutent... La première,
alors, vous prend pour que la seconde ne vous ait
pas ; la seconde, après cela, se donne pour avoir le
plaisir de vous enlever à la première. — Et on les
garde toutes deux ? — Ou bien l'on en prend une
troisième... »

Mais Mlle Adèle, une jeune personne de dix-sept
ans, arrive de son couvent, toute chargée de prix et
de couronnes. Elle reconnaît, dans le précepteur
d'Octave, le beau jeune homme qu'elle a vu au parloir, et elle croit que c'est pour elle qu'il a pris ce
déguisement. Elle le prie de lui donner une leçon
d'histoire de France, le « colle » le plus facilement
du monde, et alors : « Je sais maintenant ce que je
voulais savoir. Vous n'êtes pas un précepteur. —

Aïe ! — Un précepteur saurait au moins quelques petites choses... vous ne savez rien, vous, vous ne savez rien du tout ! Vous êtes un homme du monde... — Mademoiselle... — Vous êtes le baron Hercule de La Roche-Bardière... Mais pourquoi avez-vous pris un déguisement ? Pourquoi tous ces détours ? Vous avez eu peur de rencontrer des difficultés... Il n'y en aura pas, je vous assure ; ma cousine ne demandera pas mieux... — Ah ! — Quant à son mari, ça lui fera plaisir... »

Et, donc, Hercule, à la fois ahuri et rassuré, pousse vivement sa cour auprès de Mme Dauberthier. Et Adèle, qui l'a écouté derrière un rideau, croit à une abominable perfidie : « Je retourne au couvent... j'y retourne pour n'en plus sortir... Mensonge, fourberie, trahison, voilà ce que j'ai vu pour mon premier jour... Et il n'est pas quatre heures... Qu'est-ce que je verrais donc, mon Dieu ! si j'attendais jusqu'au dîner ! »

Vous devinez ce qui arrive. La scène a été écrite bien des fois, jamais avec plus de grâce qu'ici, ni autant de piquant. L'excellent baron Hercule est surpris et touché de ce grand amour, et de cette franchise, de cette crânerie dans l'innocence. « Ah ! es petites filles ! ces petites filles ! » répète-t-il de plus en plus attendri... et tout à coup, il a une idée, qui est d'un très grand psychologue (quoique le brave garçon ne se pique pas de stendhalisme) : « Comme ce serait facile, se dit-il en lui-même, de lui prouver qu'elle s'est trompée... Il n'y aurait pas

besoin de lui donner la raison. Je suis bien sûr
qu'elle trouverait elle-même. » Puis, à Adèle :
« Ainsi, vous étiez là, derrière cette porte ? »

ADÈLE. — Oui, là... là... j'étais là... et je vous ai
entendu dire à ma cousine...

HERCULE. — Que c'était elle que j'aimais...

ADÈLE. — Oui, et que vous iriez la retrouver dans
le kiosque.

HERCULE. — Vous m'avez entendu lui dire cela, et
vous n'avez pas deviné ?...

ADÈLE. — Vous dites ?

HERCULE. — Vous n'avez pas deviné... (A part.) Je
parie qu'elle va deviner quelque chose...

ADÈLE (avec un grand cri). — Ah !...

HERCULE (à part). — Qu'est-ce que je vous disais !

ADÈLE. — Vous saviez que j'étais là ?...

HERCULE. — Juste...

ADÈLE. — Et c'est pour me punir d'écouter aux
portes ?...

HERCULE. — Certainement.

ADÈLE (tombant dans ses bras). — Ah ! je savais bien
que je ne pouvais pas ne pas être heureuse... je savais bien que c'était moi... que c'était pour moi...

HERCULE (la tenant embrassée). — Ces petites
filles !...

Elle est exquise, en effet, cette jeune Adèle,
avec sa foudroyante promptitude à aimer, sa candide hardiesse et, s'il faut le dire, sa terrible impru-
dence. Elle est vivante ou, mieux, vivace ; elle a le

diable au corps ; elle est, elle aussi, « une force de la nature », avec des épaules encore maigriottes et deux nattes sur le dos. En dépit des différences de temps et de situation, c'est une petite sœur de l'éternelle Agnès de Molière.

Il pourrait être intéressant, à ce propos, de tenter l'histoire des jeunes filles au théâtre depuis deux cent cinquante ans.

A la vérité, ce ne serait point si simple que cela en a l'air, et le classement serait assez délicat. Car il y a d'abord l'ingénue, qui a quinze ou seize ans, et qui est censée absolument ignorante de la physiologie de l'amour ; et il y a la jeune fille, qui a dix-huit ou vingt ans, et qui sait ou soupçonne quelques petites choses. Mais on trouverait, dans cette ignorance ou dans cette demi-science, des degrés et des nuances à l'infini ; et il y a, en outre, la jeune fille qui est encore une ingénue, et il y a enfin, par exception, la jeune fille entièrement renseignée et qui est déjà presque une femme. (Ajoutez que, d'un autre côté, on découvrirait des femmes mariées qui sont encore, en quelque façon, des jeunes filles ; qui ont conservé, on ne sait comment et par un don singulier d'oubli, une âme virginale et même des sens d'enfant. C'est ainsi que le plus ou moins de science ou d'ignorance, le plus ou moins de sensualité ou de sentimentalité, ce qu'il peut y avoir, chez une vierge, d'instinctif ou de conscient, les mystères du corps et ceux de l'esprit, forment des

mélanges et des combinaisons, fort agréables à regarder, mais souvent difficiles à définir... Et c'est à
cause de cette variété de la flore humaine qu'il fait
bon, en somme, habiter la terre...)

Molière a largement et puissamment décrit deux
types extrêmes : Agnès et Henriette, celle qui ne sait
rien et celle qui sait tout. Elles me plaisent fort
toutes deux (surtout Agnès, par son âcre saveur de
fruit sauvage), mais je ne prendrais pour femme ni
l'une ni l'autre. Agnès est trop inquiétante par ce
qu'il y a en elle d'involontaire et d'inconnu ; et
quant à Henriette... Eh bien, il me semble qu'elle a,
sur les réalités du mariage, des notions par trop
précises, et qu'elle en parle avec trop de tranquillité.
La verdeur de ses répliques me suffoque ; et, lorsqu'elle demande ironiquement à Armande la permission d'imiter leur mère « du côté des *sens* et des
grossiers plaisirs ; lorsqu'elle ajoute :

Mais vous ne seriez pas ce dont vous vous vantez
Si ma mère n'eût eu que de ces beaux côtés ;
Et bien vous prend, ma sœur, que son noble génie
N'ait pas vaqué toujours à la philosophie ;

oh ! je sais bien tout ce qu'on a coutume de dire ; je
sais que la bravoure de ces propos est justement la
marque d'un esprit droit et d'une âme saine et merveilleusement équilibrée ; mais, j'ai beau faire, ces
insistances de langage (« *sens, grossiers plaisirs* » et,

plus loin, « *les bassesses* à qui vous devez la clarté »),
les images que je sens s'élever nécessairement dans
l'esprit de celle qui parle ainsi, et enfin ce regard
hardi jeté, par façon de plaisanterie, dans l'alcôve
maternelle (je dis les choses comme elles sont), tout
cela me semble d'une étrange grossièreté, et qui me
répugne absolument. De duvet à l'âme, cette bonne
Henriette n'en a pas pour un sou. Elle n'en a pas plus
qu'une fille de ferme élevée parmi les bêtes ou qu'une
étudiante qui vient de passer son doctorat en médecine... Oh ! le charme mystérieux des petites vierges !
oh ! leurs rougeurs, leur ignorance parfois troublée
de pressentiments incomplets qu'elles n'osent s'a-
vouer à elles-mêmes ! le don merveilleux qu'elles ont
de ne pas comprendre, et pourtant de frissonner à
ce qu'elles ne comprennent point, et de fuir et de
désirer ce qu'elles ignorent !... En réalité, Agnès et
Henriette sont des « cas » intéressants : ni l'une ni
l'autre n'est « la jeune fille ». J'ose presque dire que
« la jeune fille » ne se trouve point dans le théâtre de Molière : car les autres, les Luciles, les
Elises, les Mariannes et les Angéliques, ne sont
que des amoureuses, tendres ou délurées, point
énigmatiques, dont toute la fonction est d'aimer
Clitandre et, la plupart du temps, de s'entendre avec lui pour berner quelque imbécile de
père.

Où donc la trouverons-nous, la jeune fille ? Sera-ce
au dix-huitième siècle ? ·Point. La gentille et tou-

chante Chloé du *Méchant* mise à part, ce sont toujours les mêmes Angéliques et les mêmes Luciles.
Ce qui appartient le plus en propre au dix-huitième
siècle, c'est peut-être l'ingénue sournoise ou déver-
gondée, l'ingénue de Dancourt ou de Marmontel,
Fanchette et Chonchette ; fausses innocentes, d'une
ignorance frétillante et vicieuse, et dont chaque
naïveté éveille une idée folâtre dans l'esprit des
spectateurs. La jeune fille du dix-huitième siècle,
c'est toujours, plus ou moins, la petite à la cruche
cassée.

De nos jours, en haine de la fadeur et de la convention, on a mis au théâtre ou dans les romans (et
je ne dis point que cette innovation ne corresponde
à un changement dans l'éducation des femmes) d'innombrables jeunes personnes, les unes ignorantes
à demi et les autres terriblement informées, mais
qui ont toutes pour signe commun la franchise déli-
bérée, la hardiesse garçonnière des façons. Cela va
depuis les jeunes filles d'Augier et de Dumas jusqu'à
Mademoiselle Loulou, en passant par Renée Maupe-
rin et Edmée de Saint-Alais. Et je me demande si
l'on n'est point retombé ainsi dans une autre espèce
de convention.

Non, car elles sont vivantes. Nous en rencontrons
quelquefois, autour de nous, qui leur ressemblent.
Ce sont « des jeunes filles ». Mais, encore une fois,
la jeune fille, celle qui représente le type moyen de
l'espèce, provinciale plutôt que parisienne, au cou-

vent jusqu'à dix-sept ans, puis cousue aux jupes de
sa mère... où donc est-elle ?... Ne me méprisez pas
trop : mais j'ai soupçon que la vraie jeune fille est,
au bout du compte, celle de M. Scribe. On s'est fort
moqué d'elle. C'est à tort. Elle est timide ? elle est
sotte ? elle est insignifiante ? elle est nulle ? Elle a
l'air d'une poupée articulée qui dit : « Papa, maman ! »
et qui joue *les Cloches du monastère ?* Mais c'est par là
qu'elle est vraie. Elle ne l'est qu'à la condition de nous
rester close, puisque, justement, l'impossibilité de pé-
nétrer les secrets d'une âme féminine de dix-huit ans,
le sentiment d'une sorte de mystère inviolable, font
partie de l'idée que nous avons de la jeune fille. Moi,
l'ingénue bêlante ou sautillante de M. Scribe me ravit. On sent qu'il y a en elle tout un monde ignoré de
sentiments, — ou que peut-être il n'y a rien du tout.
Les deux opinions sont plausibles. Je ne dis point
que la Fernande d'Augier, la Marcelle de Dumas
ou la Renée des Goncourt ne sont pas vraies : je
dis que la jeune et exquise idiote du théâtre de
Madame est d'une vérité bien plus générale. Et si
elle vous paraît, au contraire, ridiculement conventionnelle, je vous répondrai par une pensée de
M. Louis Depret, que j'emprunte à son petit livre :
De part et d'autre, et qui me paraît d'une nouveauté
profonde :

« Il y a bien plus de personnages de convention
dans la nature et dans la société que dans l'art. Quoi
qu'on dise, et malgré son étiquette de convenu, c'est

l'Art qui est forcé de reproduire les mannequins sociaux .. afin d'être accueilli. De là, le très sincère succès humain et général d'ouvrages que les artistes déclarent artificiels. »

THÉATRE LIBRE

29 octobre 1888.

Si j'étais prêtre catholique, un de mes chagrins
serait de voir ce que les artistes et les littérateurs
ont fait de l'histoire de Jésus et de Madeleine.

Dans l'*Evangile*, c'est très simple, très touchant,
très pur, — et très court. Toute cette histoire tien-
drait en une page. Un jour que Jésus soupait chez
Simon le pharisien, une femme de mauvaise vie vient
s'agenouiller à ses pieds, les arrose de larmes, les
essuie avec ses cheveux, puis y verse des parfums.
Et Jésus dit à Simon : « Beaucoup de péchés lui
seront remis parce qu'elle a beaucoup aimé ». Puis
la femme s'en va sans rien dire. — Cette femme, si
l'on en croit la tradition, était la même que Marie,
sœur de Marthe et de Lazare. Et, quelque temps
après, nous la retrouvons chez Lazare, toujours aux
pieds de Jésus, toujours silencieuse et l'écoutant.
Après la mort de Lazare, elle tombe aux pieds de

Jésus (toujours !) et ne lui dit que ce mot : « Seigneur, si vous aviez été ici, mon frère ne serait pas
mort. » Elle suit Jésus le jour de son supplice : elle
est debout au pied, de la croix. Le surlendemain,
elle se rend à son tombeau, s'aperçoit qu'il est vide
et, se retournant, elle voit Jésus qu'elle prend
d'abord pour le jardinier. Alors Jésus, lui adressant
directement la parole pour la première fois, lui dit :
— « Marie ! » et elle répond : « Maître ! » Et Jésus
lui dit : « Ne me touche pas; mais va trouver mes
frères et dis-leur ce que tu as vu. »

C'est tout, et certes c'est assez. Ce fait, que le Sauveur a absous une femme publique et l'a eue pour
amie, est éminemment significatif. C'était une grande
nouveauté morale. Lacordaire l'explique éloquem-
ment dans son histoire de *Sainte Marie-Madeleine.*
« On se demandera pourquoi le divin Maître des
âmes a voulu choisir pour l'aimer de préférence une
pauvre pécheresse, et nous la léguer à nous comme
le plus touchant exemplaire de la sainteté. La raison
n'en est pas difficile à entendre : l'innocence est une
goutte d'eau dans le monde, le repentir est l'océan qui
l'enveloppe et qui le sauve. » (Lacordaire n'a pas
toujours la métaphore très sûre.) « Il était donc
digne de la bonté de Dieu d'élever le repentir aussi
haut que possible, et c'est pourquoi, dans l'Ancien
comme dans le Nouveau Testament, il a mis sous nos
yeux un modèle accompli de réhabilitation par la
pénitence : David et Marie-Madeleine. » Puis, il

montre que, de ces deux grandes figures de la pénitence, la seconde est la plus divine : « D'abord, c'est
une femme, c'est-à-dire l'être en qui la souillure est
le plus irrémédiable, et cette différence entre l'Ancien et le Nouveau Testament est à elle seule un
progrès sublime dans la miséricorde. Ce n'est plus
l'homme qui est racheté par le repentir, c'est la
femme. Aucune femme flétrie par le vice n'avait été
rendue grande avant Jésus-Christ : Jésus-Christ seul
l'a fait..... Marie-Madeleine n'a eu que ses larmes,
mais elles coulaient sur les pieds du Sauveur....
Humble et cachée après avoir trouvé grâce, *elle
ne s'éloigne pas des pieds qui l'ont purifiée...* Séparée
de ce maître, l'unique objet de sa vie..., *elle ensevelit
en un antre inconnu ses souvenirs et son âme. Elle
meurt enfin d'amour,* en recevant d'un évêque envoyé
de Dieu la chair sacrée du Fils de Dieu. »

Il ne faut qu'adorer. Lacordaire lui-même commente trop. Sa vie de Marie-Madeleine devient une
sorte de roman divin de l'amitié. Il démontre que la
créature que Jésus a le plus aimée, ce n'est point
Lazare, ce n'est point Marthe, ce n'est même pas
saint Jean l'Evangéliste, c'est Marie de Magdala. Il a,
à propos de l'histoire de la résurrection de Lazare,
des remarques d'une finesse exquise, mais un peu
imprudente : « La vue des larmes de Madeleine
touche Jésus, et il pleure lui-même. Jusque-là il
s'était contenu ; *devant Marie sa faiblesse éclate.* » Et
plus loin : « Il y avait donc dans Marie... *une plus*

grande action sur le cœur de Jésus. » Et alors une
question nous brûle les lèvres, une question que le
saint religieux ne s'est point posée (car elle est presque impie), mais que tout son livre nous suggère :
« Que le plus grand ami de Jésus ait été une amie,
— et que cette amie ait été une femme souillée...
d'où vient cela ?... Et qui dira (je tremble à écrire
ces mots) si quelque chose de l'attrait mystérieux du
sexe ne subsistait pas, purifié et angélisé, dans cette
amitié surnaturelle ? » J'ai grand'peur que le ressouvenir de la beauté mortelle et de l'ancien métier de
Marie ne rende périlleux et aisément sacrilège tout
essai de définition des sentiments qui unissaient à
son Sauveur la pécheresse rachetée. Ce ressouvenir,
l'imagination si chaste du grand dominicain n'y
échappe point entièrement : « Tout en pleurant,
Marie laisse tomber ses cheveux autour de sa tête
et, faisant *de leurs tresses magnifiques* un instrument
de sa pénitence, elle essuie *de leur soie humiliée* les
larmes qu'elle répand. C'était la première fois qu'une
femme condamnait ou plutôt consacrait sa chevelure
à ce ministère de tendresse et d'expiation. » Oh! ces
cheveux de la pécheresse, ces cheveux trop beaux,
trop longs et trop lourds !... Pourquoi nous les
étaler ? Nous avons beau faire, il y a pour nous une
volupté dans ces images extérieures de la pénitence
de Madeleine. Au moment même où son cœur se
purifie et se renouvelle dans l'amour divin, l'appareil même de son repentir continue de trahir Marion

dans Marie, et Madeleine, c'est encore Madelon...
Non, nul de nous, hommes de chair, n'est assez pur
pour concevoir ces choses sans trouble, et je comprends maintenant que la formidable orthodoxie de
M. Barbey d'Aurévilly ait repoussé, comme amollis-
sant, le livre du candide Lacordaire.

Mais ce qui fait que les âmes pieuses et croyantes
hésitent devant leur pensée pour ne point profaner
un mystère, c'est cela même qui a toujours fait la
joie des artistes et des littérateurs, et généralement
de tous les païens (et Dieu sait s'il y en a, même
parmi ceux qui ont été baptisés!). Et ainsi l'épisode
le plus touchant de la vie du Sauveur, et l'on peut
dire le plus divin, si la divinité se mesure à la puissance de la miséricorde, est celui qui a inspiré aux
hommes, dans la suite des âges, les rêveries les plus
voluptueuses et les fantaisies les plus antichré-
tiennes.

D'abord, que Madeleine ait été si belle, qu'elle ait
commencé par faire le métier que vous savez, et
qu'une légende naïve ne lui ait laissé, même à la
Sainte Baume, pour vêtement que ses cheveux (toujours ces cheveux!)... quelle aubaine pour les pein-
tres! Obstinément, ils se sont plu à nous rappeler
qu'elle conserva jusqu'à la fin, dans sa pénitence,
le costume de sa perdition; et, depuis le Titien jusqu'à M. Henner, ils nous ont livré en pâture des
« Madeleines au désert » qui ressemblaient parfaitement à des Vénus couchées. En sorte que la première

et la plus illustre héroïne de la pénitence chrétienne
est de toutes les figures historiques et légendaires
celle dont le souvenir a fait s'épanouir sur la toile le
plus de nudités et les plus complètes, et qu'ainsi elle
a continué à faire ici-bas en quelque façon, la pauvre
sainte! ce qu'elle faisait avant la rencontre de
Jésus.

Puis, les littérateurs et les poètes de notre temps
s'en sont mêlés. Cette espèce de roman qu'ils
croyaient découvrir aux origines du christianisme
les ravissait, les rendait pleins d'indulgence pour la
religion de leurs mères. L'aventure de Marie-Madeleine « rachetée par l'amour », c'était, pour ces sur-
prenants chrétiens, quelque chose comme le prototype de l'histoire de Marion Delorme ou de la Dame
aux Camélias! Vous vous rappelez ces profanations
romantiques. (Mon Dieu! pardonnez-leur, car ils ne
savaient ce qu'ils faisaient!) Dans le *Tableau d'église*
d'Alfred de Musset, un « enfant du siècle » interroge
l'image peinte du Christ :

« Oh! si au fond de ton âme, si dans les derniers
et secrets replis de ta pensée, le Doute, le Doute
terrible... si toi-même tu ne croyais pas à cette
immortalité que tu prêchais; si l'homme, l'homme
criait alors en toi!... Et pas un être au monde ne
savait ta pensée... Et dans cette nuit terrible des
Oliviers, oh! devant qui t'agenouillas-tu? Qui l'a
su ? Qui le saura jamais?... Quoi! pas un être!... »

« A cette parole je m'arrêtai... Une douce mélodie

se fit sentir à mon oreille, et j'entendis chuchoter :
Maria Magdalena ! »

Dans *la Fin de Satan*, de Victor Hugo, c'est autre
chose, et c'est encore, au fond, la même chose.
Ayant appris que celui qu'elle aime est en danger,
Marie-Madeleine se glisse **un** soir vers la maison de
Marie, mère de Jésus :

Elle regarde à gauche, elle regarde à droite
Et marche. S'il faisait moins sombre au firmament,
On pourrait à ses doigts distinguer vaguement
Le cercle délicat des bagues disparues...

Elle entre et dit à Marie :

Il faut que ce soir même il fuie, et que jamais
Il ne revienne, ô mère! et, si tu le permets,
Je vais l'emmener, moi ! Ces prêtres sont infâmes!
Manquer sa mission, ne point sauver les âmes,
Que nous importe, à nous les femmes qui l'aimons!...
Qu'il renonce au rachat des hommes, sa chimère!..
Laisse-moi l'arracher à son affreux devoir! etc...

Et dire que ce vieux goût romantique pour Marie-
Madeleine est peut-être tout ce qui reste de christianisme à la plupart de nos contemporains !...

THÉATRE-LIBRE : *Rolande,* drame en quatre actes, en prose, de M. Louis de Gramont.

12 novembre 1888.

La moitié d'un bon drame, simple, véridique, robuste, à la Becque, — et moral ! ah ! épouvantablement moi al ! beaucoup plus moral que *l'Abbé Constantin !* — puis, quelques scènes de mauvaises mœurs, un peu à la façon des *Bas-fonds* d'Henry Monnier ; enfin, un dénouement *express* et cornélien... voilà de quoi se compose la pièce imparfaite, mais distinguée, de M. Louis de Gramont.

Au premier acte, la comtesse de Montmorin est en train de mourir. Elle meurt du libertinage de son mari, libertinage ignominieux de quinquagénaire, aveugle et fatal comme une maladie. En ce moment même, tandis que, haletante sur ses coussins, elle sent l'asphyxie venir, Montmorin s'attarde chez sa dernière maîtresse, une Madame Rixdal, chez qui il a passé la nuit. La mourante le sait. Elle fait approcher sa fille Rolande, lui confie la triste vérité, et que déjà elle a laissé entamer sa propre fortune pour payer les dettes de son mari. Elle fait jurer à la jeune fille de veiller sur son père, de protéger son petit frère Lucien et de défendre l'honneur de la maison.

Montmorin rentre là-dessus. Il n'est pas méchant, le malheureux ! C'est, du reste, un monsieur considérable, très décoré, ancien officier de marine, haut fonctionnaire au ministère des colonies... « Tu sais bien que je n'aime que toi », dit-il à sa femme. Et il dit vrai ! Il se repent, implore son pardon, promet de rompre avec Mme Rixdal. Et il est sincère ! Ah ! misère de nous !

La pauvre femme le croit, ou fait semblant. Elle s'apaise et peu à peu s'endort. Une servante paraît. C'est une femme de chambre entrée le matin même dans la maison. « Savez-vous que vous êtes gentille ? » lui dit Montmorin. La fille sourit. « On a dû déjà vous le dire, que vous étiez gentille ? — Dame ! oui. Mais c'étaient des ouvriers ou des domestiques qui me le disaient, et alors ça m'était bien égal... Ah ! si c'était quelqu'un de bien !... » Montmorin l'interroge sur ses rêves d'avenir. Elle voudrait être gantière dans un passage, puis, quand elle serait riche, se retirer à la campagne. Pour cela, il faudrait d'abord que ses gages fussent doublés.— « Ils le seront, mon enfant. » Montmorin la lutine, l'attire sur ses genoux... Tout à coup, un grand cri ! La malade a tout vu, tout entendu. Elle retombe sur ses oreillers, morte...

Montmorin pleure très sincèrement sa femme.... et

continue à vivre comme devant. Une vieille Macette, Mme Mitaine, qui est usurière par-dessus le marché, et qui lui prête de l'argent (car Mme Rixdal lui coûte cher), vient lui proposer ce qu'elle appelle du « nanan ». Ce nanan, c'est une fillette de quatorze ans, Thérésine Putois, dite Zizine... Montmorin refuse, mais du ton d'un homme qui accepte. « Je vous enverrai la jeune personne, dit Mme Mitaine ; cela ne vous engagera à rien. »

Cependant Rolande, âme sérieuse et virile, se souvient du serment fait à sa mère. Pour mieux se dévouer à sa tâche, elle refuse sa main à un honnête garçon qu'elle aime et dont elle est aimée. Forcée par son père de recevoir Mme Rixdal, qui voudrait la marier pour s'installer à sa place dans la maison, elle dit son fait à l'intrigante et la met à la porte. Ici, une fort belle scène entre le père et la fille. Le digne érotomane, soulevé par une colère de vieux faune qui ne se contient plus et que guette le gâtisme, balbutie des menaces... Avec une noble tristesse et une héroïque fermeté, Rolande répond qu'elle fera son devoir. « Et si je te chassais ?... — Oh ! cela, je vous en défie ! »

Le vieil enfant, resté seul, lâche un gros juron. (Cette brutale exclamation, cette naturelle remontée d'ignoble colère aux lèvres molles du vieux suiveur correct et décoré, ne m'eût choqué en aucune façon, si elle n'eût quelque peu détonné avec la scène précédente, qui est presque trop « écrite ».) Entre alors

Zizine Putois, le petit trottin, nez retroussé, dents de loup, cheveux sur les yeux, grêle et pourtant déjà formée, le parler gras, — comme les pavés où elle a poussé, — fleur de ruisseau, vierge et pourrie, mais gardant encore dans son vice (elle a quatorze ans) des étonnements et des gentillesses de petite fille. « C'est rien chouette, ici ! » Telle est sa pre-mière phrase. Tout ce dialogue est d'une vérité choisie, ramassée, expressive...

Le reste peut se conter en deux mots. Montmorin, attiré dans un guet-apens par Putois, père de Zizine, par son frère Victor Putois, dit « la Saucisse », et par Mme Mitaine, qui est la propre tante de la jeune per-sonne, ne s'en tire qu'en signant pour 60,000 fr. de billets. Moyennant quoi, on lui laisse Zizine... C'est le troisième acte. Ce n'est point pour sa hardiesse que je l'admire. Je serai hardi quand on voudra, c'est à la portée de tout le monde. Mais il est remarquable par la précision et la sûreté dans la transcription des ignominies ; et il a, comme le reste de la pièce, ce grand mérite d'être tout en action.

Montmorin a disparu depuis des mois, quand Putois apporte à Rolande le billet à payer. La pauvre fille n'a plus le sou... Elle apprend alors que son père se cache avec Zizine dans une maison de cam-pagne aux environs de Paris. Et, tandis que Putois, menaçant, va prévenir la police, Rolande arrive la première auprès de Montmorin et lui tend un revol-ver. Le malheureux comprend, — et se tue, — non sans quelques phrases sur l'honneur et sur son passé de vieux marin.

Si je m'en rapportais aux règles de l'ancienne poétique (et il faut bien que je m'en tienne à celle-là, tant que je ne serai pas sûr que la nouvelle nous a donné des chefs-d'œuvre), je dirais que le drame de M. Louis de Gramont me paraît dévier au beau milieu de son développement. Je dirais que le vrai sujet de ce drame est évidemment la lutte du père et de la fille ; que M. de Gramont a fort heureusement renouvelé la vieille histoire du baron Hulot en substituant à la baronne trop résignée l'énergique Rolande, protectrice de son jeune frère, gardienne du foyer, gardienne de l'honneur du nom; mais que, cette lutte singulière et vraiment tragique, il n'en est vraiment plus assez question à partir du troisième acte. Après un premier engagement, Rolande disparaît, pour ne plus reparaître qu'au dénouement. J'aurais voulu, dans l'intervalle, d'autres rencontres entre la fille et le père. De les motiver et d'en graduer les effets, c'était l'affaire de l'auteur, et je ne dis point que ce fût facile. Il m'eût plu de voir Rolande traverser divers états d'esprit, et peu à peu, parmi des doutes et des déchirements de conscience, passer, par piété filiale, de la fermeté résignée du commencement à l'indignation désespérée et à la sainte impiété de la fin. Et j'aurais aussi aimé que Montmorin ne fût point perdu, irrévocablement perdu dès le second acte, qu'il pût avoir encore, dans quelque scène avec sa

10

fille, un suprême. réveil de tendresse humble et repen-
tante, et que, avant de retourner à sa l'ange pour
jamais, il eût ce mouvement, de se réfugier auprès de
cet ange et de se mettre'lui-même sous sa garde...
Que sais-je, moi ? Mais voilà ! Montmorin est, au premier acte, tel qu'il sera au dernier. Nous sentons,
dès le début, qu'il n'est déjà plus partagé entre son
vice et ses sentiments de père et d'époux. En réalité,
il demeure immuable. Son cas est proprement patho-
logique. Il n'y a donc pas grand'chose à en faire au
théâtre, car le théâtre vit de mouvement. Ou bien il
fallait que Rolande surgit au premier plan, que tout
l'intérêt fût concentré sur elle. Au lieu de cela, à partir du second acte, c'est son incurable père qu'on
nous met presque uniquement sous les yeux. Le mouvement est bien encore dans chaque scène en particulier : il n'est plus dans l'ensemble de l'œuvre.

Et l'auteur a si bien pris soin d'éteindre chez ce
misérable Montmorin jusqu'à la plus petite lueur de
sa conscience d'autrefois,. que je m'étonne, en vérité,
de le voir retrouver si subitement, à la fin, le sentiment de l'honneur et le courage de mourir. Non, non !
tel qu'on nous le montre, il n'est pas possible qu'il lui
reste assez de vertu pour se tuer. Tout à l'heure, il
versait sur Zizine des larmes d'idiot... Je m'attendais
à le voir pleurer et trembler de peur devant Rolande,
et la supplier de ne pas lui faire mal, et s'affaler sur
les marches du perron... Dirai-je toute ma pensée ?
Oui, c'est Rolande qui, devrait le tuer, — au moment

où·les gens de police ouvriraient la grille. C'est cela
qui serait crâne ! Et je vous assure qu'en insistant
davantage sur le caractère de la jeune fille, en nous
découvrant plus à fond ses sentiments et ses souffrances, on nous eût fait accepter ce parricide. Ne le
croyez-vous pas ?

Je disais tout à l'heure : « Si je m'en rapportais à
l'ancienne poétique... » Il faut être sincère. On
découvre de temps en temps qu'elle a produit d'inef-
fables sottises, l'ancienne poétique, celle de la pièce
« bien faite » et de l'optimisme ! Des sottises si nau-
séabondes qu'elles me réconcilient presque avec
Esther Brandès, la Pelote et *Monsieur Lamblin.* Mon
gracieux ami Jacques du Tillet nous donnait ces
jours-ci dans le *Gaulois*, à propos de *Rolande*, l'analyse de *Madame Marneffe.* C'est un « drame-vaude-
ville » (!) tiré de Balzac par Clairville et joué au
Gymnase en 1849. Mᵐᵉ Marneffe est devenue un ange
de pureté, qui se donne les apparences d'un monstre
parce qu'elle a une double vengeance à poursuivre.
Elle veut venger sa sœur, autrefois séduite par Hulot,
et son père, autrefois dépouillé par Crevel (je vous
dis les choses tout en gros et à peu près). C'est pourquoi elle se plaît à faire souffrir et à plumer les deux
vieux messieurs. Mais, à la fin, elle pardonne à tout
le monde. Elle épousera son petit camarade d'enfance,
le Brésilien Montès ; et Marneffe, qui n'est point son
mari et qui ne l'a jamais touchée du bout du doigt,
sera son garçon d'honneur ! La forme est plus prodi-

gieuse encore que le fond. Je ne choisis pas : je
prends la première scène. Mlle Hortense Hulot se
marie. Mais, tandis que ses demoiselles d'honneur
s'empressent joyeusement autour d'elle, Mme Hulot
(Adeline) est inquiète, et le jeune Victorin Hulot reste
sombre : c'est qu'il vient d'apprendre que son père
est ruiné. Et la scène, évidemment dramatique dans
la pensée de l'auteur par le contraste de cette joie et
de cette douleur, se termine par ces flons-flons :

HORTENSE.

Terminons ma toilette,
Car je veux aujourd'hui,
Et sans être coquette,
  Plaire à mon mari.

LES DEMOISELLES.

Terminons sa toilette,
Elle peut aujourd'hui,
Sans paraître coquette,
  Plaire à son mari.

CREVEL, ADELINE.

Terminez sa toilette, etc.

VICTORIN.

Sa ruine est complète ;
Et je veux aujourd'hui
Conjurer la tempête
  Qui gronde sur lui.

A côté de conventions de cette force, celles de notre théâtre classique ne sont rien, et la tragédie même apparaît comme un genre d'un réalisme effréné. Et tout le reste est à l'avenant. Notez que *Madame Marneffe* est assurément une pièce « bien faite », qu'elle fut donnée sur le théâtre de feu Montigny, ce parangon des directeurs, et que Mme Rose Chéri y jouait le principal rôle... Je prends ma tête dans mes mains et je me dis (j'en ai des sueurs froides) : « Je sais bien qu'on ne se connaît jamais soi-même, mais voyons ! répondez-moi, rassurez-moi ! est-ce que nous sommes, à notre manière, aussi bêtes que ça ?... Non, non ! cela n'est pas possible ! »

Je vous disais aussi que *Rolande* était une pièce extrêmement morale. Cela veut dire qu'elle l'aurait été si nous l'avions voulu. Car la moralité d'une œuvre dépend presque toute des spectateurs ou des lecteurs. Or, *Rolande* a été accueillie par une partie de l'auditoire avec une parfaite hypocrisie, et par l'autre avec une bonne humeur très peu austère. Tandis que les Zizines de tout ordre et de tout âge se récriaient d'horreur derrière leurs éventails, nous nous conjouissions, nous, les sincères, justement parce que « c'était raide ». La voilà, la vérité ! Il s'ensuit que nous ne sommes pas sortis de là notablement meilleurs. Pourquoi ne pas nous confesser ? Dire que les écrivains s'imposent le rude devoir de décrire littérairement nos turpitudes à seule fin de nous en dégoûter, c'est une bonne plaisanterie. Le fait est

(et ici je ne parle plus pour M. de Gramont, dont
l'œuvre est honnête et dont certaines complaisances
dans la description des mauvaises mœurs sont rache-
tées par l'invention d'une aussi noble figure que
Rolande), le fait est que, depuis une quinzaine d'années, il y a eu, dans cette génération, comme une
recrudes ence d'une certaine espèce de tentations et
d'obsessions. Je ne crois pas qu'à aucune époque de
notre histoire les aventures de ce qu'on a appelé le
sixième sens aient tenu une place si énorme dans
notre littérature. Il ne se passe pas de semaine où je
ne reçoive des livres qui ne racontent que cela. Et
ils le racontent avec des insistances telles, qu'on se
demande dans quel état une pareille concentration
d'esprit sur un seul objet, et sur cet objet-là, a pu
laisser les auteurs. Il est des maladies que l'on
aggrave en soi et dans les autres, en les décrivant
trop, en en multipliant les images. Et le pire, c'est
que ces obsessions et ces « hantises » sont tout ce
qu'il y a de plus propre à dissoudre en nous la
volonté, alors que, plus que jamais, nous aurions
besoin de *vouloir*.

Encore une fois, je ne dis pas cela pour *Rolande*.
Au contraire ! Car, si nous avions l'esprit mieux fait,
nous aurions pu rapporter, l'autre soir, du Théâtre-
Libre, une excellente leçon. Tous nous en connaissons, à des degrés divers d'abjection ou d'abrutisse-
ment, des barons Hulot et des comtes de Montmorin.
Si chacun de nous disait ce qu'il sait ! Ce serait un

curieux chapitre à écrire que celui-ci : « De l'in-
fluence des femmes, des petites femmes, sur nos
affaires publiques. » Le gouvernement démocratique
amenant nécessairement au pouvoir (et le pouvoir,
c'est aussi l'argent) beaucoup d'hommes de cinquante
ans (l'âge de la débauche) qui souvent ont eu jusque-
là une vie mesquine et dure et qui ont hâte de prendre leur revanche et de « jouir », il s'agirait de
déterminer dans quelle mesure l'abus des plaisirs
faciles et la dépression physique qui en résulte chez
des hommes déjà mûrs, agit sur leur intelligence et
sur leur caractère et, conséquemment, sur notre
politique générale, laquelle n'est pas brillante,
comme vous savez. Il est fâcheux que cette enquête
ne puisse être faite sérieusement.

GYP AU THÉATRE DES MARIONNETTES

Salons du Helder : Théâtre des Marionnettes françaises *Tout à l'égout*, revue en quatre tableaux, par Gyp.

14 janvier 1889.

Je crois bien que cette soirée du Helder aura été la plus originale de la saison.

Le local : une longue salle de café, un boyau large de trois mètres; d'étroites tables de marbre courant de chaque côté; des habits noirs serrés coude à coude sur les banquettes le long du mur; çà et là, une tache plus claire, chapeau, corsage ou frimousse de femme; entre les deux rangées de tables, d'autres habits noirs, pressés, entassés sur des chaises placées dans tous les sens; beaucoup moins de chaises que d'habits; une mêlée grouillante, inextricable et sombre, au-dessus de laquelle oscillent des plateaux chargés de verres et de flacons et portés à bout de bras par des garçons affolés; un nuage de fumée qui va s'épaississant, de la fumée de réunion électorale, une atmosphère de salle Graffard, aussi opaque et aussi fauve que si les messieurs empilés étaient des

10*

citoyens. On était très mal. Il était impossible d'être plus mal. On s'amusait beaucoup.

Et je ne parle que de l'endroit où on pouvait être assis !

Au fond, très loin, par delà la brume dorée, un petit théâtre flanqué des masques de Dumas et de Sardou et portant à son fronton cette devise simple et profonde : « L'art est aisé, mais la critique est difficile ». Comment résister à cela? Tout de suite je me sens vendu, corrompu, suborné, et, dès avant le lever du rideau, j'appartiens pieds et poings liés à l'auteur. Je crois de mon devoir de vous en prévenir.

· La toile se lève. La scène représente les Champs-Elysées ; puis ce sera la place de la Bourse, puis les égouts, puis le sommet de la tour Eiffel. Les poupées sont amusantes : il y a Moïse, barbu et cornu ; Stendhal couronné de lauriers en papier doré; Claude Larcher et son monocle ; Rochefort et son toupet, Floquet et son chapeau ; le général et son cheval noir ; un ouverrier ; un décadent ; M. Jeman-Heff (qu'on m'affirme être l'honorable M. Andrieux); M Edouard Drumont; enfin Vénus et la France. Ces poupées sont articulées; les mâchoires de celles qui appartiennent au vilain sexe sont mobiles comme des castagnettes et menacent à chaque instant de se décrocher. Les amateurs distingués qui récitent les rôles dans la coulisse n'ont rien qui sente le Conservatoire et vous débitent cela à la bonne franquette. Ils ajoutent parfois au texte. A un moment, la jeune femme qui prête à Vénus sa voix pure et chantante, laisse échapper, entre deux répliques, un « Fichez-moi la paix! » très nettement accentué ; et l'on se demande dans la salle quel incident mystérieux a bien pu provoquer cette interpellation familière.

Et la pièce? Eh bien! mais elle est exquise, très élégamment incohérente, sans queue ni tête, va comme je te pousse, d'une verve aventureuse, d'une grâce toute spontanée, avec des enfantillages et des mots trouvés, quelque chose de gentil, de fou, de désordonné, de crâne et d'imprévu. On y sent circuler le caprice inépuisable d'une petite âme indépendante, audacieuse et vivace. Bref, c'est du Gyp. C'est mieux qu'une revue : c'est la revue de Loulou, c'est l'abrégé turbulent des goûts et des antipathies de cette délicieuse et inquiétante ponette, la préférée de Gyp. On dirait que cette revue a été improvisée par Loulou dans les marges de son cahier d'histoire ou de géologie.

Voyons donc ce qu'elle pense de la comédie et des « marionnettes » contemporaines, cette gamine râblée et garçonnière, née d'un sang illustre et chaud, aristocrate de goûts et démocrate de cœur, librement élevée, l'esprit singulièrement éveillé par l'éducation d'aujourd'hui, curieuse, irrévérente, révoltée et touche-à-tout ; mais bonne, franche, d'un naturel parfait ou, mieux, tout près de la nature encore, avec des parties de culture excessive et une expérience et une ironie de « fin de race ». Un tempérament, je vous dis !

D'abord Loulou déteste Stendhal. Elle le déteste
· parce que la personne de ce grand écrivain lui paraît haïssable et ridicule, mais surtout par une
irrésistible protestation de la nature contre l'esprit
d'analyse et la manie du dédoublement, qui est en
effet ce qu'il y a au monde de moins naturel et de
moins spontané. Et c'est pourquoi elle nous présente
l'auteur de *Rouge et Noir* comme un pur imbécile.
Elle a trouvé ceci, de lui faire commencer toutes les
âneries qu'elle lui prête par cette formule : « En ma qualité de psychologue, d'observateur et d'analyste... »,
ce qui est vraiment assez drôle la dixième fois.

Loulou déteste Stendhal au point de ne pouvoir
souffrir Bourget. Et de cela, je ne lui fais pas mon
compliment. Vénus traite Claude Larcher avec une
désinvolture tout à fait désobligeante. « J'ai fait une
remarque, dit à peu près Claude Larcher, c'est que
la femme est menteuse. — Ta parole ? » répond
Vénus, en lui riant au nez. J'engage Bourget à ne
pas trop s'affecter de ces libertés aristophanesques.
Il peut, d'ailleurs, se consoler par d'assez bonnes
raisons ; se dire que la femme est ici dans son droit
de légitime défense ; qu'elle a horreur d'être obser-
vée et définie ; que surtout elle n'aime pas qu'on se
vante de la connaître, quand elle se connaît si peu
elle-même ; se souvenir enfin du vers de Vigny sur
Dalila, étonnée et furieuse

De se voir découverte ensemble et pardonnée.   .

Il pardonnera à Loulou en considérant qu'elle est dans le vrai ; que c'est l'éternelle nature qui se révolte dans cette Eve coiffée à la chien ; car, d'analyser tant les femmes, cela ne porte guère aimer, cela même peut tarir la force d'aimer, et la nature a besoin qu'on aime. Il se vengera de Loulou en la définissant, en la piquant et en l'étiquetant avec soin dans ses planches d'anatomie morale. Il songera enfin qu'il y a entre Loulou et Larcher une antipathie irréductible et foncière. N'est-ce pas Loulou qui disait un jour : « Moi, quand j'essaye de penser, ça m'en dort ? » Or, c'est la seule chose qui éveille Larcher. Comment voulez-vous qu'ils s'entendent ?

Loulou n'aime pas les poètes décadents. Elle nous en montre un qui ne paye pas de mine et qui a l'air d'un noyé très avancé sous son veston à carreaux. Ce jeune homme verdâtre nous parle de ses *énervances* et de ses *froissures*, et nous chante, sur l'air de Marlborough, une petite chanson dont je n'ai pu retenir que le commencement :

> Poète symboliste,
> Que mon âm', que mon âme est donc triste !

Vous devinerez sans peine pourquoi Loulou déteste les décadents : ce n'est pas, cette fois, parce qu'ils pensent trop.

Loulou déteste aussi M. Floquet. Je ne vous en
dirai pas les raisons, la politique n'étant point de
mon domaine. Elles se ramèneraient toutes, je pense,
à cet amour du naturel et de la simplicité qui persiste, à travers ses erreurs et ses illusions de
gamine, dans l'âme très saine de la petite Loulou.
M. Floquet l'a très heureusement inspirée. Lorsque
cet homme d'Etat, la tête éternellement ren-
versée pour qu'elle soit mieux vue des étoiles,
s'avance sur Vénus, et, d'une voix forte, lui jette :
« Vive Monsieur Vulcain, Madame ! » il est évident
que c'est là une variation géniale sur le thème fameux : « Vive la Pologne, Monsieur ! » et qu'on ne
sait dans lequel de ces deux cris il y a le plus de
grâce, de finesse et d'à-propos.

Enfin Loulou exècre les Beni-Israël et ne le leur
envoie pas dire. Elle nous fait voir un Moïse bara-
gouinant comme un marchand de lorgnettes, et qui
finit par faire un trou dans la lune (sans métaphore ;
la lune est en papier). Ai-je besoin de vous dire que
j'ai des sentiments moins jeunes, — ou moins vieux,
— que ceux de Mlle Loulou sur cette race si originale
et dont les femmes sont si belles et ont tant d'esprit ?
Mais enfin, je conçois très bien les préjugés de cette
adolescente. Elle hait les juifs parce qu'elle se figure
sans doute qu'ils représentent exclusivement le culte
du veau d'or, et sa haine n'est ainsi qu'une générosité qui s'égare. Joignez à cela, si vous voulez, un
rien de mode et de « chic ». Il était d'ailleurs fatal

qu'à l'heure où l'absolue suprématie de l'argent serait définitivement établie, la race qui en détient, à proportion, la plus grande quantité devînt suspecte, et que cette lutte d'intérêts réveillât les germes hérités, et depuis longtemps endormis, des haines de race. A vrai dire, j'exagère l'importance de ce mouvement : mais ce que j'indique ici peut se vérifier du moins chez quelques individus. J'en sais en qui s'est rallumé, dans cette occasion, un feu qui semble venir des croisades. Je connais un gentilhomme catholique, noble comme Bragance, qui, ne pouvant supporter cette idée que Jésus fût un Juif, est parvenu à démontrer, par des arguments tirés de l'étude des langues, que le Christ était d'origine celtique ! Ce scrupule est d'une beauté qui dépasse tout : mais les préjugés de Loulou, moins bonne catholique, je crois, ne sont déjà pas sans noblesse.

Après les haines de Loulou, voyons ses sympathies.

Loulou, naturellement, aime M. Edouard Drumont. Elle lui prête des airs de paladin et fait fuir éperdument le baron Moïse devant sa bonne rapière. Mais, si elle exalte ce justicier, ce n'est point seulement en haine de ceux qu'il pourfend. Mlle Loulou, avec toute sa blague, est fort sensible aux apparences de chevalerie et d'héroïsme. C'est ainsi qu'elle a pu prendre Drumont pour un chevalier errant. Au fait, l'aveuglement forcené de sa passion, sa conception simplifiée et apocalyptique du monde contemporain, même l'évidence de son injustice et la probabilité de

sa bonne foi, tout cela donne à ce journaliste un air
de Croisé et, tour à tour, de moine ligueur, éminemment propre à séduire les imaginations de quinze
ans. Et si, comme il le déclare, il a réellement fait
le sacrifice de sa vie pour avoir la joie de soulager
son cœur et de dire entiérement ce qu'il croit être
la vérité, — y eût-il dans son fait un peu de cet involontaire cabotinage qui ne manque guère chez les
fanatiques et chez les hommes de foi agissante, —
son cas est assez particulier et suppose une énergie
assez rare dans notre temps pour que nous hésitions
à le juger et pour que Loulou n'hésite point à lui
donner son cœur...

Loulou aime ensuite M. Henri Rochefort. Elle l'avoue en propres termes par la bouche de Vénus :
« Je le gobe, moi, cet homme-là. » Ce qui la ravit
chez l'homme de la *Lanterne* et de l'*Intransigeant*,
c'est sa puissance de destruction. Elle lui fait chanter
sur l'air de Méphisto ˙

> Je suis Rochefort, le tombeur fidèle
> De tout c'qui r'présente un gouvernement, etc.

Il faut considérer que Loulou est encore à l'âge
ignorant, tumultueux et tourmenté par la croissance,
où la révolte paraît inévitablement une forme séduisante du sentiment de la justice. Elle est du reste
enchantée de voir que l'indiscipline de M. Rochefort

a gardé, jusque sous la neige **des ans,** les mêmes
allures que son insubordination d'écolière, et qu'il
embête les ministères par les procédés dont elle
use elle-même contre sa gouvernante anglaise. Et
enfin (bien qu'il n'y ait qu'un vague rapport de destinée, — oh ! combien vague ! — entre le pamphlé-
taire à calembours et l'arrière-grand-oncle de
Mlle Loulou) peut-être qu'une sympathie secrète
émeut son sang, — noble et révolutionnaire à la fois,
— en faveur du très brillant et très funeste marquis
démagogue, si expert à attiser le brasier des haines
populaires, — de loin, avec des pincettes et des
gants.

Loulou aime également M. Andrieux. Elle le trouve
« chic ». Elle l'aime en vertu du même instinct qui
lui fait haïr M. Floquet. C'est que Loulou est bien de
son temps, — de ce temps où l'ironie et le « je-m'en-
fichisme » sont devenus endémiques, — et que
M. Andrieux représente supérieurement la « blague » dans la politique, — une blague d'homme du
monde parmi les croquants, froide, pincée et bien
mise, avec des moments de débraillé volontaire et
concerté comme le reste. Si je ne me trompe, Loulou
est séduite aussi par la tenue extérieure du personnage, par ce qu'il y a en lui du bretteur et de l'aveu-
turier élégant, lancé dans la politique à peu près
comme l'étaient autrefois certains cadets de famille
dans les aventures de guerre et d'amour, de la même
allure, avec la même insolence et les mêmes ressour-

ces... M. Andrieux lui plaît, parce qu'il lui fait un peu l'effet d'un d'Artagnan très farceur. C'est ainsi qu'elle prenait tout à l'heure M. Drumont pour un Croisé. Très « ancien régime » au fond, Mlle Loulou.

Et pourtant Loulou aime le peuple. Vous vous souvenez qu'un jour (voir là *Vie Parisienne*) elle traîna son père sur la place de la Concorde, en pleine cohue, pour voir passer le général en voiture, et que là, au grand scandale du digne gentilhomme, elle entra en conversation réglée avec un pâle voyou. Cette fois elle met en scène, avec une évidente sympathie, un ouverrier qui nous explique entre autres choses, que la manifestation Baudin l'a dégoûté, parce que « c'était rien que des bourgeois ». On sent que la sœur de Bob, opprimée dans sa famille par un tas de règles et de convenances, s'ébroue avec délices comme un poulain échappé et qu'elle prend un infini plaisir à parler l'argot des faubourgs. Elle jouit de s'encanailler, sachant qu'elle s'encanaille, et justement parce qu'elle le sait. Je reconnais, d'ailleurs, que Mlle Loulou peut fort bien aimer le peuple par simple bonté d'âme, par un sentiment de justice, par dégoût des hypocrisies ou des « facticités » de la vie mondaine et riche... Mais ce goût pour le peuple peut être aussi un sentiment fort aristocratique, car il implique aisément un certain mépris des bourgeois... O Loulou, que de complications dans vos enfantillages !

Loulou aime le général Boulanger. Elle le raille

quelque peu, mais elle l'aime. Elle a quinze ans, ne l'oubliez pas. Elle doit goûter, en politique comme ailleurs, les conceptions simples (en apparence) et théâtrales. La politique du *Journal des Débats* doit être aussi odieuse à Loulou que la psychologie de Bourget.

Elle aime le **général.**... peut-être pour rien et tout uniment parce qu'elle l'aime; peut-être parce que les femmes, même en politique, veulent aimer, et que c'est toujours « quelqu'un » qu'elles aiment et que notre personnel d'hommes d'Etat (je parle de ceux qui sont au premier plan) n'offre vraiment pas grand choix à l'amour; enfin, parce que Loulou subit le prestige de son panache, de son sabre, même du cheval noir dont elle se moque; le prestige de la Force et celui de la Chance, le plus puissant de tous, parce que cette chance, **on l'augmente** rien qu'en y croyant, fût-ce malgré soi et fût-ce en ennemi...

Je devrais essayer maintenant de ramener à quelque semblant d'unité les sentiments manifestés par Loulou dans sa capricieuse Revue. Mais elle me rirait au nez si, non content de m'être livré sur sa mobile personne à de présomptueuses tentatives d'analyse, je prétendais maintenant la synthétiser! Je remarque seulement que cette moqueuse n'est point une mièvre; que son esprit, que sa blague même est comme une fleur de santé; qu'elle pousse jusqu'à la plus gaillarde injustice l'amour du naturel, et que, vaillante et laborieuse, ivre de mouvement, toute

tortillée elle-même de la joie de vivre, toutes ses
sympathies vont aux plus énergiques manifestations
extérieures de la vie. Et ainsi (laissez-moi cette illusion), il m'a plu de retrouver dans cette mauviette
parisienne l'âme héritée d'une famille d'hercules, et
de reconnaître, à des signes inattendus et détournés,
mais assez clairs pour qui sait voir, le sang toujours
bouillonnant d'une forte race dans la dernière fan-
talsie écrite de la petite-fille de Mirabeau-Tonneau.

VICTORINE DEMAY

Elle nous manquera beàucoup, surtout au printemps prochain, à l'heure où les honnêtes gens vont
s'asseoir, aux Champs-Elysées, sous les feuillages
délicieusement éclairés par des guirlandes de verres
lumineux, et là, dans la douceur du soir, écoutent
chanter des choses qui ne forcent point à penser.

Elle apparaissait, vaste et cordiale, opulente et
gaie. Et tout de suite un frisson de plaisir pareou-
rait la foule. Toute sa copieuse personne était pétrie de joie. Vous vous rappelez ces yeux luisants,
cette bouche élastique et généreuse, ce nez bon enfant, ce petit paquet de cheveux noirs frisottés si
drôlement planté sur son front, et cette bonne figure
ronde, toute ronde, si ronde qu'elle donnait envie de
promener sa main dessus et de s'en emplir la paume.
Vous vous rappelez cette voix si franche, si claire,
qui vous entrait si nettement dans l'oreille, cette ar-
ticulation irréprochable, cette diction, enfin, si mor-
dante et si juste.

Et vous vous rappelez les gestes de ces gros bras
courts, et ces ardeurs, et ces pudeurs, et ces façons

de secouer la téte ou de se la rentrer dans les épaules,
et cette parfaite tranquillité, ce *minimum* de mouvement extérieur dans la plus irrésistible bouffonnerie. Par là, par cette sobriété de moyens et à la fois
cette puissance d'effet, Victorine Demay atteignait
souvent au grand art, au « style. » Classique, elle
l'était, dans son ordre, autant en vérité que les plus
doctes sociétaires de la Comédie-Française.

Et savez-vous pourquoi nous l'aimions? C'est qu'en
face de Paulus, en face de l'art américain, de
l'école de la diction brutale et *sans nuances*, et de la
chanson à demi-clownesque et acrobatique, elle représentait, elle, l'école et la tradition purement
françaises. Et c'est ainsi que Victorine Demay etait
en train de devenir, comme autrefois Thérésa, une
institution nationale.

Ce qu'elle chantait? Oh ! n'importe quoi ! Elle
nous confiait qu'elle cassait des noisettes en s'as-
seyant dessus, que son amoureux louchait, ou bien
qu'elle adorait un · charcutier, ou bien encore elle
blaguait Ernest, ou lui donnait des conseils... Mais,
ce qu'elle exprimait partout et toujours avec un
naturel et une ampleur admirables, c'était (quelles
que fussent d'ailleurs les paroles de la chanson) l'esprit et la gaieté des rues, l'ironie et plus encore la
cordialité et la belle humeur du peuple de Paris.

Elle-même était une trés bonne femme, très simple
et très peuple. Permettez-moi ici l'innocente vanité
d'un « souvenir personnel ». C'était un dimanche, et

j'avais absolument besoin de lui parler (vous saurez pourquoi tout à l'heure). Mais je ne la trouvai pas chez elle et ne pus la voir que dans la soirée, au café-concert, entre deux chansons. Elle déplora, avec beaucoup de bonne grâce, que je me fusse dérangé inutilement, et elle ajouta : .

— C'est que, voyez-vous, tous les dimanches, quand il fait beau, je vais manger une friture quelque part avec mon époux.

Mon Dieu ! je ne vous donne pas cela pour un propos d'une haute originalité. Mais, ce mot qui sent si bien le Paris populaire : « mon époux », elle le dit avec un naturel et un comique merveilleux, avec un accent où il y avait de la malice, de la blague, de la bonté d'âme aussi — et une grande joie d'être au monde... Ce mot, dans cette bouche, devenait impayable. Elle avait un don.

*
* *

. Ne dites point que ce sont là bien des mystères, et ne croyez pas qu'il y ait de l'excès ou de l'affectation et de la gageure dans mon admiration pour cette grosse et aimable créature qui chantait si drôlement. Ne vous scandalisez point non plus qu'une simple diseuse de chansons souvent ineptes ait été célébrée par plus d'articles nécrologiques que n'en obtiennent des hommes d'Etat même éminents et des littérateurs même distingués. Ne tombez point

dans ce travers de vous indigner que des comédiens
et des histrions soient plus glorieux de leur vivant, —
et vingt-quatre heures après leur mort, — que la
plupart des grands écrivains, des grands artistes ou
des grands philosophes. Et n'ayez pas l'enfantillage
de trouver de l'injustice dans cette différence de trai-
tement.

Le talent de faire de beaux vers, de belle prose,
de belles statues, et même le talent de gouverner les
hommes est, dans son principe, un don tout aussi
gratuit que la souplesse du gosier, le charme de la
voix, la force ou l'agilité du corps. En bonne logique, M. Renan ou M. Pasteur n'ont pas plus de mérite à avoir du génie qu'une femme à avoir de la
beauté ou qu'un ténor à avoir un certain timbre de
voix et un certain *ut* de poitrine. Tous ces dons
étant pareillement involontaires chez ceux qui les
possèdent, nous avons parfaitement le droit de les
honorer dans la mesure où nous en jouissons, sans
nous soucier du reste.

Que si peut-être nous sommes tentés de rendre aux
talents tout extérieurs et physiques un hommage
démesuré, rien de plus légitime encore. Nous sentons obscurément qu'une sorte de compensation leur
est due. Il est absolument juste que la gloire soit
plus bruyante et plus sensible lorsqu'elle n'est que
viagère...

Oui, c'est vrai, la pauvre Demay n'était qu'une
humble femme. Elle avait une voix, une tète et,

comme on dit, un tempérament, voilà tout. C'est
peu de chose, si vous voulez, et même ce n'est rien.
Mais ce rien nous ravissait, ce rien était inestimable
— et ce rien n'est plus... Et précisément parce qu'il
n'est plus, parce que cette créatrice de gaieté est
morte tout entière et que nul ne se souviendra d'elle
dans quelques années, il me plait de la déclarer aujourd'hui géniale. N'ai-je pas raison, puisqu'elle
l'a été (ou presque), et puisque nous ne la verrons
plus ?

* *
*

M. Renan serait de mon avis. Ce grand sage pense
assurément que rien de ce qui nous donne une impression d'art accomplie dans son genre, et rien de
ce qui nous communique une honnête gaieté et nous
fait un moment trouver la vie plus divertissante
sans qu'il en coûte à notre vertu, ne saurait être dé-
daigné par un bon esprit. L'approbation de M. Renan a été une des grandes joies et un dés grands
orgueils de Victorine Demay. C'est pour préparer
la rencontre de ces deux gloires inégales ou, pour
mieux dire, différentes, que je m'étais mis en quête
de la chanteuse, le dimanche où elle mangeait des
goujons à Bougival. Si je vous raconte cette petite
histoire, c'est qu'un journal l'a déjà divulguée il y a
quelques mois. L'entrevue eut lieu chez une personne
qui aime M. Renan de tout son cœur et qui voulait

amuser un peu, ce soir-là, son vénérable ami. L'auteur de la *Vie de Jésus*, avec la politesse attentive et la bonhomie charmante que l'on connaît, se leva, vint à la chanteuse et lui dit :

— Madame, je fréquente peu les cafés-concerts, mais je serai heureux de vous entendre, car j'ai beaucoup entendu parler de vous.

Demay, très émue et voulant être aussi aimable que possible, fit cette réponse d'une simplicité grandiose :

— Et moi aussi, Monsieur, je vous connais bien !

Cela est très beau, quand on essaye de se figurer ce que Demay pouvait connaître de M. Renan et quelle idée elle pouvait bien s'en faire.

Ainsi conversèrent ces deux « artistes lyriques ». Si l'on voulait méditer sur cette rencontre, il pourrait jaillir de cette méditation un joli cliquetis d'antithèses. Et, comme on verrait dans les deux personnages de cette petite comédie les deux représentants extrêmes de la pensée et de l'art, venus des deux pôles de la littérature (excusez cette langue déplorable) pour se saluer avec un peu d'étonnement, la chose tournerait vite au symbole.

*
* *

Et l'on peut méditer aussi sur les conséquences politiques de la mort de Victorine Demay. Tandis que M. Paulus personnifie le boulangisme dans les cafés-

concerts, Demay y représentait vaillamment l'anti-
boulangisme. Vous n'avez pas oublié ces refrains :
*Il reviendra ! Le voir et mourir ! Ne parle pas, Ernest,
je t'en supplie !* Demay avait eu l'honneur d'inquiéter
la Ligue des Patriotes. Des gymnastes de M. Paui
Déroulède étaient venus la siffler un soir à l'Alcazar.
Cette voix ne les troublera plus.

A moins qu'au contraire il ne soit dangereux pour
lui que cette voix ironique cesse de lui conseiller
le silence. Si maintenant « Ernest » allait parler, l'im-
prudent ?...

Tranchez vous-même la question ; et ne me reprochez point d'avoir parlé légèrement de la mort.
Au moment où disparaissent les masques humains qui
avaient pour emploi de nous divertir, le chagrin de
leur perte nous ramène forcément au souvenir des
joyeuses minutes que nous leur devons ; et ce souvenir, où il y a du regret et de la reconnaissance, ne
saurait les offenser. *Saltavit et placuit,* dit l'épitaphe
ancienne.

TABLE DES MATIÈRES

THÉATRE LIBRE ANCIEN.

ALEXANDRE DUMAS FILS.

FIN DE LA TABLE DES MATIÈRES.

POITIERS. — TYPOGRAPHIE OUDIN ET Cie.